제 2 판

# 틴커캐드로 배우는 아두이노

조 도 현 · 손 충 범 공저

# Prologue

인공지능AI을 기반으로 하는 다양한 도구들이 실용화되는 시대가 되었습니다. 단순히 프로그램을 작성하는 능력이 필요한 시대를 넘어 그것을 활용하는 능력이 중요한 시대가 된 것입니다. 대학이나 연구/개발하는 분야의 특정한 사람들에 한정되지 않고 일상생활에서 컴퓨터를 효과적으로 활용하는 능력이 필요하게 된 것입니다.

2005년 처음 소개된 아두이노는 초보자도 쉽게 마이크로프로세서로 제어할 수 있도록 단순화 된 개발도구로 누구든지 쉽고 편리하게 원하는 것을 제어하는 것이 가능하게 만들었고, 이제 모든 개발환경의 표준과 같이 되었습니다.

또한 스크래치와 같은 VPLvisual programming language기반의 블록 명령어 코딩 방식이 도입되어, 프로그래밍 코딩 학습도 획기적으로 쉬워졌습니다. 사용되는 명령 블록들이 직관적이어서 이해가 쉽고, 문법이나 규칙을 신경 쓰지 않고 컴퓨팅적 알고리즘 구성에 집중할 수 있게 하여줍니다.

과거에는 전문적인 훈련을 받은 개발자들만이 가능하던 작업들이 창의적인 아이디어만 있으면 쉽게 하드웨어를 구성하고 프로그램을 만들어 제어할 수 있게 된 것입니다.

여기에 최근 오토데스크Autodesk의 틴커캐드Tinkercad와 같은 프로그램은 컴퓨터 모니터에서 마우스로 아두이노 보드를 포함한 전자회로 부품들을 선택/배치하고 회로를 만들어 실험할 수 있는 기능을 제공해 줍니다. 회로 구현뿐만 아니라 블록 명령이나 아두이노 C++언어 코드로 제어용 프로그램을 작성하고, 컴퓨터 모니터에서 시뮬레이션으로 결과를 보여주기까지 합니다. 전자분야의 비전공자나 입문자beginner들이 틴커캐드에서 제공하는 다양한 디스플레이 부품과 센서, 모터 등을 사용하여 컴퓨터상에서 부담 없이 회로를 만들어 보고 프로그램을 작성하고 시뮬레이션한 후 실제 회로제작을 할 수 있게 해 줍니다.

이 책은 틴커캐드에서 아두이노를 사용하여 다양한 회로의 제작과 코딩을 컴퓨터상에서 할 수 있도록 구성되어 있습니다.

기본적인 전자부품의 원리를 이해하여 회로를 구성하고 블록명령으로 코딩하고, 회로의 동작을 컴퓨터 시뮬레이션을 통하여 그 결과를 확인하며 단계별로 학습할 수 있도록 구성하였습니다. 또한 실제 아두이노 제어 장치로 제작도 가능합니다.

이 책을 단계별로 학습하면, 아두이노의 활용이나 코딩을 통하여 컴퓨팅적 사고 능력이 향상되고, 기존의 컴퓨터 프로그래밍 언어를 학습하는 것에도 도움이 되리라 생각합니다.

GTG

# CONTENTS

CHAPTER 01

# 아두이노와 틴커캐드 소개

## 1.1 전자기기와 전자회로

전자기기는 반도체 소자를 중심으로 다양한 전자 부품들을 기반으로 해서 만들어지는 전자회로를 의미한다.

**[그림 1.1]** 전자기기와 전자회로 부품

우리는 전자회로로 장치를 구성하여 빛의 색상이나 깜박임으로 정보를 전달하기도 하고, 소리나 문자, 영상 등으로 사람에게 정보를 전달한다. 이러한 전자장치들은 한 개 또는 여러 가지 전자소자들로 전자회로를 구성하여 이루어진다. 특정한 기능을 구현하도록 제작된 반도체 소자들을 중심으로 저항, 코일, 콘덴서로 전자회로 소자의 동작 상태를 조정하거나 동작의 상태를 변화시키기 위하여, 스위치와 다양한 센서들을 활용하게 된다.

한편 사람에게 정보를 전달하는 다양한 장치들 가운데, 빛이나 문자, 그림 등과 같이 시각적으로 정보를 달하는 장치를 디스플레이 장치라고 한다. 전구, LED, LCD 등이 이러한 디스플레이에 해당한다.

[그림 1.2] 전자 디스플레이 장치

이 디스플레이 장치들은 빛의 깜박임이나 색상, 밝기 변화, 문자나 그림 등의 정보를 사람의 눈에 일방적으로 전달한다.

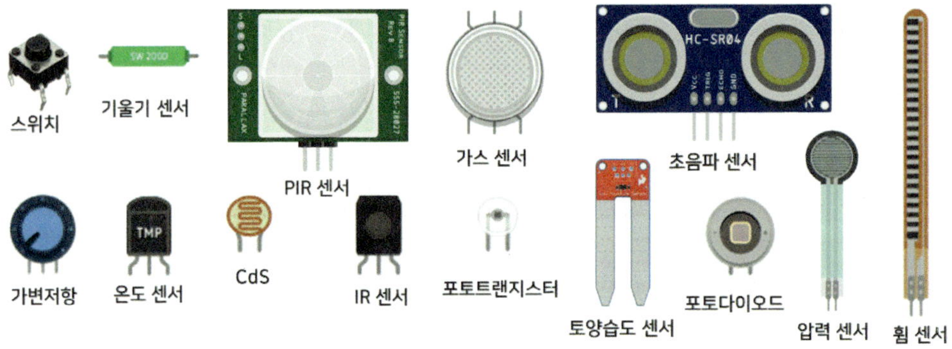


[그림 1.3] 센서 장치

이러한 디스플레이 장치에 스위치나 적절한 센서들과 결합하면, 그 활용성은 더욱 확대된다. 이들 장치는 개별적으로 사용할 수 있지만, 컴퓨터 등에 의하여 제어되면, 효과적으로 다양한 기능을 발휘할 수 있게 된다.

물론 개인용 컴퓨터 등으로 제어하는 것은 너무 거창하고 부담스러운 일이다. 그래서 아두이노Arduino와 같은 제어용 마이크로컴퓨터micro computer를 사용하여, 이러한 제어에 활용하게 된다. 이러한 제어용 마이크로컴퓨터를 마이크로컨트롤러micro controller라고 한다.

**[그림 1.4]** 마이크로컨트롤러

특히 아두이노는 전자분야의 전문적인 지식이 없는 사람부터 관련 분야의 전문가들까지 여러 가지 전자 제어장치를 쉽게 구현할 수 있도록 만들어져 있는 제작 도구이다. 아두이노를 활용할 수 있는 하드웨어와 소프트웨어 자료들이 공유되고 있는 오픈 시스템으로, 많은 예제들이 공개되어 있으며, 다양한 기능을 쉽게 구현할 수 있도록 주변장치들이 제공되고 있다.

## 1.2 전자회로 제어 원리

전자회로를 제어하려면 기억해야 할 중요한 두 가지 원리가 있다.

첫째, 모든 반도체 소자는 전기로 동작하기 때문에 양극과 음극이라는 극성을 가지고 있다. 그래서 각 부품에 전원을 공급하는 것이 굉장히 중요하다. 여기서 전원이라고 하는 것은 (+)전기에서 접지로 향해서 전류가 흘러가는 구조를 뜻한다.

둘째, 모든 전자회로는 (+)전기에서 (-)인 접지로 전기가 흘러갈 수 있는 구조로 모든 회로가 구성이 되어야 한다. 뿐만 아니라 LED라든지 다양한 반도체 소자들은 극성을 가지고 있다. 이 극성이라고 하는 것은 양극과 음극을 뜻하는데 양극에는 (+)전기를 연결해서 음극 쪽으로 그 반도체 소자로 전기가 흘러갈 수 있도록 만들어주는 구조이다.

먼저 전자회로의 전원이 흘러가는 구조에 대해서 설명해 보자.
다음 그림 1.5의 회로는 초등학교 시절에 처음 접해 보는 전구에 불을 켜보는 회로이다. 1.5[V]짜리 건전지에 전구를 연결하고 불을 켜는 과정이다.

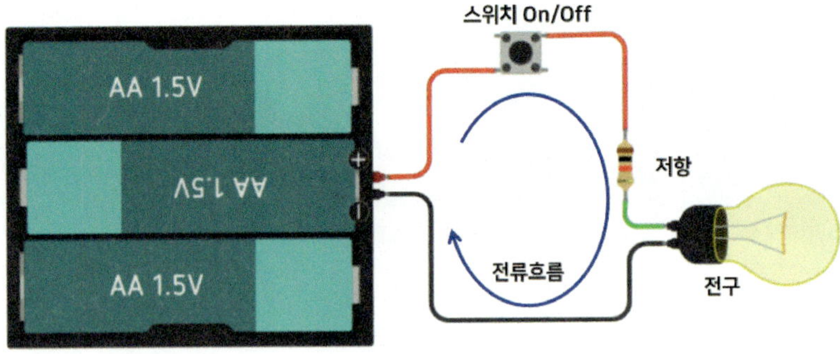


**[그림 1.5]** 전구회로

그러나 좀 더 자세히 들여다보면 이 건전지에 전구에 불을 켜기 위해서 스위치를 연결하고 저항이 연결되어서 전류를 흐르게 한다. 이때 중요한 것은 (+)전기에서 전기가 시작된다는 것이다. 그래서 스위치를 누르게 되면 이 (+)전기에서 시작된 전류가 접지를 향해서 흐르게 되고, 그 과정에서 전구를 통하게 될 때 전류가 흐르게 되는 방식이다.

그러면 마이크로컨트롤러를 사용해서 전기를 흐르게 하는 방식은 어떤 것일까? 그림 1.5 회로에서 전류가 흐르게 하거나 흐르지 못하도록 스위치 SW를 사용하였지만, 이 스위치 대신에 그림 1.6과 같이 아두이노를 사용하여 프로그램으로 전기가 흐르는 것을 스위칭 하는 방식이다.

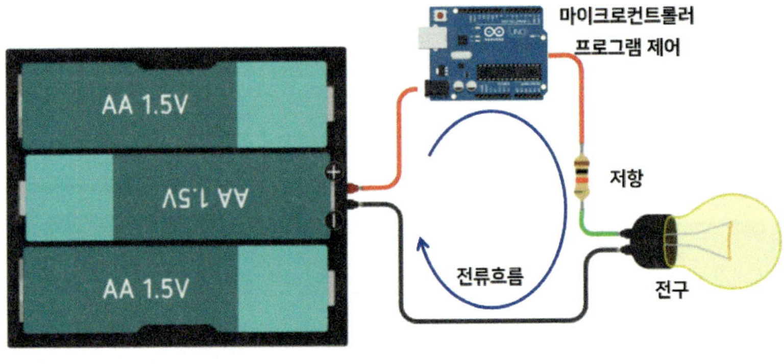


**[그림 1.6]** 마이크로컨트롤러를 사용한 스위칭

즉, 전자회로를 제어한다는 것은 마이크로컨트롤러와 같은 제어용 마이크로컴퓨터를 통해서 전기가 흐르게 하거나 흐르지 못하게 제어하는 것이다. 그림 1.5의 회로의 스위치를 사람의 손으로 눌러서 제어 했다면, 그림 1.6과 같이 마이크로컨트롤러를 사용하게 되면 프로그램을 통해서 원하는 대로 전류가 흐르도록 만들어주면 된다.

이때도 (+)전원에서 접지로 전류가 흘러갈 수 있도록 구조를 형성하는 것이 굉장히 중요하다. 즉, 회로에서 어떠한 부분이 끊어져 있다든지 제대로 연결이 되어 있지 않으면, 전원이 공급되지 않아 전자 부품이 동작하지 못하게 된다.

## 1.3 마이크로컨트롤러 활용

그림 1.5 회로에 사용했던 스위치 대신에 대표적인 마이크로컨트롤러인 아두이노 보드를 사용해서 LED에 불을 켜는 회로를 간단하게 살펴보도록 하겠다.

먼저 아두이노 보드의 회로를 간단하게 설명해 보자면, 아두이노 보드에는 스위치로 사용할 수 있는 다양한 핀들이 제공된다.

예를 들면 아두이노 보드 핀 #10에 LED를 연결하는 과정을 살펴보면 그림 1.7과 같다. LED와 접지 사이의 저항은 LED의 전류가 적절히 흐르게 하는 역할을 하는데, 모든 전자회로 부품을 연결할 때는 기본적으로 이렇게 저항이 사용된다.

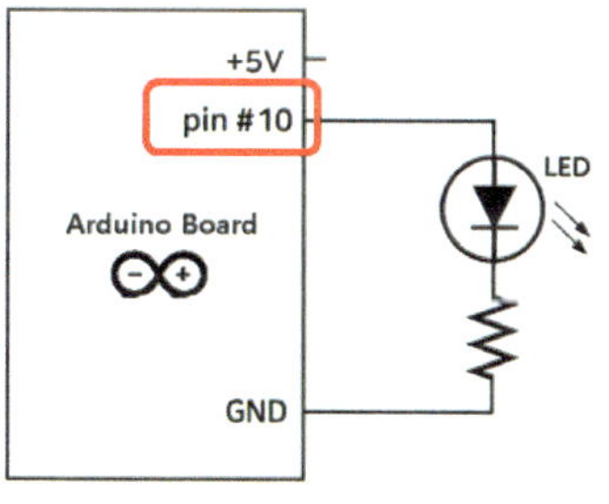


**[그림 1.7]** LED 제어를 위한 아두이노 보드 연결

이 그림 1.7을 보면 아두이노 보드 핀 #10에서 신호 전류가 나와서, 이 신호가 접지를 향해서 들어가는 구조라는 것을 알 수 있다. 앞에서 이야기한 것처럼 전류의 흐름을 확보하는 것이다.

그러면 실제 아두이노 보드와 LED와 저항을 연결하는 구조는 어떻게 만들어져야 할까?

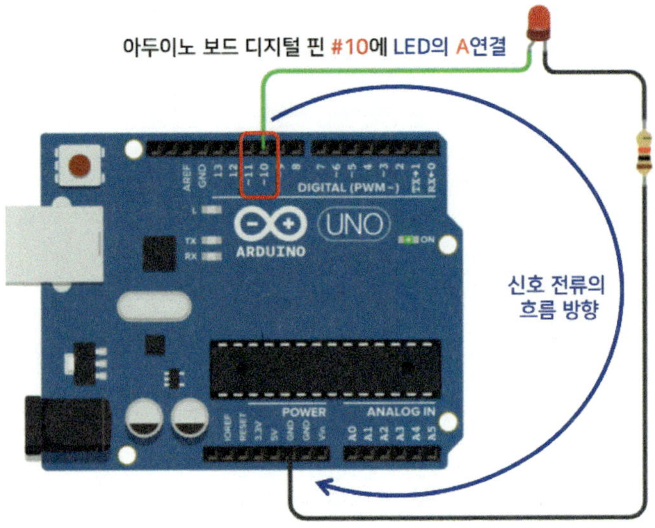


**[그림 1.8]** LED 제어를 위한 아두이노 보드 연결

LED는 극성이 있으므로, 그림 1.8과 같이 아두이노 보드의 디지털 핀 #10을 LED의 양극(A)에 연결하고, LED의 음극(K)는 저항을 거쳐 접지에 연결한다.

프로그램으로 아두이노 보드의 디지털 핀 #10에서 +5V 전압신호가 나오도록 만들어 주면, +5V 전압신호는 LED에서 불을 켜고 저항을 거쳐 접지로 흐르게 된다. 즉, LED에 연결된 아두이노 보드가 스위치와 같은 역할을 하게 된다.

이제 아두이노 보드가 스위치 역할을 하도록 프로그램을 어떻게 구성할지에 대해서 살펴보도록 하자.

일반적으로 컴퓨터를 이용하여 일을 시키려고 하면, 컴퓨터 언어로 프로그램을 작성해야 한다. 컴퓨터 프로그램은 대부분 C++언어, 파이썬, 어셈블리언어 등으로 작성된다.

특히 마이크로컨트롤러는 각 구조나 특성에 적합한 개발환경에서 정해진 명령어와 규칙에 따라 C++언어로 프로그램을 작성해야 하며, 사용하는 마이크로컨트롤러에 맞는 컴파일compile을 수행하고 업로드up-loading하는 등 쉽게 사용하기가 어렵다.

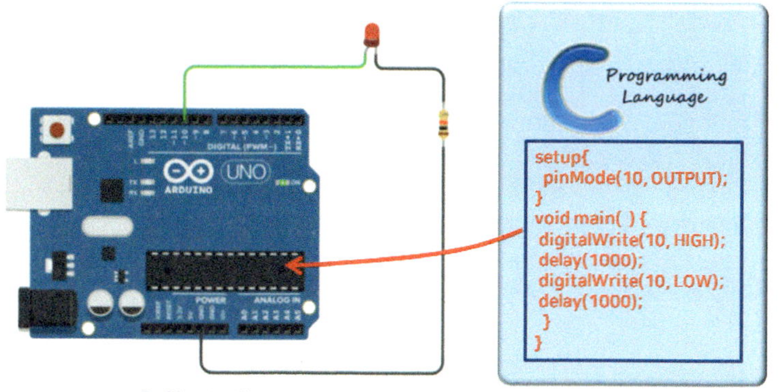


**[그림 1.9]** 마이크로컨트롤러를 이용한 LED 제어

그림 1.9와 같이 1개의 LED를 마이크로컨트롤러로 제어하는 과정을 생각해보자. 먼저, 마이크로컨트롤러에 전류의 흐름 등을 고려하여 LED와 저항을 연결하려면 전자적인 지식이 필요하다. 뿐만 아니라 단순히 누르기만 하면 되는 버튼 스위치와 달리 마이크로컨트롤러로 LED를 제어하려면, LED의 동작을 제어하기 위한 프로그램을 작성하여 넣어 주어야 한다. 이 과정은 버튼 스위치를 전자적으로 연결하는 과정보다 훨씬 복잡하고 전문적인 지식과 기술이 필요하다.

그러나 제어용 마이크로컴퓨터로 아두이노Arduino가 활용되면서, 전문적인 지식이나 전자적 기술이 없는 전자분야가 아닌 비전공자나 초보자도 쉽게 마이크로컨트롤러를 활용할 수 있게 되었다.

아두이노의 개발환경(IDE)은 C++언어 문법도 비교적 단순하고, 다양한 라이브러리나 예제를 제공하여 쉽게 프로그램 코딩을 할 수 있도록 해주며, 컴파일하고 업로딩하는 과정도 쉽게 되어 있다.

## 1.4 아두이노 개발환경 활용

### (1) 아두이노 소개

아두이노는 전자분야의 전문적인 지식이 없는 사람부터 관련 분야의 전문가들까지 여러 가지 전자 제어장치를 쉽게 구현할 수 있도록 만들어져 있는 제작 도구이다.

아두이노의 공식 홈페이지 http://www.arduino.cc/를 통하여 아두이노 개발환경(IDE) 소프트웨어를 다운로드 받을 수 있고, 아두이노 보드와 활용가능한 주변부품 정보, 라이브러리 등 제공해 준다.

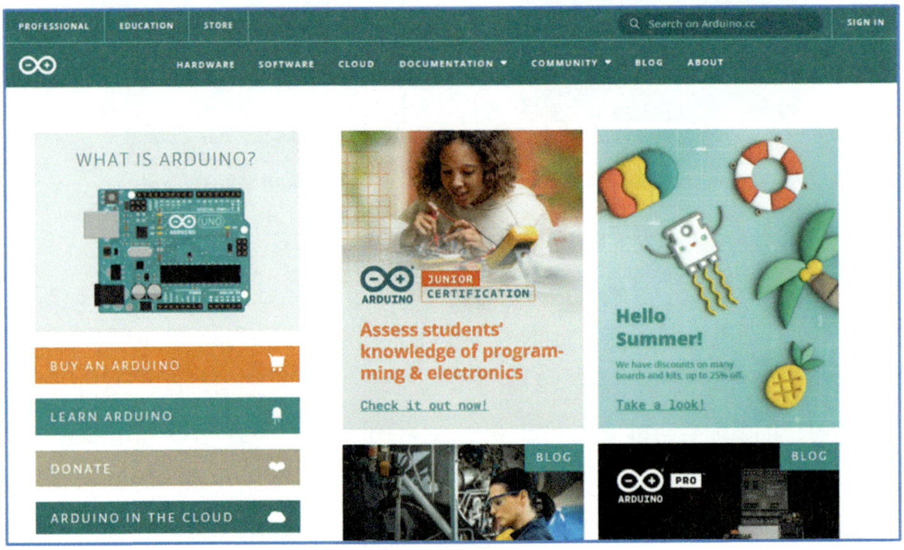


[그림 1.10] 아두이노 홈페이지 (http://www.arduino.cc/)

## (2) 아두이노 보드

아두이노 보드들은 ATMEL사의 마이크로컨트롤러를 기반으로 공개된 부트로더를 설치하여 다양한 시리즈로 제작되어 사용되고 있다. 최근에는 ARM 계열의 Cortex-M 시리즈를 비롯한 다양한 마이크로 컨트롤러에서 아두이노 개발환경(IDE)을 활용하고 있다. 이들 가운데 그림 1.11과 같은 아두이노 UNO가 일반적으로 많이 사용된다.

[그림 1.11] 아두이노 UNO R3 보드

아두이노 UNO 보드의 핀과 기능을 살펴보면, 그림 1.12와 같이 디지털 핀 #0 ~ #13까지 14개가 있으며, 디지털 신호의 입력과 출력이 가능하다. 또한 이 14개핀 들 중 #3, #5, #6, #9, #10, #11의 6개 핀은 PWM 방식으로 0~255단계의 아날로그 출력이 가능하고, #0과 #1은 시리얼 통신을 위하여 각각 RX와 TX로 사용된다.

한편 아날로그 입력 핀은 A0~A5번은 0~5V 범위의 아날로 신호를 입력으로 받아들여 내부적으로 0~1023의 범위로 ADC(아날로그-디지털 변환)를 하여 처리된다. 또한, A0~A5의 핀은 디지털 입출력으로 확장이 가능하다.

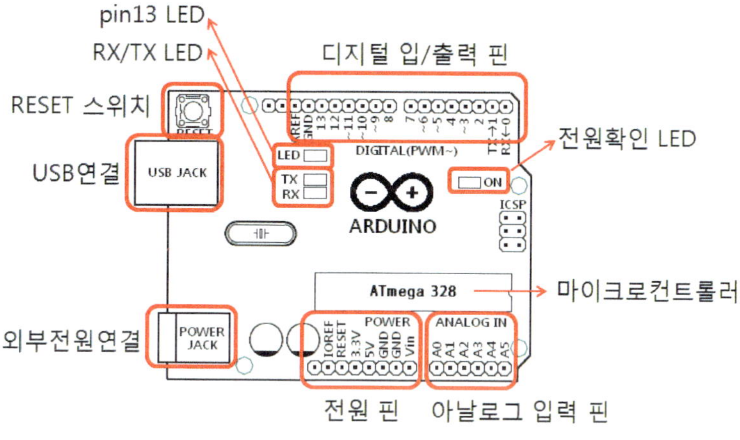


**[그림 1.12]** 아두이노 UNO R3보드의 구조

전원 핀은 아두이노 보드를 통하여 제어하고자 하는 장치에 3.3 V와 5 V 전원을 공급할 수 있게 해주며, RESET 스위치는 보드를 초기화할 수 있다. 또한 RX/TX LED의 위쪽에 있는 LED는 디지털 입출력 핀 #13에 연결되어 있어서 보드의 동작 등을 점검하는데 유용하게 활용된다.

### (3) 아두이노 개발환경

아두이노를 사용하기 위해서는 그림 1.13과 같이 아두이노 보드를 위한 개발환경(IDE)을 아두이노 개발용 PC에 설치해야 한다. 개발환경은 아두이노 보드에서 수행할 스케치sketch(프로그램)를 작성하고, 연결된 아두이노 보드에 프로그램을 업로드할 수 있게 하여 준다.

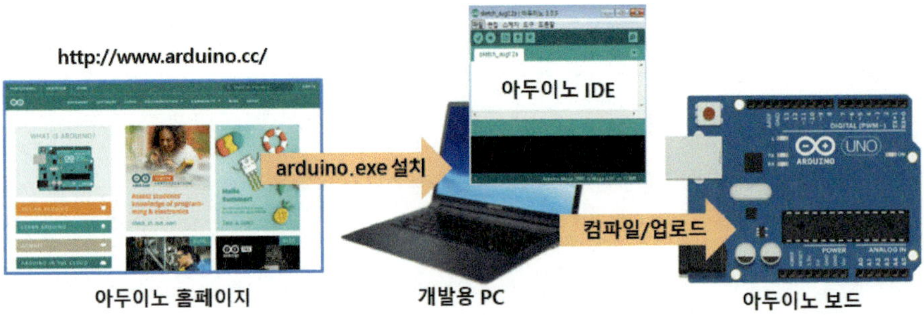


[그림 1.13] 아두이노 개발환경

개발용 PC에 설치해야 하는 개발환경은 그림 1.10의 아두이노 홈페이지에서 다운로드 받을 수 있다. 아두이노 통합 개발환경은 필요한 코드 작성, 컴파일, 다운로드 등 모든 기능을 하나의 소프트웨어에서 제공하고 있다.

## 1.5 VPL기반의 블록 명령어 활용

다른 마이크로컨트롤러보다 쉽기는 하지만, 아두이노의 개발환경(IDE)의 C++언어 프로그램 코딩도 여전히 텍스트 형태로 코딩을 해야 한다. 텍스트 형태의 명령을 정확하게 입력하지 않거나 규칙을 정확하게 이해하여 적용하지 않으면 정상적으로 동작하지 못한다.

그러나 스크래치나 Ardublockly와 같은 VPLvisual programming language기반의 블록 명령어 코딩 방식이 도입되어, 프로그래밍 코딩이 획기적으로 쉬워졌다.

텍스트의 명령을 블록 형태로 미리 만들어 놓고, 블록 명령을 마우스로 선택 배치하여 레고블록을 조립하는 것 같이 조합하여 코딩하는 방식으로, 프로그램 코딩 과정에서 명령어를 잘못 쓰거나 명령 규칙의 오류가 거의 발생하지 않는다. 또한 명령 블록들이 직관적이어서 이해가 쉽고, 문법이나 규칙을 신경쓰지 않고 컴퓨터적 알고리즘 구성에 집중할 수 있게 하여준다.

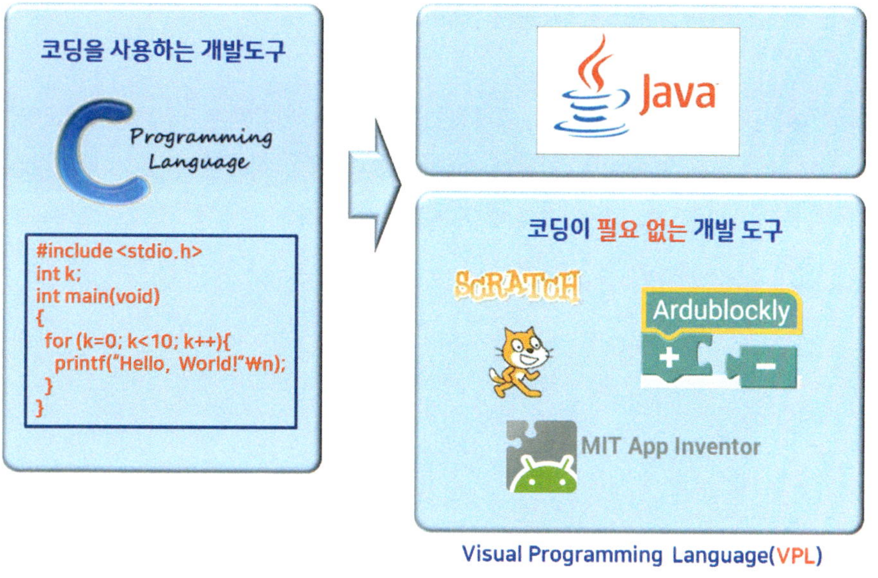


[그림 1.14] 마이크로컨트롤러를 이용한 LED 제어

최근 오토데스크Autodesk의 틴커캐드Tinkercad와 같은 프로그램은 컴퓨터 모니터에서 마우스로 아두이노 보드를 포함한 전자회로 부품들을 선택/배치하고 회로를 만들어 실험할 수 있는 기능을 제공해 준다. 회로 구현뿐만 아니라 블록 명령이나 아두이노 C++언어 코드로 제어용 프로그램을 작성하고, 컴퓨터 모니터에서 시뮬레이션으로 결과를 보여주기까지 한다.

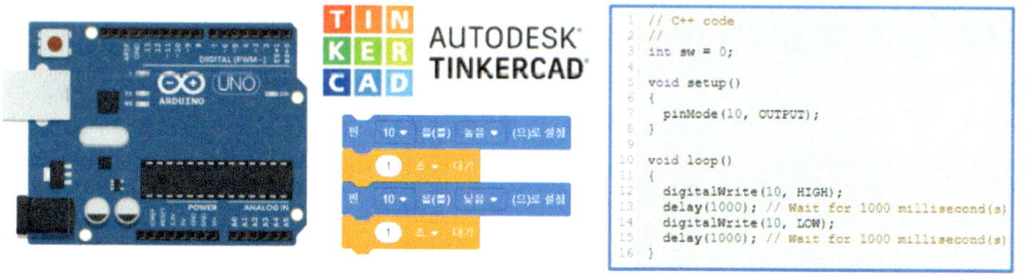


[그림 1.15] 틴커캐드 활용

이러한 도구들을 활용하면 전문적인 전자적 지식이 없이도 쉽게 회로를 만들고, 원하는 기능을 프로그램을 작성하고 구현하는 것이 가능하다.

또한, 틴커캐드에서 아두이노의 블록 명령으로 프로그램을 작성하면, 아두이노 UNO에 적용되는 C++언어로 코드를 자동으로 생성해준다. 그러므로 실제 아두이노 UNO와 전자부품들로 실물 회로를 제작하고, 이 생성된 C++언어 프로그램을 아두이노 개발환경에 복사하여 컴파일하고 업로드하여 사용할 수 있다.

전자분야의 비전공자나 비기너beginner들이 틴커캐드에서 제공하는 다양한 디스플레이 부품과 센서, 서보모터 등을 사용하여 컴퓨터 상에서 부담 없이 회로를 만들어 보고 프로그램을 작성하고 시뮬레이션한 후 실제 회로제작을 할 수 있다.

CHAPTER 02

# 틴커캐드 활용법

## 2.1 틴커캐드 소개

틴커캐드Tinkercad는 전 세계 사람들에게, 생각하고 창조하고 만들 수 있도록 도와주는 무료 온라인 소프트웨어 도구이다. 구글 크롬에서, 틴커캐드 또는 Tinkercad라는 키워드로 검색하면, 틴커캐드의 웹사이트에 쉽게 접속할 수 있다.

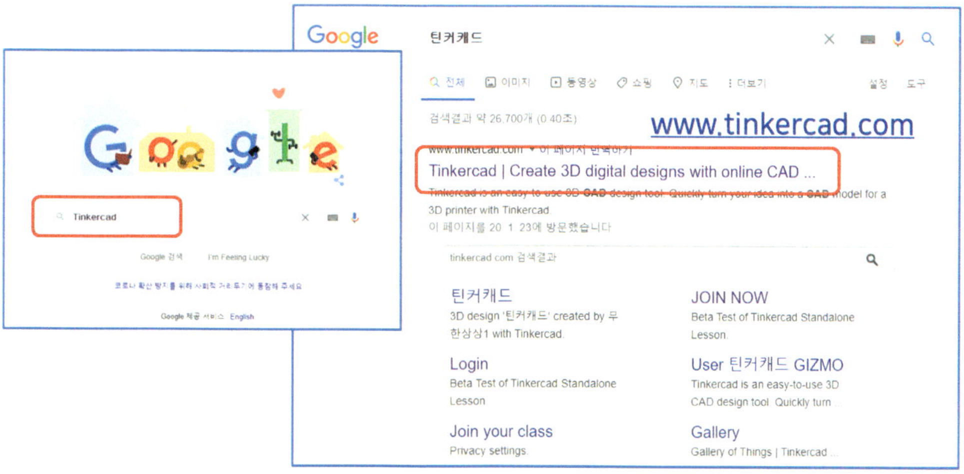


[그림 2.1] 틴커캐드 검색

틴커캐드는 초보자들이 쉽고 간단하게 작업할 수 있는 다양한 툴들을 제공한다. 틴커캐드는 컴퓨터에 소프트웨어 설치 없이, 다양한 브라우저에서 실행되며, 작업 내용은 클라우드에 저장된다. 틴커캐드에서 제공하는 기능들 가운데, 틴커캐드 회로Tinkercad Circuits는 회로를 구성하고 시뮬레이션도 가능하다. 일반적으로 많이 활용되는 Fritzing에 실시간 시뮬레이션 기능을 추가한 형태라고 할 수 있다.

**[그림 2.2]** 틴커캐드 회로(Tinkercad Circuits) 사용

아두이노 보드에서 다양한 디스플레이, 센서, 모터 등의 장치들에서 발생할 수 있는 다양한 상황들을 컴퓨터 시뮬레이션을 통해서 미리 경험해 볼 수 있다. 뿐만 아니라 우리가 회로를 최적화하거나 문제를 해결할 수 있는 능력도 키워나갈 수 있는 좋은 툴이다.

**[그림 2.3]** 틴커캐드 홈페이지

틴커캐드를 사용하려면, 회원가입을 통한 로그인login 과정이 필요하며, 로그인 과정이 완료되면 틴커캐드 회로를 사용할 수 있다.

## 2.2 틴커캐드 회로 활용

틴커캐드 회로를 이용하면 기본적으로 전자회로를 쉽게 그려 구성할 수 있다. 이렇게 회로를 구성하는 과정은 실제로 아두이노 보드에서 여러 부품들을 배선 케이블을 연결해서 조립하는 것처럼, 컴퓨터 화면상에서 마우스를 이용해서 필요한 부품들을 선택하여 배치하고, 전자부품과 전자부품 사이의 배선을 드래그drag해서 연결하는 과정들이 동일하기 때문에 편리하고 유용하다. 또한 시뮬레이션 기능이 있어서 회로를 구성한 화면에서 입력한 명령어들이 동작하는 것을 직접 확인할 수 있다.

회로가 구성된 상태를 보면서, 바로 제어 프로그램 코딩을 할 수 있으며, 블록 코딩 방식은 단순하게 원하는 동작 명령을 끌어다 놓는 것drag & drop에 의해서 프로그램을 만들 수 있어서, 블록 명령을 사용하면 직관적으로 프로그램을 구성할 수 있다. 쉽게 다양한 코딩을 해 볼 수 있고 제어를 위한 여러 가지 명령어들을 사용해볼 수 있다.

또한 시뮬레이션을 이용하게 되면 실제로 일어나는 동작들을 확인해 볼 수 있게 되며, 그것을 통해서 실제로 보드를 만들어 보기 이전에 어떻게 동작할지를 미리 경험해 볼 수 있다.

## 2.3 틴커캐드 회로를 사용한 아두이노 실습 절차

[그림 2.4] 틴커캐드를 사용한 활용 과정

먼저, 틴커캐드 회로를 실행시키고, Start Tinkering with Circuits를 클릭하여, 회로를 구성할 수 있는 창을 실행시킨다.

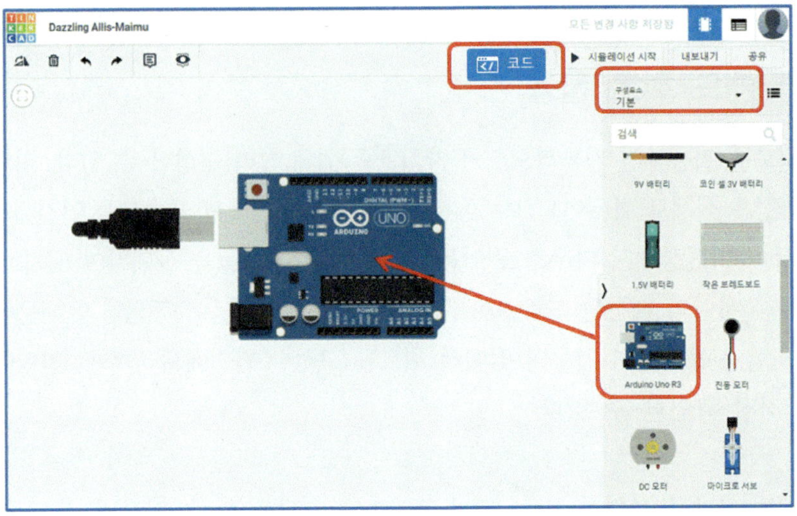


[그림 2.5] 틴커캐드에서 회로 구성

이 창에 그림 2.5와 같이 아두이노 UNO 보드를 배치하고, 아두이노로 제어하기 원하는 부품을 배치하고 연결하여 회로를 구성한다. 이렇게 아두이노로 제어할 회로의 구성이 완료되면, 코드 버튼을 클릭하여 코드 창을 실행시킨다.

코드 창에서 아두이노 보드에서 구동될 프로그램을 그림 2.6과 같이 블록 명령이나 텍스트 명령으로 작성한다.

프로그램 작성이 끝나면 코드 버튼 옆의 시뮬레이션 버튼을 클릭하여 실행시키면 컴퓨터 모니터에서 구성한 회로의 동작을 확인할 수 있다.

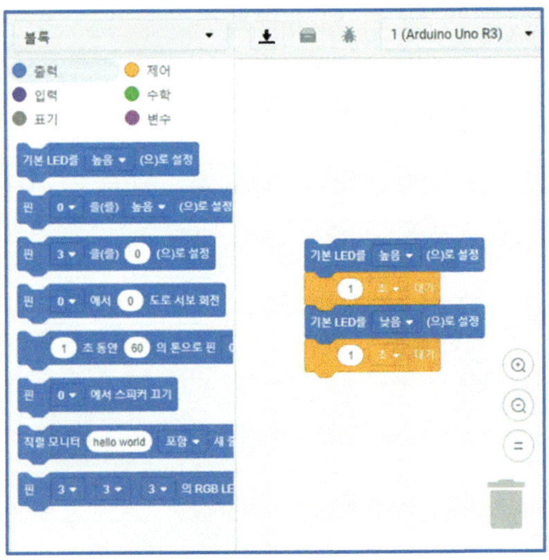


[그림 2.6] 블록 코딩의 예

## 2.4 틴커캐드 회로의 블록 명령

틴커캐드 Arduino에서 사용할 수 있는 블록 코드 명령을 설명하자.

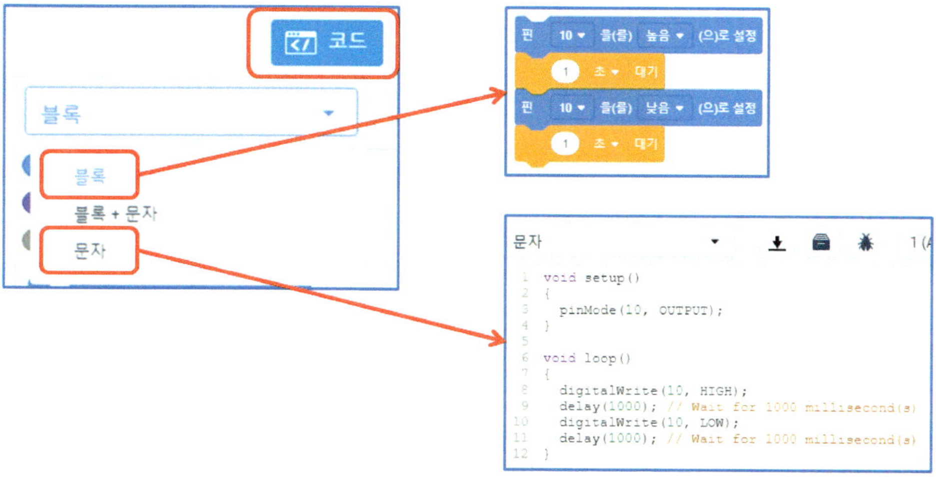


**[그림 2.7]** 틴커캐드의 블록과 문자 코딩 방법

틴커캐드에서 아두이노 제어에 사용되는 프로그램을 작성하는 방법은 그림 2.7과 같이 블록 코딩과 텍스트 코딩이 있다.

블록 코딩은 블록 명령을 레고블록처럼 서로 결합하여 코딩을 구성하는 방법으로 스크래치의 코딩 방식과 같다. 매우 직관적이고 쉬워서 프로그램에 관련 지식이 부족해도 작성이 가능하다. 그러나 복잡한 제어 알고리즘을 구현하는 것은 어렵다.

반면에, 텍스트 기반의 코딩 방법은 C++언어를 기반으로 하고 있어서, 블록 코딩보다는 어려운 편이지만 아두이노 개발환경의 특성상 프로그래밍에 대한 전문적인 지식이 부족해도 쉽게 코딩할 수 있다.

또한, 틴커캐드에서 '블록+텍스트'를 선택하면, 작성한 블록 코딩 프로그램을 아두이노 C++언어 코드 프로그램으로 변환하여 보여준다.

이 장에서는 블록 코딩 방식으로 간단하게 아두이노 실습을 시뮬레이션 하는 방법을 설명하겠다.

## (1) 틴커캐드 아두이노의 출력 블록코드 명령

틴커캐드 아두이노의 출력 블록 명령은 아두이노 UNO의 출력을 제어하는 명령이다. 제공되는 출력 블록 명령에는 디지털 출력, 아날로그(PWM) 출력, 서보모터 제어, 스피커 제어, 시리얼 모니터 출력, RGB LED, LCD, 7-세그먼트 등이 있다.

가장 대표적인 디지털 출력과 아날로그 출력 블록코드를 중심으로 살펴보면 다음과 같다.

### ▎디지털 출력 명령

틴커캐드 아두이노 창에서 

를 선택하고, 그림 2.9와 같이 블록과 출력을 선택하고 블록 명령 

을 마우스로 드래그drag하여 명령어 창에 배치한다. 배치한 디지털 출력 블록 명령에서 그림 2.10과 같이 아두이노 UNO의 핀 번호와 출력할 값을 선택한다.

아두이노 UNO의 디지털 출력 핀은 디지털 핀 #0~#13까지 14개와 A0~A5까지 6개가 선택 가능하다. 또한 출력되는 값은 높음HIGH과 낮음LOW 가운데 선택할 수 있으며, 높음을 선택하면 +5V가 출력되고 낮음을 선택하면 0V가 된다.

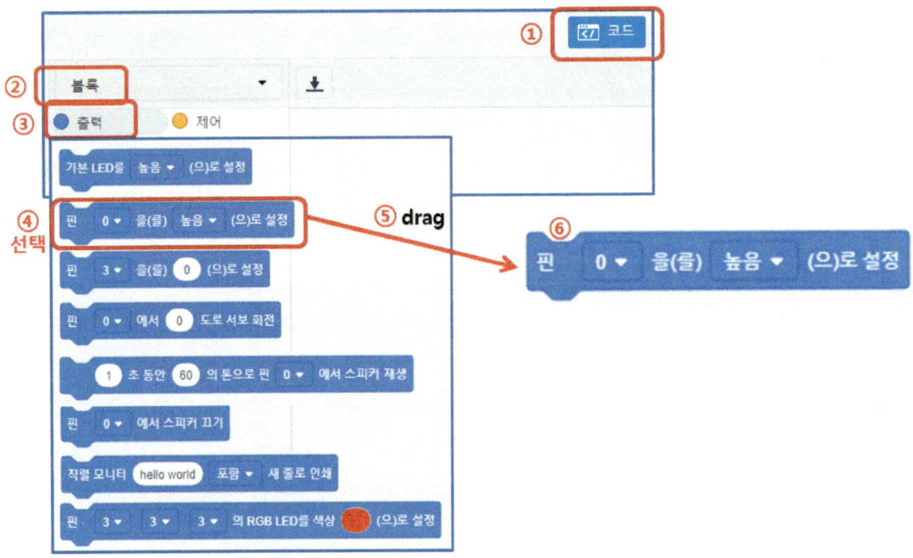


**[그림 2.9]** 디지털 출력 블록 명령

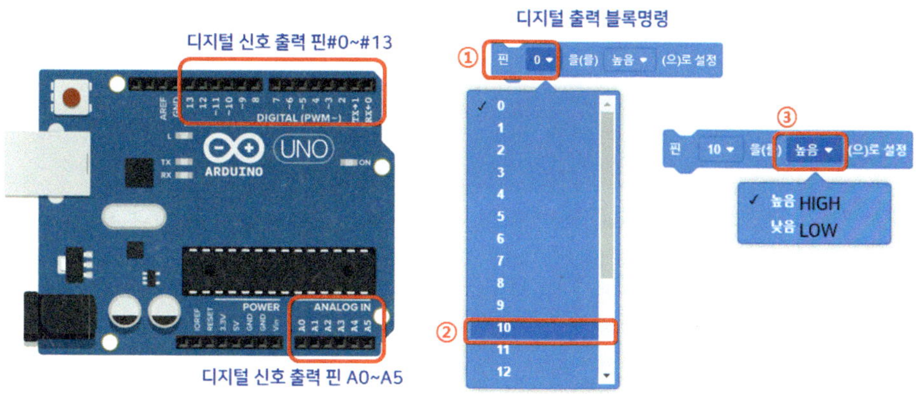


[그림 2.10] 디지털 출력 핀과 출력 값의 설정

## ▎아날로그(PWM) 출력 명령

틴커캐드 아두이노 창에서  를 선택하고, 그림 2.11과 같이 블록과 출력을 선택하고 블록 명령  을 마우스로 드래그drag하여 명령어 창에 배치한다. 배치한 아날로그(PWM) 출력 블록 명령에서 그림 2.12와 같이 아두이노 UNO의 핀 번호와 출력할 값을 선택한다.

아두이노 UNO의 아날로그(PWM) 출력 핀은 디지털 핀 #0~#13 가운데, #3, #5, #6, #9, #10, #11의 6개가 선택 가능하다. 출력되는 값은 0~255 가운데 선택할 수 있으며, 255를 선택하면 +5V가 출력되고 0을 선택하면 0V가 된다.

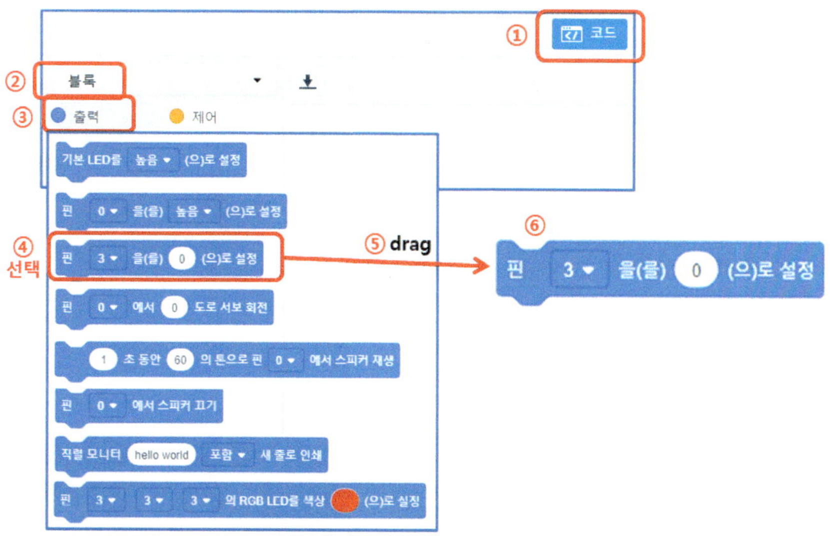


[그림 2.11] 아날로그(PWM) 출력 명령

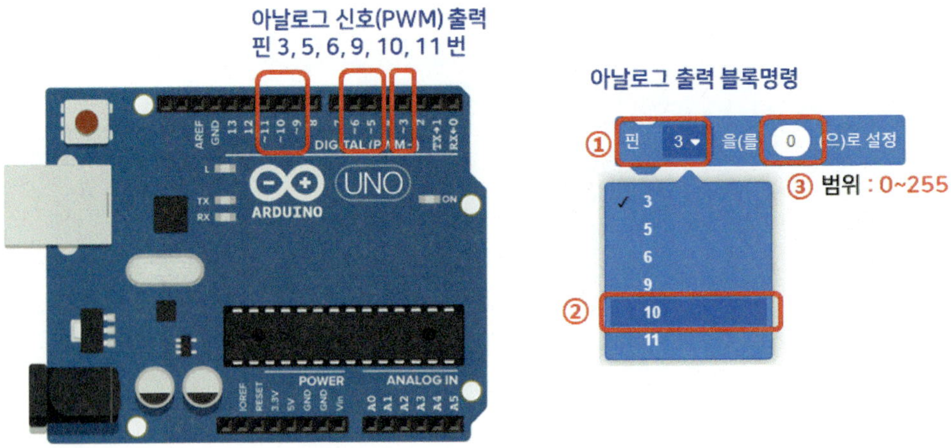


[그림 2.12] 디지털 출력 핀과 출력 값의 설정

## ▎출력 블록 명령

틴커캐드 아두이노에서 제공되는 출력 블록 명령에는 그림 2.13과 같은 디지털 출력, 아날로그(PWM) 출력, 서보모터 제어, 스피커 제어, 시리얼 모니터 출력, RGB LED, LCD, 7-세그먼트 등이 있다.

[그림 2.13] 제공되는 다양한 출력 블록 명령

## (2) 틴커캐드 아두이노의 입력 블록 명령

틴커캐드 아두이노의 입력 블록 명령은 아두이노 UNO의 입력을 제어하는 명령이다. 제공되는 출력 블록 명령에는 디지털 입력, 아날로그 입력, 서보모터 각도 입력, 시리얼 모니터 입력, 초음파 센서 거리입력, 온도센서 온도입력 등이 있다. 가장 대표적인 디지털 입력과 아날로그 입력 블록 명령을 중심으로 살펴보면 다음과 같다.

### ❙ 디지털 입력 명령

틴커캐드 아두이노 창에서 [코드] 를 선택하고, 그림 2.14와 같이 블록과 입력을 선택하고 블록 명령 [디지털 핀 0 ▾ 읽기]을 마우스로 드래그drag하여 명령어 창에 배치한다. 배치한 디지털 입력 블록 명령에서 그림 2.15와 같이 아두이노 보드의 핀 번호를 선택한다.

아두이노 UNO의 디지털 입력 핀은 디지털 출력 핀과 같이 디지털 핀 #0~#13까지 14개와 A0~A5까지 6개가 선택 가능하다. 또한 입력되는 값은 높음HIGH 신호가 입력되면 +5V가 되고 낮음LOW 신호가 입력되면 0V가 된다.

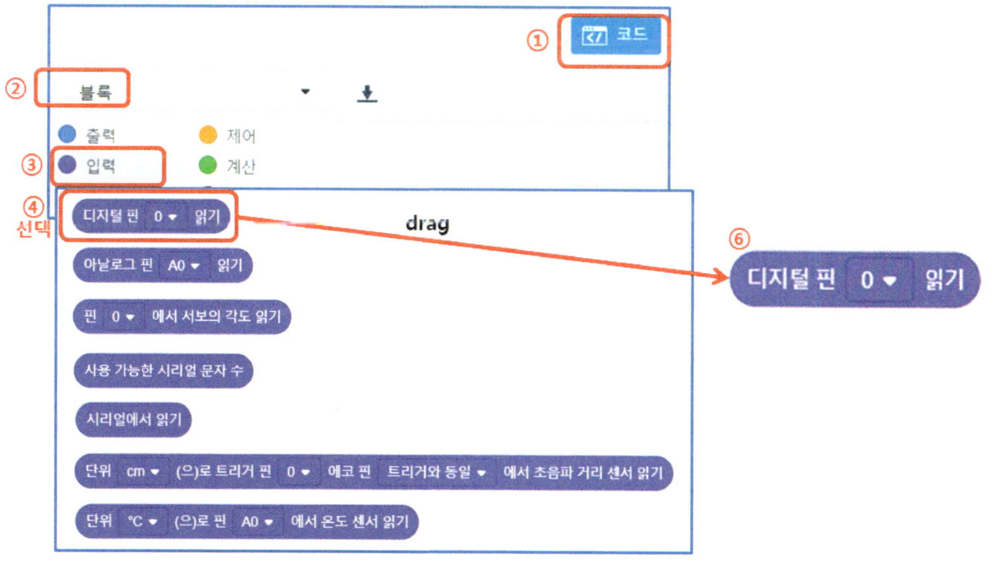


[그림 2.14] 디지털 입력 블록 명령

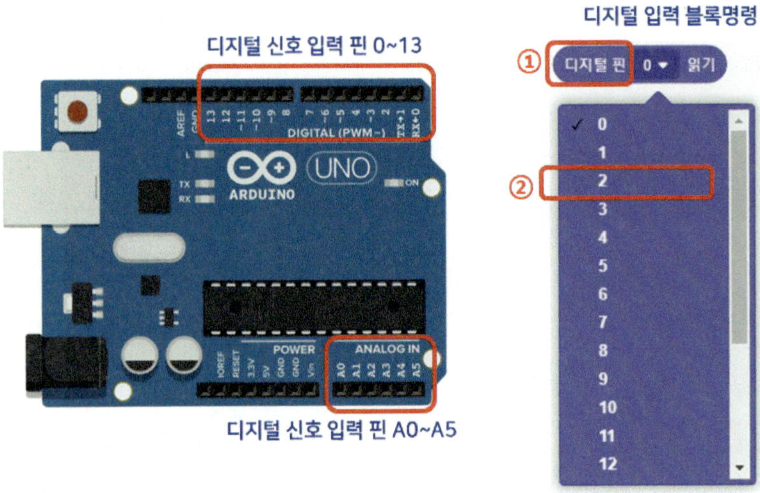


[그림 2.15] 디지털 입력 핀의 설정

## ❙ 아날로그 입력 명령

틴커캐드 아두이노 창에서 [코드] 를 선택하고, 그림 2.16과 같이 블록과 입력을 선택하고 블록 명령 [아날로그 핀 A0 ▾ 읽기] 을 마우스로 드래그drag하여 명령어 창에 배치한다. 배치한 아날로그 입력 블록 명령에서 그림 2.17과 같이 아두이노 UNO의 핀 번호와 출력할 값을 선택한다.

아두이노 UNO의 아날로그 입력 핀은 A0~A5의 6개가 선택 가능하다. 입력되는 값은 0~+5V가 아날로그-디지털-변환(ADC)되어 0~1023값으로 입력된다.

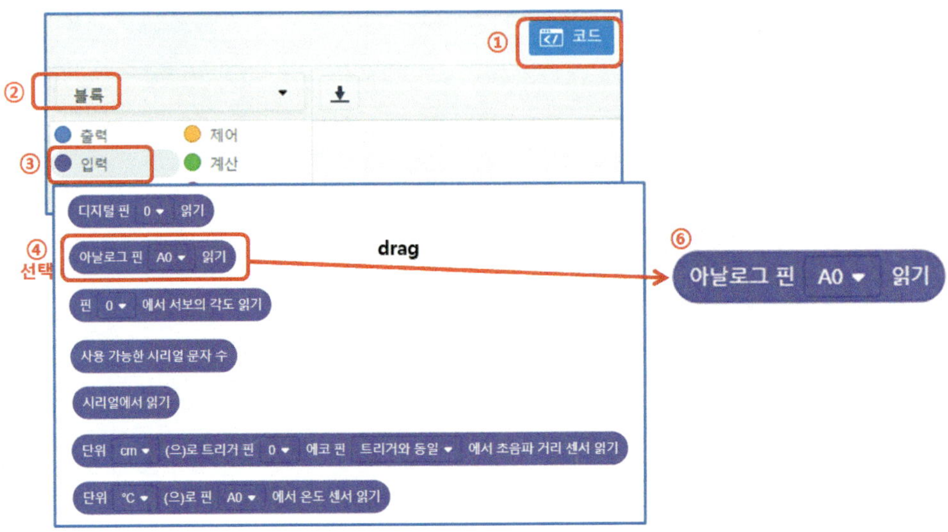


[그림 2.17] 아날로그 입력 명령

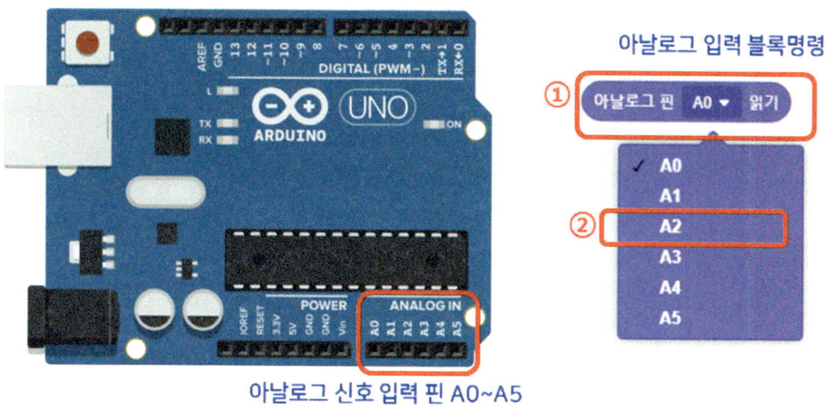


[그림 2.18] 아날로그 입력 핀의 설정

## ▎입력 블록 명령

틴커캐드 아두이노에서 제공되는 출력 블록 명령에는 그림 2.19와 같이 디지털 입력, 아날로그 입력, 서보모터 각도 입력, 시리얼 모니터 입력, 초음파 센서 거리 입력, 온도센서 온도입력 등이 있다.

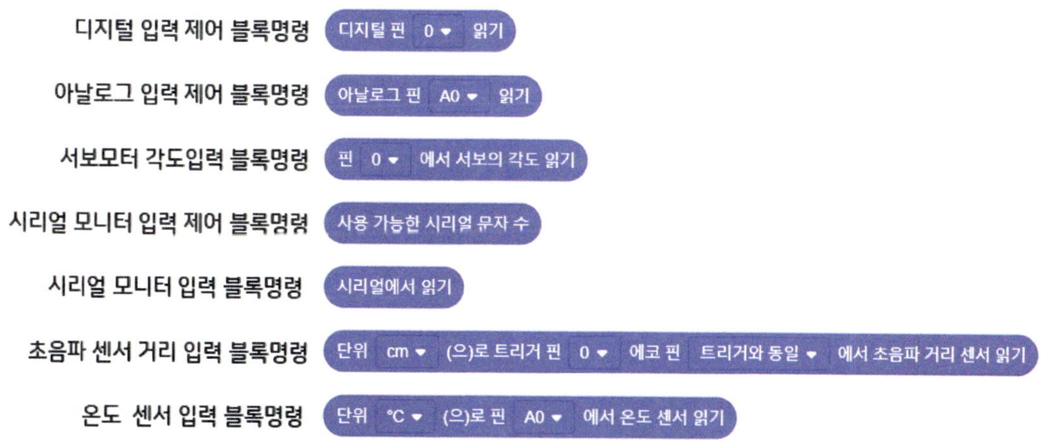


[그림 2.19] 제공되는 다양한 입력 블록 명령

### (3) 틴커캐드 아두이노의 제어 블록코드 명령

틴커캐드 아두이노의 제어 블록코드는 아두이노 UNO의 상태를 제어하는 명령이다. 제공되는 제어 블록 명령에는 시간지연, 조건, 판단, 반복 등의 기능을 위한 것이다.

### ❙ 시간지연delay 명령

가장 많이 사용하는 시간지연 블록코드를 중심으로 살펴보면 다음과 같다.

틴커캐드 아두이노 창에서 를 선택하고, 그림 2.20과 같이 블록과 제어를 선택하고 블록 명령 을 마우스로 드래그drag하여 명령어 창에 배치한다. 배치한 시간지연 블록 명령에서 시간 단위를 초sec나 밀리초msec를 선택하고, ⑥의 부분에 시간을 입력한다. 일반적으로 밀리초를 많이 사용하며, 1000밀리초는 1초이다.

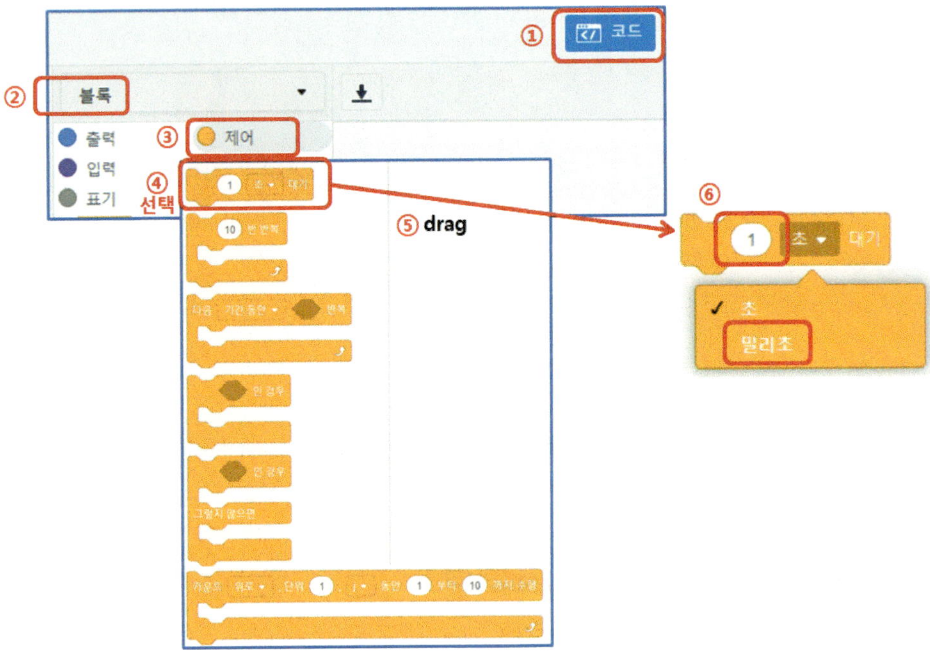


**[그림 2.20]** 시간지연 명령

제어 블록 명령은 시간지연, 조건, 반복, 판단 등으로 프로그램에서 제어의 기능을 위한 것으로 그림 2.21과 같다.

[그림 2.21] 시간지연 명령

### (4) 틴커캐드 아두이노의 계산 블록코드 명령

틴커캐드 아두이노의 계산 블록코드는 아두이노 UNO의 제어과정에서 사용되는 덧셈, 뺄셈, 곱셈, 나눗셈 등의 산술계산과 크기의 비교, 논리연산 등을 수행하는 명령이다. 틴커캐드 아두이노 창에서 코드 를 선택하고, 그림 2.22와 같이 블록과 계산을 선택하고 사용할 블록 명령을 마우스로 드래그drag하여 명령어 창에 배치한다.

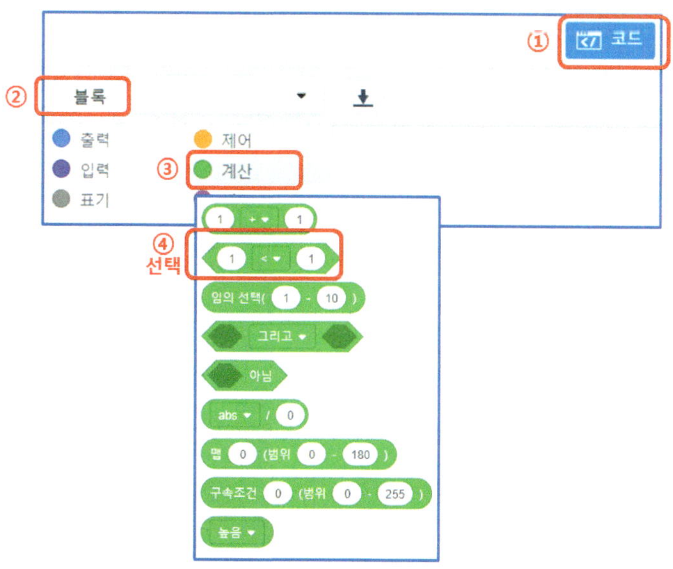


[그림 2.22] 계산 블록 명령

계산 블록 명령은 산술연산, 산술비교, 논리연산, 함수연산, 논리값 지정, 랜덤함수, 제한함수, 매핑mapping함수 등이 제공되며, 그림 2.21과 같다.

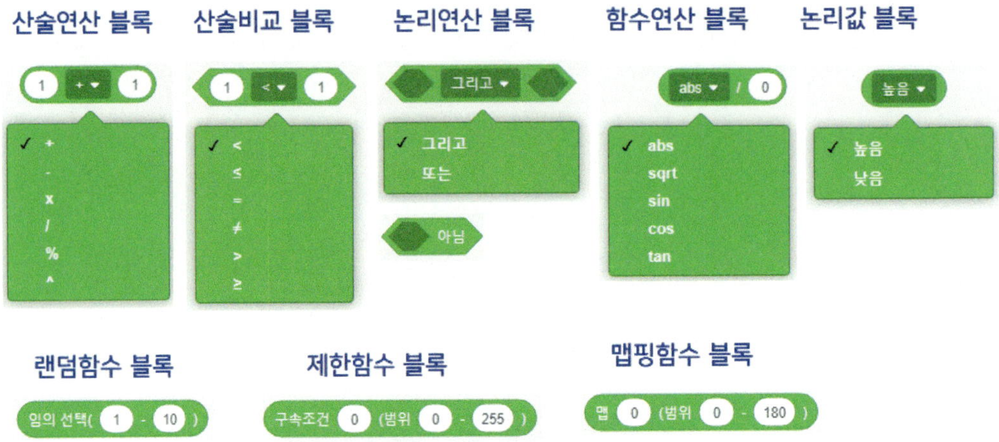


**[그림 2.23]** 계산 블록 명령

## (5) 틴커캐드 아두이노의 변수 블록코드 명령

틴커캐드 아두이노의 변수 블록코드는 아두이노 UNO의 프로그램에서 변수를 사용하기 위한 블록 명령이다. 변수를 만들어서 입력 값을 대입하거나, 제어나 계산 블록 등에서 사용할 수 있게 해준다.

틴커캐드 아두이노 창에서 [코드] 를 선택하고, 그림 2.24와 같이 블록과 변수를 선택하고 [변수 만들기...] 를 선택하며, 원하는 변수를 생성시킨다.

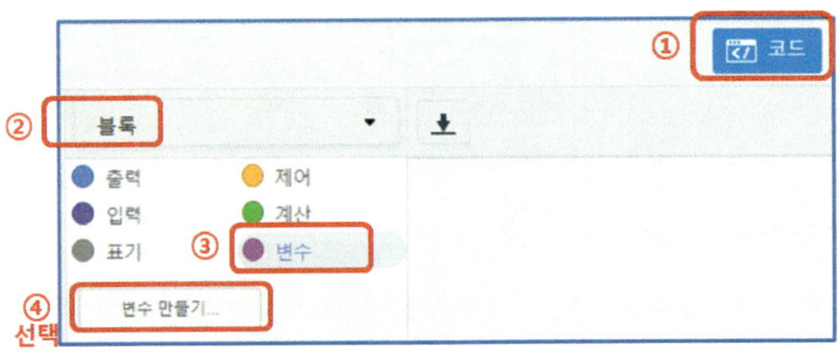


**[그림 2.24]** 변수 생성 블록 명령

변수를 생성시키는 방법을 자세히 설명하면, 그림 2.25와 같이 변수 만들기... 를 선택하면, ②와 같은 창이 나타난다. 이 창의 ③번에 원하는 변수 이름을 입력하고 확인을 선택한다. 그림 2.25와 같이 'k'를 입력하면, 그림 2.26과 같이 변수 k와 변수k에 값을 입력할 수 있는 명령블록이 생성된다.

[그림 2.25] 변수 생성

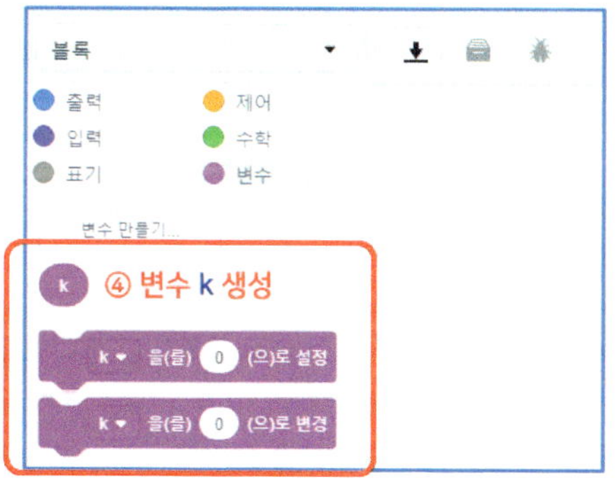


[그림 2.26] 변수 k의 생성

### (6) 틴커캐드 아두이노의 표기 블록코드 명령

틴커캐드 아두이노의 표기 블록코드는 아두이노 UNO의 프로그램에 대한 설명을 위한 것으로 프로그램 수행과정에는 영향을 주지 않는 명령이다.

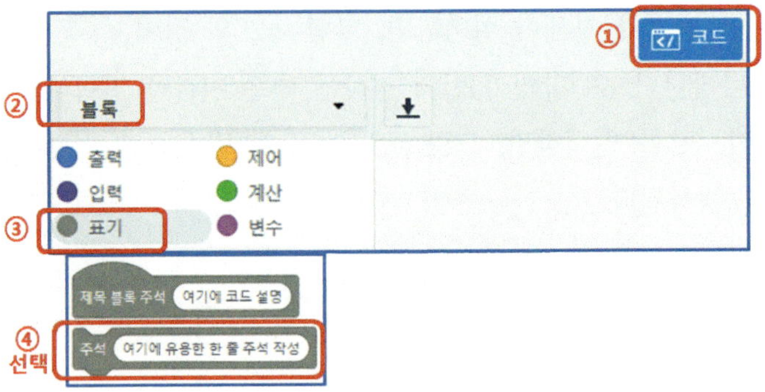


[그림 2.27] 프로그램 설명(주석)

CHAPTER 03

# 틴커캐드의 간단한 사용법

## 3.1 틴커캐드 실행하기

틴커캐드에서 회로 구성과 블록 코딩 방법을 간단하게 만들어 보자.

틴커캐드 사이트(https://www.tinkercad.com)에 접속하여 로그인 하면 그림 3.1과 같이 나타난다.

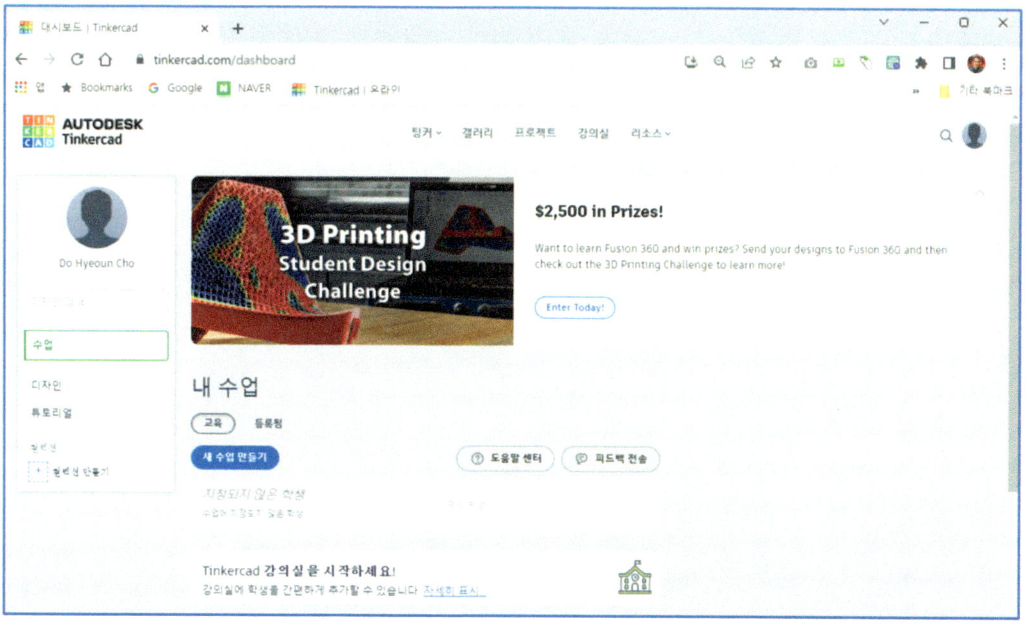


**[그림 3.1]** 틴커캐드 실행화면

실행초기 화면 그림 3.2에서 오른쪽 ①의 디자인을 선택하면, 그림 3.2와 같이 3D 캐드나 회로, 코딩을 디자인 할 수 있는 ②의 화면이 나타난다.

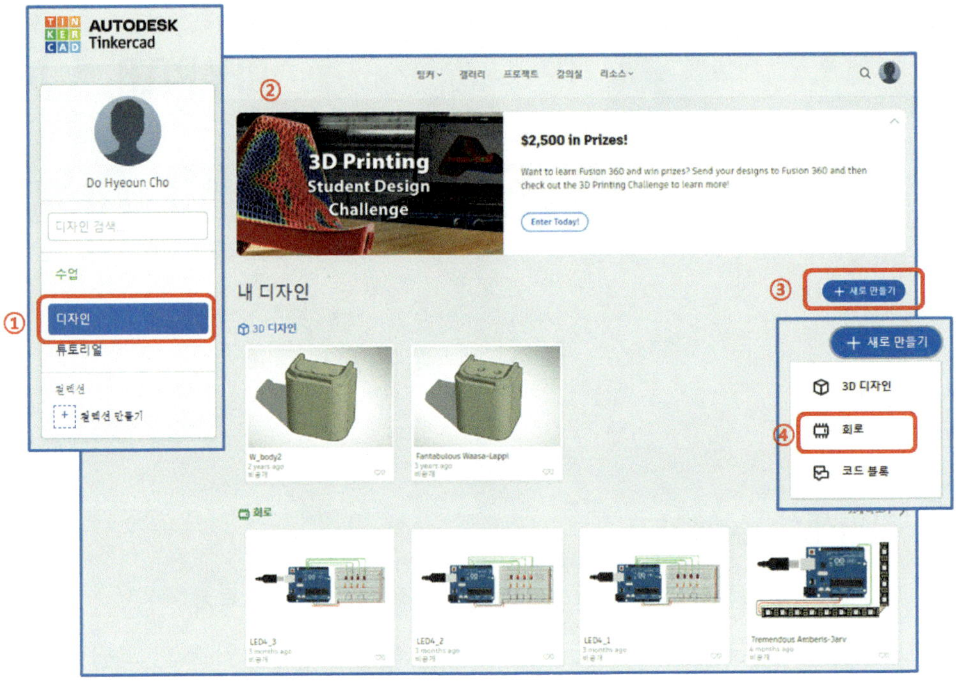


**[그림 3.2]** 틴커캐드 실행화면

계속해서, ③의 새로 만들기를 선택하면, 3D 디자인, 회로, 코드 블록을 선택하는 창이 나타난다. 회로 디자인을 위하여 ④의 회로를 선택하면, 그림 3.3과 같이 틴커캐드에서 회로를 설계할 수 있는 창으로 변화된다.

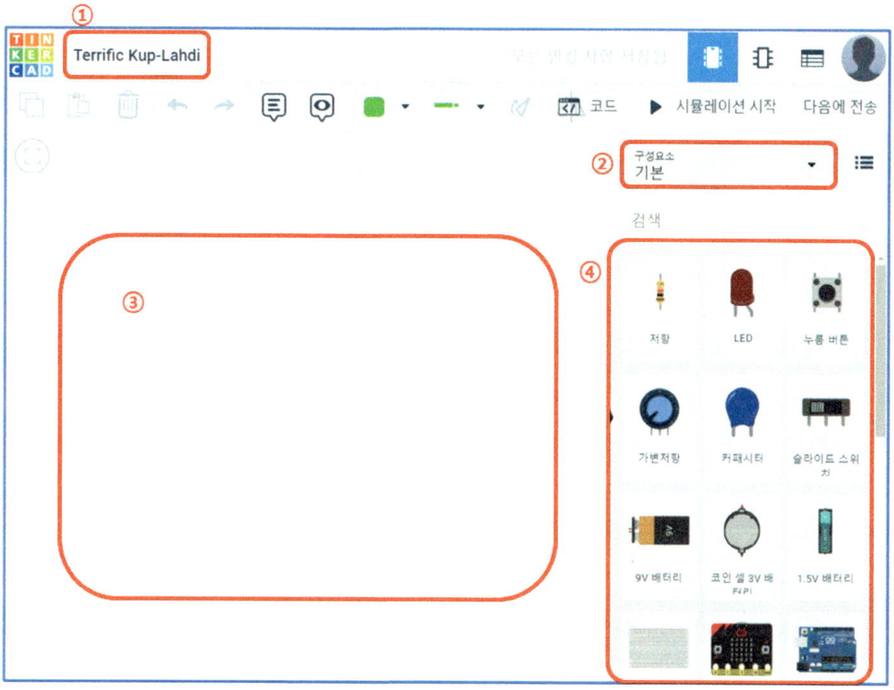


**[그림 3.3]** 틴커캐드 회로 디자인 화면

그림 3.3에서 ①을 더블 클릭하면, 디자인의 이름을 변경할 수 있다. ③의 부분은 ④의 부품 창에서 부품을 선택하여 회로를 배치할 수 있는 창이다. ②의 구성요소 기본을 클릭하면, 그림 3.4와 같이 구성요소를 변경하거나 Arduino나 Micro:Bit의 예제를 선택할 수 있다. 초기 상태는 기본으로 설정되어 있다.

**[그림 3.4]** 틴커캐드 회로 디자인 화면

그림 3.5는 그림 3.3의 ②에서 Arduino를 선택하면, 틴커캐드에서 제공되는 Arduino 회로와 코딩 디자인의 예제들이 나타난다.

**[그림 3.5]** 틴커캐드에서 제공되는 Arduino 활용 예제

## 3.2 틴커캐드의 간단한 예제 만들기

틴커캐드의 사용법을 배우기 위하여 그림 3.6과 같이 아두이노 UNO 보드에 LED를 연결하고, 1초 간격으로 켜고 끄는 것을 반복시키는 실험을 해보자.

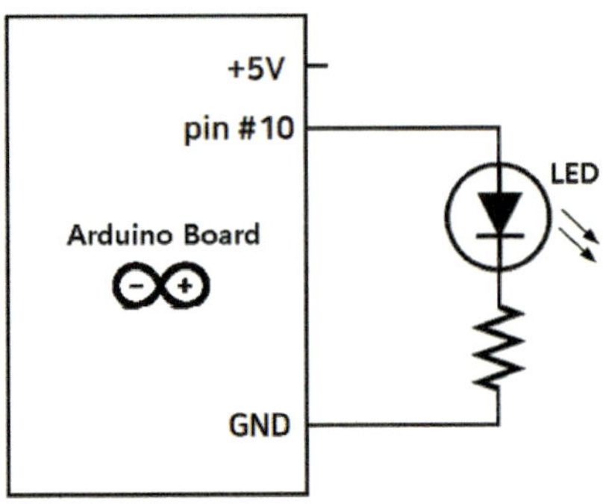


**[그림 3.6]** 아두이노 UNO에 LED 1개가 연결된 회로

### (1) 틴커캐드 회로의 활용 과정

틴커캐드를 사용하여 아두이노를 실습하기 위한 과정을 순서대로 설명하면, 그림 3.7과 같다. 첫 번째 단계로 틴커캐드에서 디자인과 회로를 차례로 선택한다. 두 번째 단계로 디자인 창에 아두이노 UNO 보드와 실습할 부품을 배치하고 연결하여 전자회로를 구성한다. 세

번째 단계로 아두이노에서 실행될 코드를 작성한다. 마지막으로 프로그램 작성이 끝나면, 시뮬레이션을 통하여 구성한 회로와 프로그램의 동작을 확인한다.

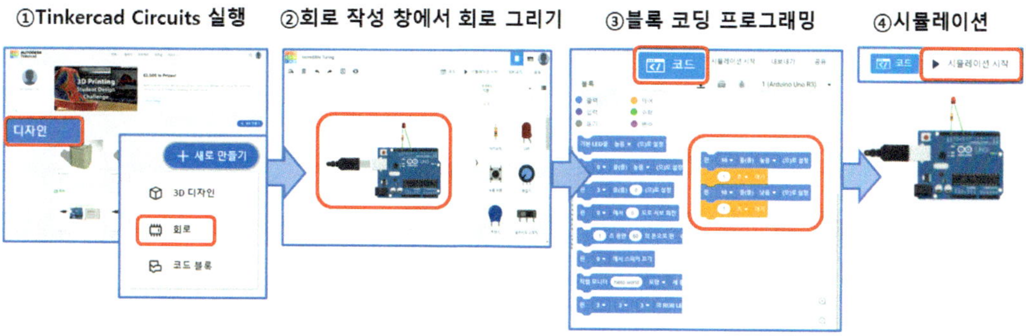


[그림 3.7] 틴커캐드를 사용한 활용 과정

## (2) 틴커캐드에서 회로 만들기

틴커캐드 활용을 위한 첫 번째 단계를 통해 틴커캐드 회로 디자인 창이 그림 3.8과 같이 열리면, 틴커캐드 회로 디자인에서 디자인 이름을 설정하기 위하여 그림 3.8의 ①을 클릭하여 'LED_onoff'로 변경한다. 오른쪽 ②에서 기본을 선택하고 나타난 부품 가운데, ④, ⑤, ⑥의 부품을 선택하여 ③의 영역에 드래그drag하여, 그림 3.9와 같이 가져다 놓는다.

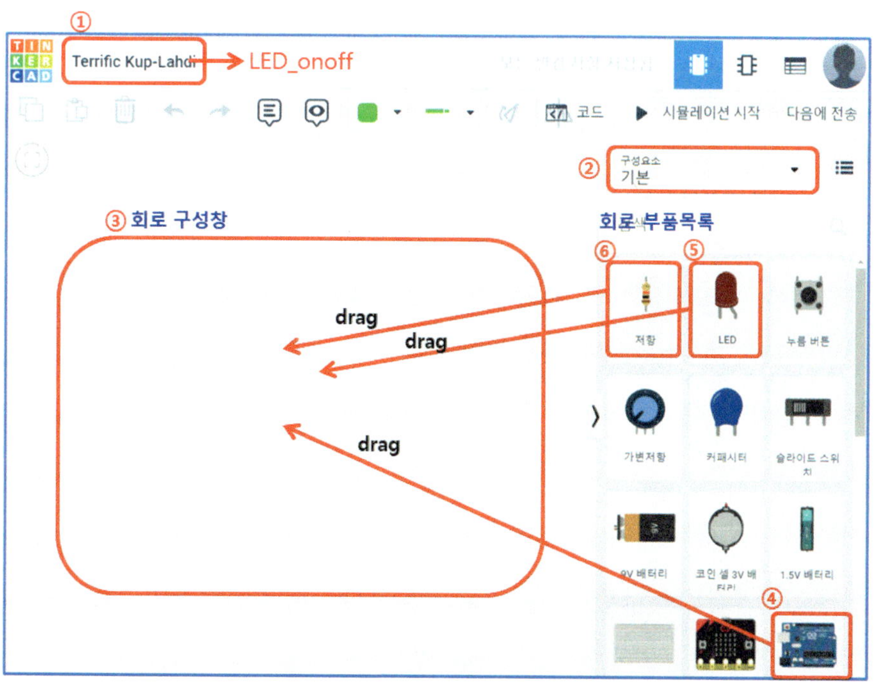


[그림 3.8] 틴커캐드 회로 디자인 화면에 아두이노 UNO와 부품 배치

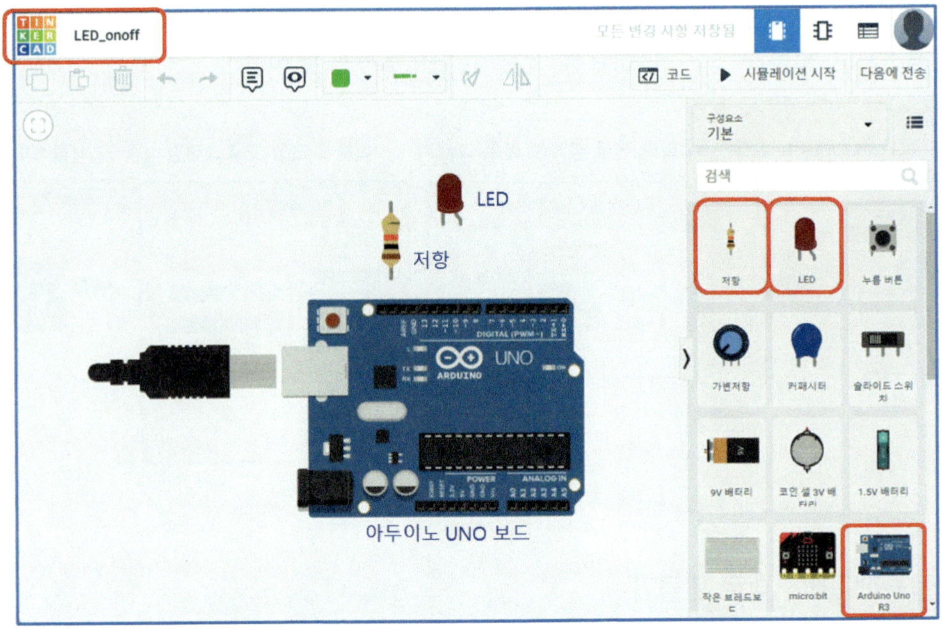


**[그림 3.9]** 틴커캐드 회로 디자인 화면에 배치된 부품

그림 3.9에 배치된 아두이노 UNO와 LED, 저항을 그림 3.10과 같이 각 부품단자 사이를 마우스로 드래그 하고 연결하여 그림 3.11과 같이 부품의 배치와 연결을 완성 한다.

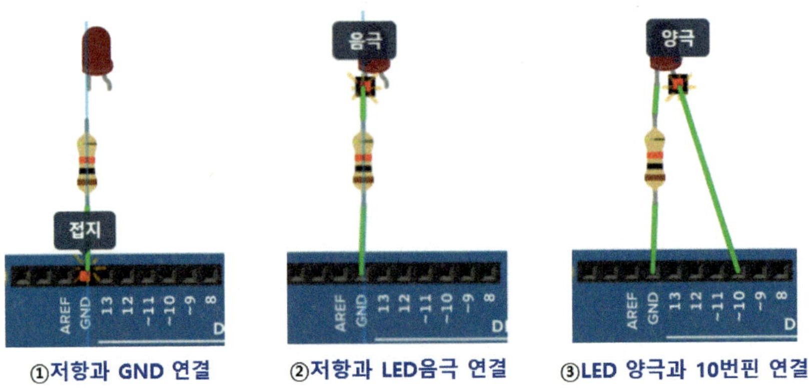


**[그림 3.10]** 배치된 부품들 사이의 연결

[그림 3.11] 완성된 회로

## (3) 틴커캐드 회로의 코딩

틴커캐드 활용의 세 번째 단계인 아두이노 UNO 보드에 연결된 LED를 1초 간격으로 켜고 끄는 것을 반복시키기 위한 프로그램을 블록명령을 사용하여 만들어 본다.

높음HIGH(+5V) 신호를 주면 LED에 불이 켜지도록 회로가 구성되었기 때문에, 아두이노 보드 디지털 핀 #10에서 HIGH가 출력되고, 1초간 시간 지연을 준 후에, 디지털 핀 #10에 낮음LOW 신호를 주고, 1초간 시간 지연을 가지도록 프로그램을 작성하여야 한다. 이를 위하여, 틴커캐드 회로의 디자인 창 오른쪽 윗부분의 코드를 클릭하면 그림 3.12와 같이 블록명령과 프로그램을 작성할 수 있는 창이 열린다.

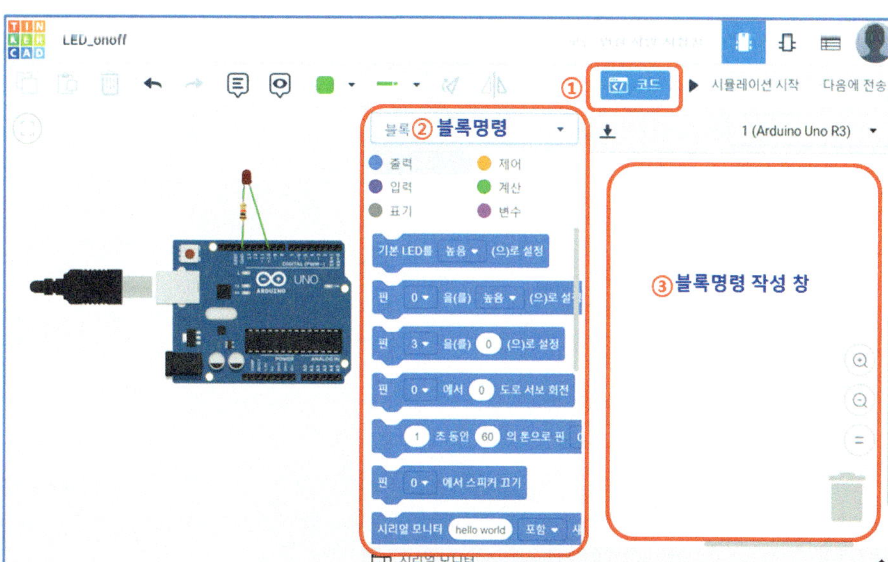


[그림 3.12] 블록명령 작성 창

그림 3.12의 ②에서 그림 3.13의 ①~④와 같이 블록과 출력을 선택하고 블록 명령  을 마우스로 드래그drag하여 블록명령 작성 창에 배치한다.

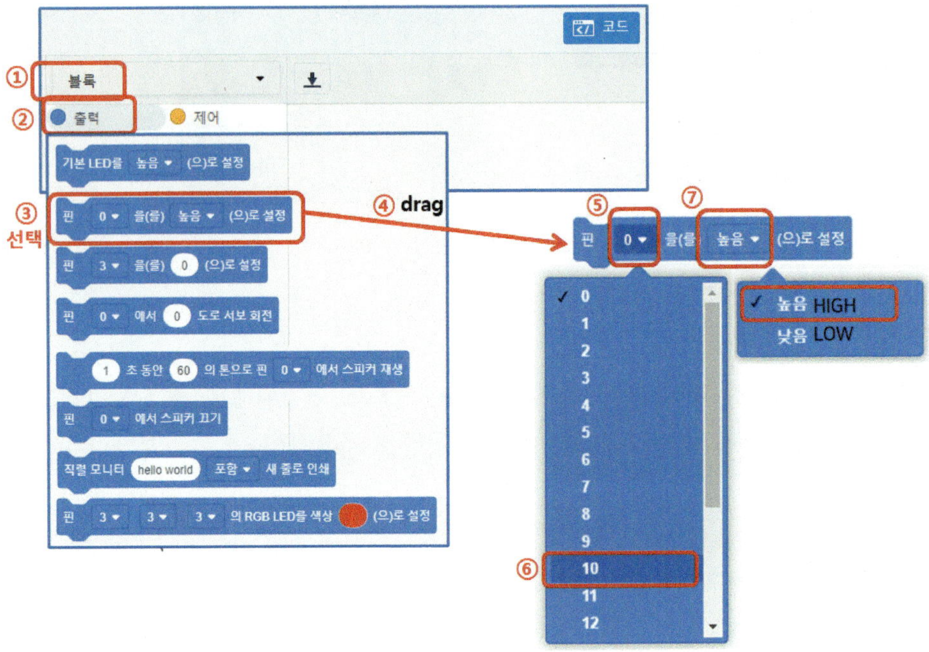


**[그림 3.13]** 디지털 출력 명령 블록 배치

배치한 디지털 출력 블록 명령에서 ⑤~⑦과 같이 디지털 출력 블록에서 아두이노 보드의 디지털 핀 번호를 10으로 선택하고, 출력 값은 높음HIGH으로 선택한다.

다음으로, 틴커캐드 아두이노의 블록의 제어에서 시간지연 블록을 선택하여 코팅 창에 끌어다 놓는다.

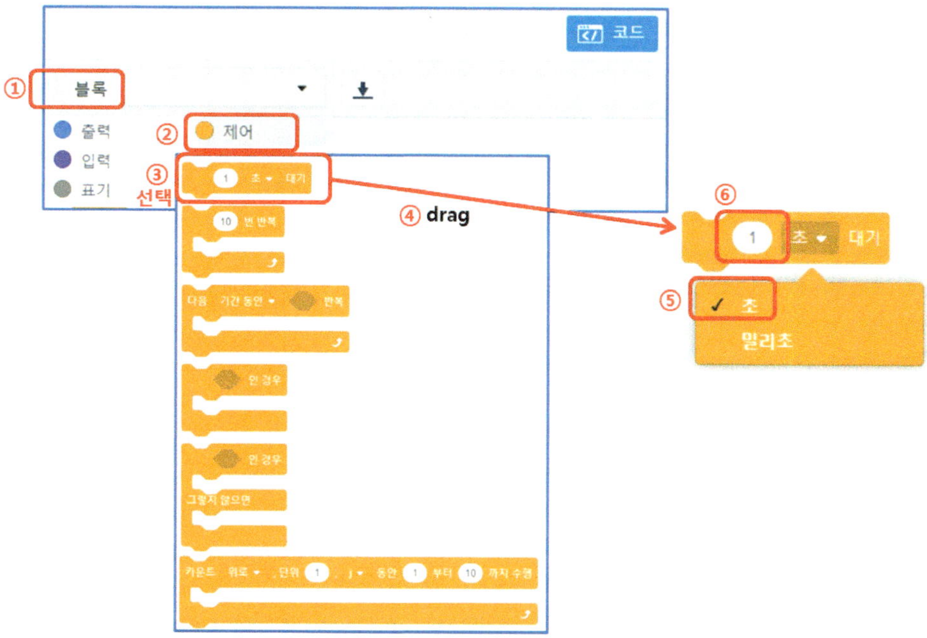


**[그림 3.14]** 시간지연 명령 배치

그림 3.12의 ②에서 그림 3.14의 ①~④와 같이 블록과 제어를 선택하고 블록 명령 을 마우스로 드래그drag하여 블록명령 창에 배치한다. 배치한 디지털 출력 블록 명령에서 ⑤~⑥과 같이 선택하고, 시간지연 블록 명령에서 시간 단위를 초sec로 선택하고, ⑥의 부분에 시간을 입력한다.

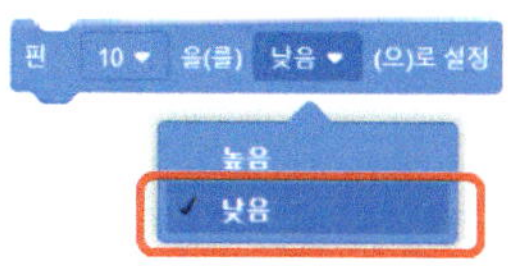


**[그림 3.15]** 디지털 출력 명령 추가

다시, 디지털 출력 블록을 끌어다 놓고, 그림 3.15와 같이 디지털 핀 번호를 10으로 선택하여, 출력 값은 낮음LOW으로 선택한다.

시간지연 블록을 낮음LOW으로 설정한 디지털 출력 블록 아래에 추가한다.
완성된 블록명령 프로그램은 그림 3.16과 같다.

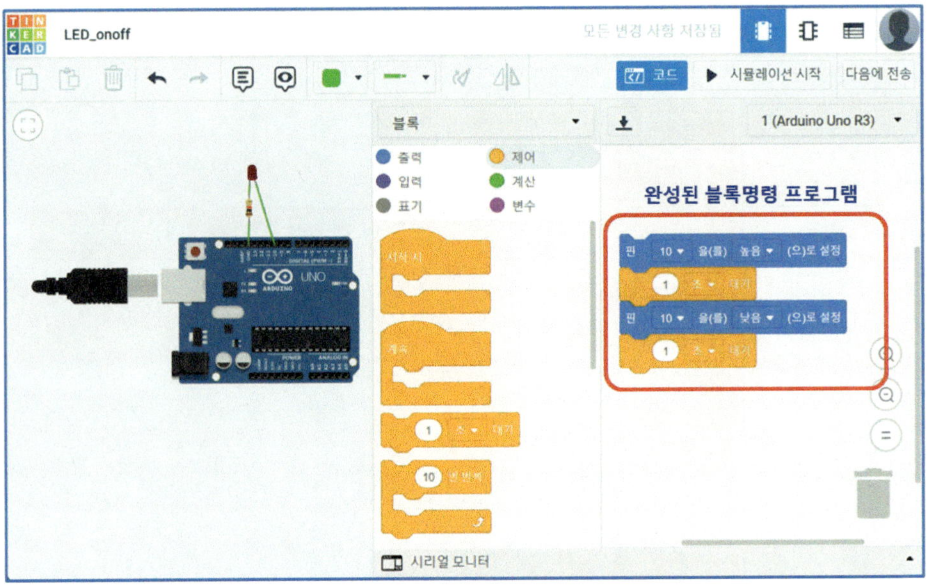


[그림 3.16] 완성된 블록명령 프로그램

## (4) 틴커캐드 블록코드와 문자코드

그림 3.16의 블록코딩 프로그램을 작성하면, 틴커캐드는 아두이노 개발환경에서 사용 가능한 문자 코딩 프로그램을 생성시켜 준다.

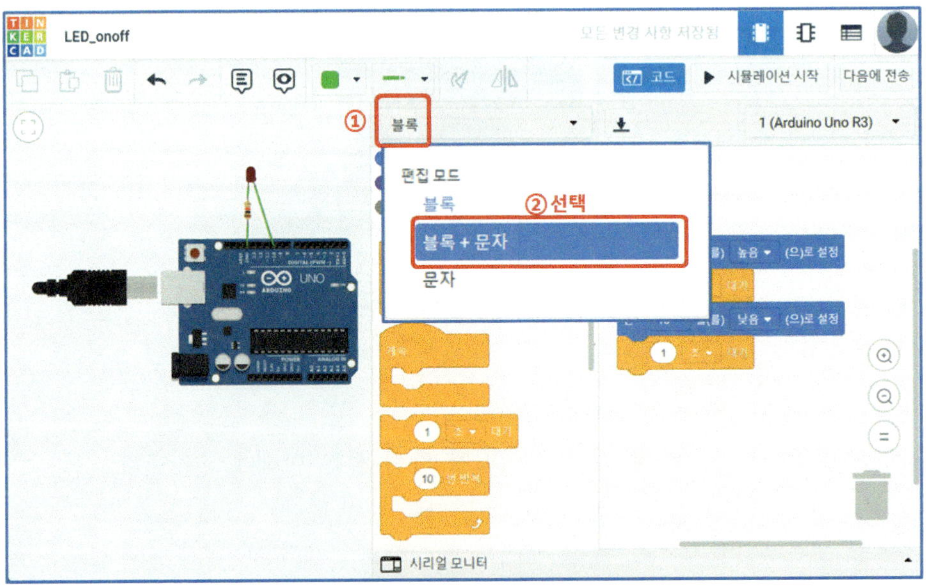


[그림 3.17] 코팅 편집모드 선택

그림 3.17의 ① 블록 부분을 클릭하면, 블록, 블록+문자, 문자의 코딩을 선택할 수 있는 편집모드 창이 열린다. 블록 코딩에 의하여 생성된 문자 코딩을 비교하기 위하여 ②의 블록+문자를 선택한다.

그림 3.18과 같이 문자 코딩 부분이 있는 창이 추가되어 나타난다.

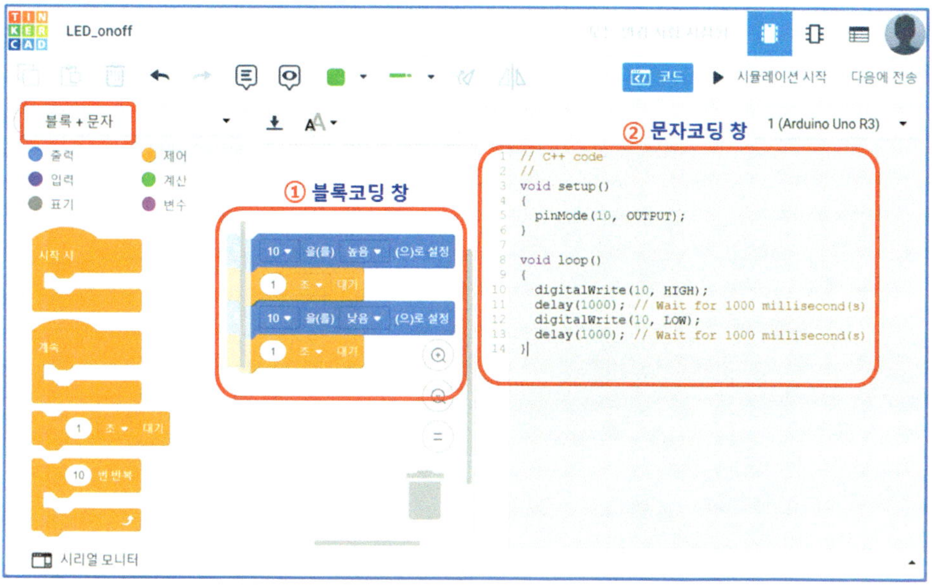


[그림 3.18] 블록 코드와 문자 코드

그림 3.18의 ① 블록코딩 창에서 작성된 블록 코딩 프로그램을 ②의 문자코딩 창에 아두이노에서 사용되는 C++언어 코드 형태의 문자로 생성된 프로그램이 나타난다. 또한, ①의 블록 코딩 창에서 블록 코딩 프로그램을 수정하면, ②의 문자코딩 창에 C++언어 코드가 수정되어 나타난다. 그러나 ②의 문자코딩 창에서는 프로그램을 변경할 수는 없다.

만일 C++언어 코드 형태로 프로그램을 작성하기 원한다면, 그림 3.18의 편집모드에서 문자를 선택하면 가능하다. 하지만, 그림 3.19와 같은 메시지가 나타나며 계속을 선택하면, 문자 코딩만 가능하게 된다.

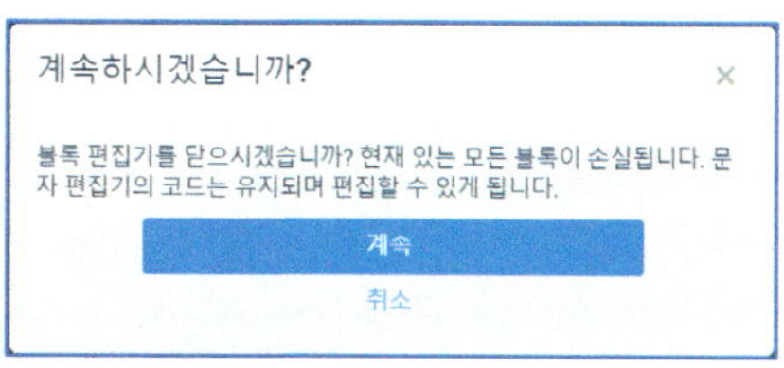


[그림 3.19] 문자 코드 선택

## (5) 틴커캐드 회로와 프로그램 시뮬레이션

틴커캐드를 이용하면 기본적으로 전자회로를 구성하고, 회로가 구성된 상태를 보면서, 바로 제어 프로그램 코딩을 할 수 있으며, 블록 코딩 방식은 단순하게 원하는 동작 명령을 끌어다 놓는 것에 의해서 프로그램을 만들 수 있어서, 블록 명령을 사용하면 직관적으로 프로그램을 구성할 수 있다.

또한 시뮬레이션 기능이 있어서 회로를 구성한 화면에서 입력한 명령어 들이 동작하는 것을 직접 확인할 수 있다.

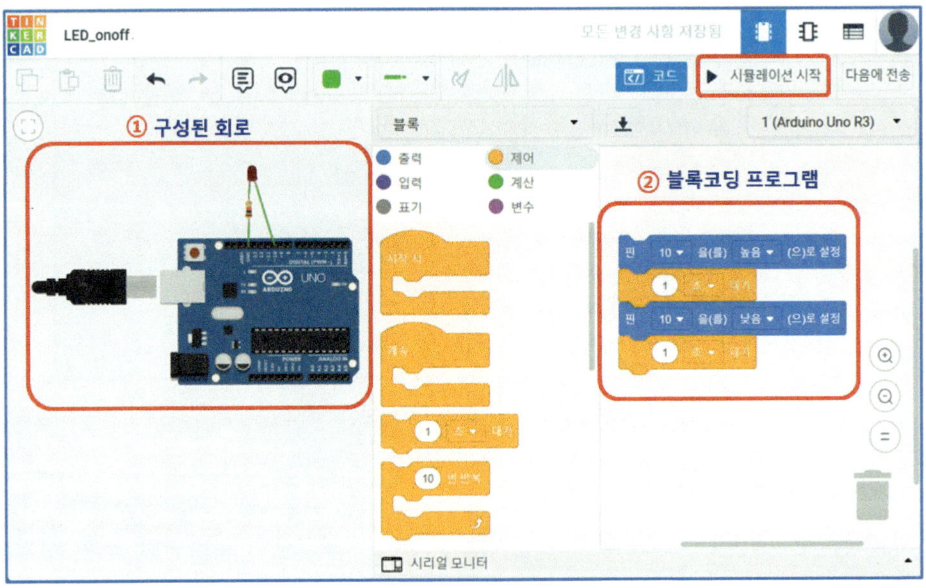


[그림 3.20] 회로 시뮬레이션

그림 3.20의 디자인 창 오른쪽 윗부분의 ▶ 시뮬레이션 시작 을 클릭하면, ①의 구성된 전자회로에 대하며, ②의 블록코딩 프로그램이 실행된다. 실제 아두이노 보드에 LED 등의 회로를 구성하여 동작시키는 것과 같이 ①의 구성된 회로 부분에 나타나는 것을 볼 수 있다.

그림 3.20 ①의 구성된 아두이노 회로가 그림 3.21과 같이 USB 포트가 결합되어 전원이 공급되는 형태로 변하고, LED 부분의 밝기가 켜지고ON 꺼지는OFF 형태로 나타나는 것을 볼 수 있다.

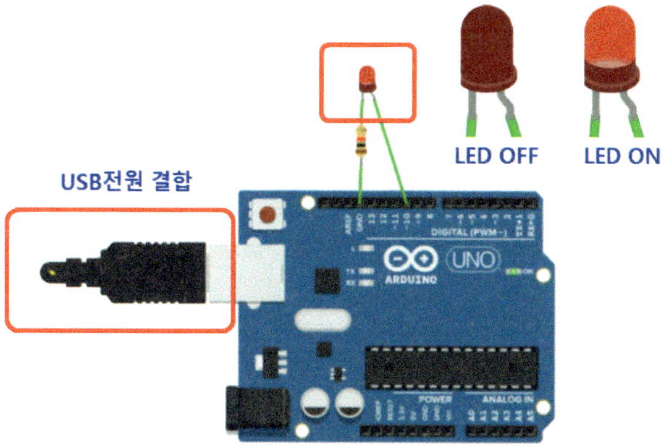


[그림 3.21] 회로 시뮬레이션 결과

LED를 제어하는 원리와 구체적인 제어 방법은 4장에서 자세히 다룬다.

## 3.3 브레드 보드 사용법

아두이노 보드 등으로 제어 회로를 만들 때, 그림 3.22와 같은 브레드 보드를 많이 사용한다. 제어 회로를 제작하는데 처음부터 부품을 납땜soldering을 하거나 회로를 PCB로 제작할 수는 없기 때문이다.

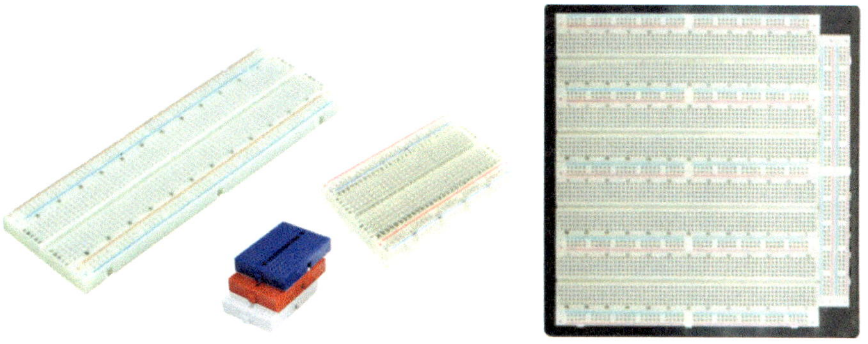

[그림 3.22] 브레드 보드

브레드 보드는 그림 3.23과 같이 회로를 납땜soldering 없이 쉽게 제작할 수 있고 수정하기 편리하기 때문이다.

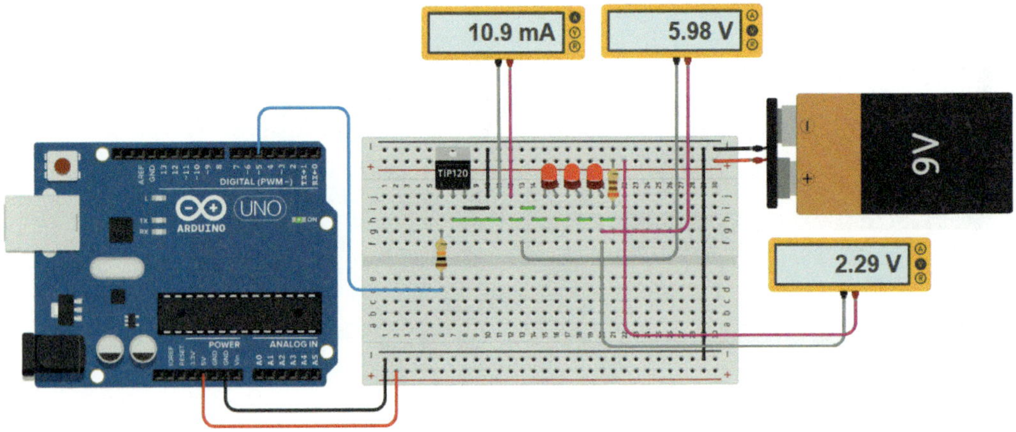


[그림 3.23] 브레드 보드를 사용한 회로 제작 예

브레드 보드의 구조는 그림 3.24과 같이 구멍이 있는 곳에 부품들을 꽂아 서로 연결될 수 있도록 만들 수 있다. 그림 3.24(a)는 부품을 꽂기 쉽게 되어있는 구멍의 내부구조를 보여주고, (b)는 각 구멍들이 내부적으로 연결되어 있는 구조를 보여준다.

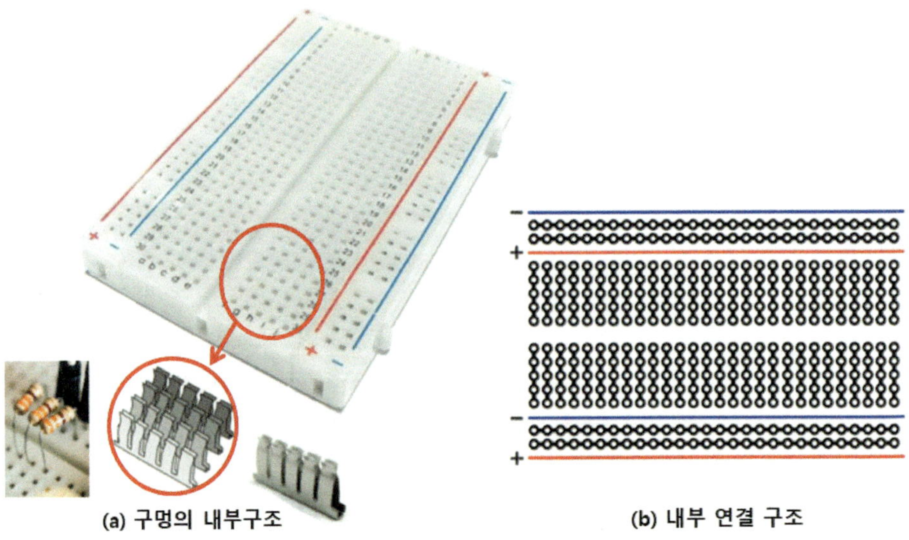


[그림 3.24] 브레드 보드

브레드 보드의 내부 연결 구조를 이해하기 위하여 그림 3.25와 같이 틴커캐드에서 3V 건전지와 LED를 브레드 보드에 꽂아 불이 켜지는 것을 살펴보자. 자세한 전류의 흐름에 따른 동작 원리는 3장에서 다루겠지만, 간단히 동작 구조를 설명하면, 건전지의 +와 LED의 양극이 연결되고, LED의 음극은 건전지의 -에 연결되어야 LED에 불이 켜지게 된다.

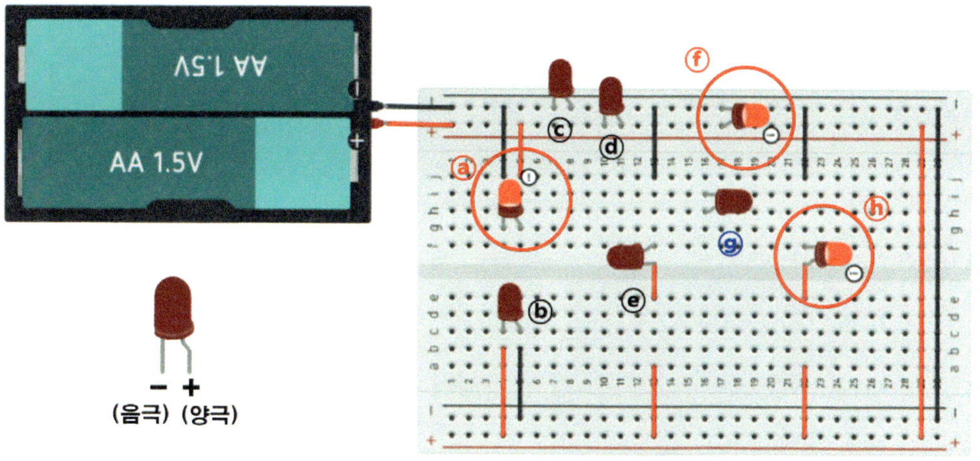

[그림 3.25] 건전지와 LED를 사용한 회로 구성

그림 3.25에 연결된 ⓐ~ⓖ의 LED 가운데, 그림 3.24(b)의 내부 연결 구조에 따라 LED의 극성을 맞게 연결한 ⓐ, ⓕ, ⓗ LED는 불이 켜지고, 나머지 LED들은 브레드 모드 내부 연결구조에 잘못 연결되었거나 극성이 잘못 연결되어 불이 켜지지 않는다.

## 3.4 브레드 보드 회로

틴커캐드에서 아두이노 보드와 회로 부품의 연결과정을 명확하게 설명하기 위하여 그림 3.26과 같이 브레드 보드를 사용하지 않은 회로를 사용한다.

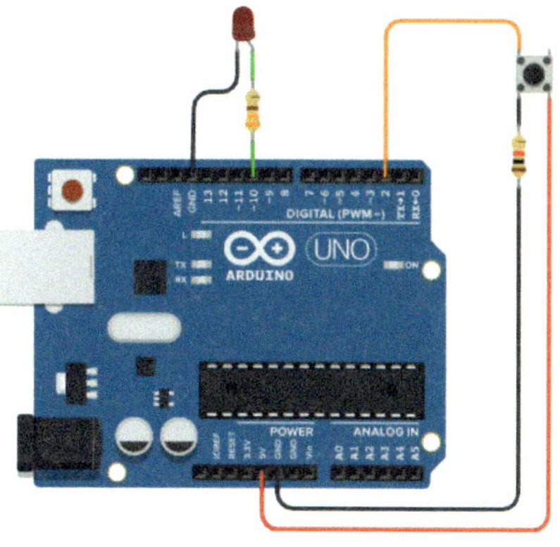

[그림 3.26] 브레드 보드를 사용하지 않은 회로 구성

그러나 실제 회로를 만들어 실습하기에는 그림 3.27과 같이 브레드 보드를 사용하는 것이 편리하다. 또한 브레드 보드를 사용하여 회로를 구성할 때에는 그림 3.27의 ①과 ②처럼 전원의 배선을 가장 먼저하고 회로를 구성하는 것이 좋다.

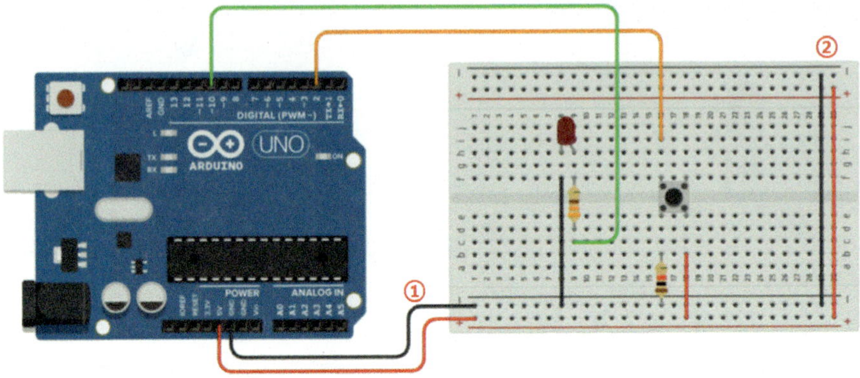


**[그림 3.27]** 브레드 보드를 사용한 회로 구성

CHAPTER 04

# LED 제어하기

아두이노 UNO 보드의 제어 신호를 사용하여 1개의 LED 제어하는 방법을 살펴본다.

## 4.1 LED 사용 원리

아두이노 UNO로 LED를 깜박이게 하는 회로와 프로그램을 만들어 보자.
대표적인 반도체 디지털 디스플레이 장치인 LED는 모든 디스플레이 장치의 기본이 된다. 그림 4.1과 같이 1개의 LED에서 여러 개의 LED를 연결하여 스트립 형태나 Dot Matrix, 세그먼트 등을 만들기 때문에 LED 회로를 이해하는 것이 필요하다.

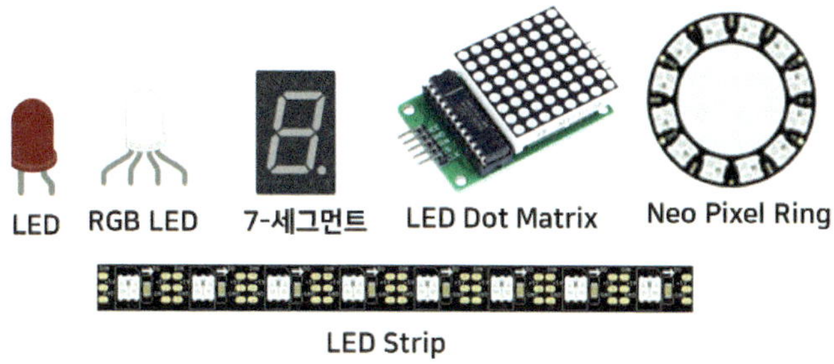


[그림 4.1] LED 디스플레이 전자회로 부품

LED는 일상적으로 가장 많이 보고 쉽게 접할 수 있는 반도체 소자이지만, 반도체로 만들어지기 때문에 극성이 있다. 극성이 있음은 소자에 양극(+)과 음극(-, GND) 전원을 구분하여 연결하여야 한다는 의미이다. 그림 4.2와 같이 건전지는 +와 -가 있어서, 건전지를 건전지 소켓에 거꾸로 연결하게 되면 건전지가 동작하지 않는 것도 극성이기 때문이다.

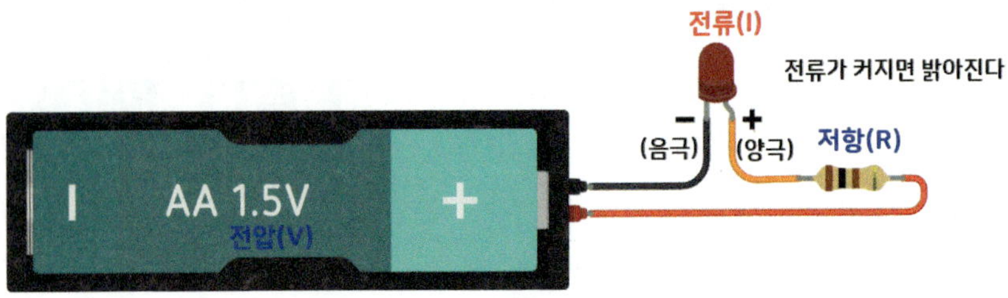


**[그림 4.2]** LED와 건전지의 연결

즉, 반도체 소자들도 이러한 극성을 가지고 있기 때문에 극성을 구분해서 사용해야 한다. LED의 회로 기호는 다음 그림 4.3과 같으며, 양극과 음극을 각각 Aanode와 Kcathode로 표시한다.

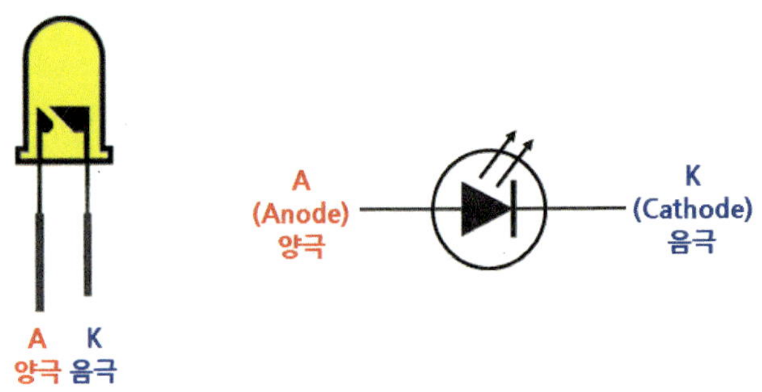


**[그림 4.3]** LED의 극성과 회로 기호

스위치를 사용하여 LED를 제어하는 방법을 생각해보자.

다음은 스위치를 누르면 LED에 불이 켜지는 2가지 경우를 보여 준다. 그림 4.4(a)는 스위치를 접지 쪽에 연결한 것이고, 그림 4.4(b)는 스위치를 +5V 쪽에 연결한 것이다.

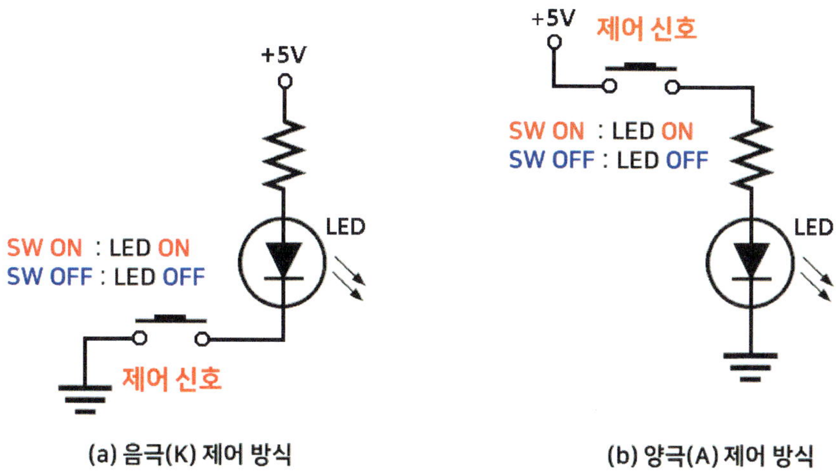


**[그림 4.4]** 스위치로 LED를 제어하는 방법

그림 4.4의 (a)와 (b) 회로 모두 스위치를 누르면 +5V에서 전류가 흘러서 LED에 불이 들어오게 되지만, 2가지에는 차이가 있다.

제어 장치에 해당하는 스위치 대신에 아두이노를 사용해서 프로그램으로 제어하려면, 아두이노 보드를 통해서 0V나 +5V 신호를 내보내게 된다. (a)의 경우라면 스위치 대신에 아두이노 보드를 연결해서 0V 신호를 내보내면 LED에 불이 켜지고, +5V 신호를 내보내면 불이 꺼지게 된다. 반면에, (b)의 경우에는 이 스위치 대신에 아두이노 보드를 연결해서 0V 신호를 내보내면 LED에 불이 꺼지고, +5V 신호를 내보내면 불이 켜지게 된다.

즉, 회로 구성을 어떻게 하였느냐 따라 제어 프로그램 제어 코드가 달라져야 한다는 뜻이다. 무조건 LED 연결하고 저항 연결하고 회로 만들었다고 해서 프로그램이 동일한 프로그램을 쓸 수 있는 것이 아니라 실제로 회로를 어떻게 만들었는가에 따라서 2가지 방법으로 나눠질 수 있다. 이것을 (a)는 음극 제어 방식, (b) 양극 제어 방식이라고 한다.

그러면 앞에서 설명한 스위치 대신에 그림 4.5와 같이 아두이노 보드를 연결해 보자.

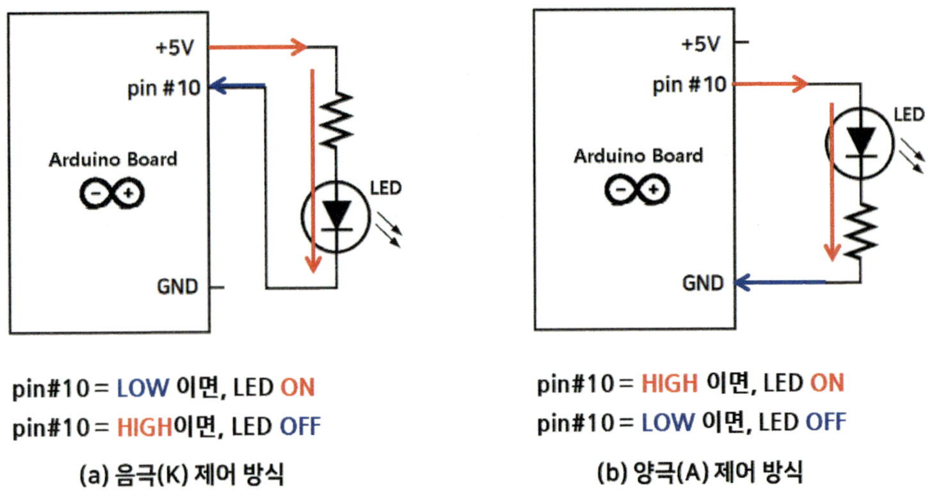


**[그림 4.5]** 아두이노로 LED를 제어하는 방법

그림 4.5의 (a)는 음극(K)제어 방식의 회로로 +5V가 저항을 거쳐서 LED의 A(양극)에 연결되고, LED의 K(음극)를 아두이노의 디지털 핀 #10에 연결한 것이다. 핀 #10에서 낮음(LOW, 0V) 신호를 주면, 전원 +5V에서 전류가 저항과 LED를 거쳐 아두이노 디지털 핀 #10으로 흘러서 LED의 불이 켜지게 된다.

반면에 (b)는 양극(A)제어 방식의 회로로 아두이노의 디지털 핀 #10을 LED의 A에 연결하고, LED의 K가 저항을 거쳐 접지에 연결된 것이다. 핀 #10에서 높음(HIGH, +5V)라는 신호를 주면, 아두이노 디지털 #10에서 전류가 저항과 LED를 거쳐 접지로 흘러 LED의 불이 켜지게 된다.

## 4.2 LED on-off 제어

LED를 사용해서 실제 회로를 구성하고 제어하는 방법을 살펴보도록 하자. 첫 번째는 LED를 켜고 끄기(on-off) 위하여, 아두이노 보드로 LED를 1초 간격으로 켜고 끄는 것을 반복시키는 프로그램을 만들어 보자. 아두이노가 LED를 제어하는 신호가 켜고-끄는(on-off) 동작만 있는데 이러한 방식을 디지털 방식의 제어라고 한다.

아두이노 UNO는 그림 4.6과 같이 핀이 #0~#13의 14개와 A0~A5의 6개가 디지털 제어가 가능하다. 이들 가운데 디지털 핀 #10을 사용하여, 4.1절에서 설명한 양극제어 방식으로

LED를 제어해 보자.

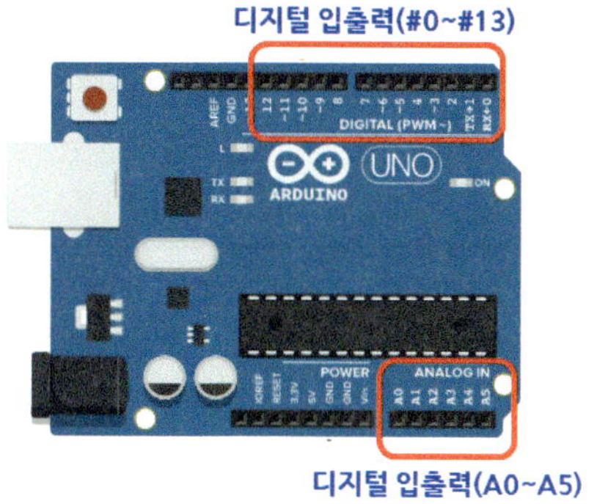


[그림 4.6] 아두이노 UNO의 디지털 출력 핀

### (1) 회로의 구성

그림 4.5(b)의 양극제어 회로를 저항을 사용하여 설계하면 그림 4.7과 같이 된다. 아두이노 보드의 디지털 핀 #10을 LED의 A(양극)에 연결하고, LED의 K(음극)는 저항 330Ω을 통하여 접지에 연결한 것이다. 저항 330Ω은 LED에 과도한 전류가 흐르는 것을 방지하는 역할을 하며, 저항 값을 100Ω으로 변경하면 LED는 더 밝아진다.

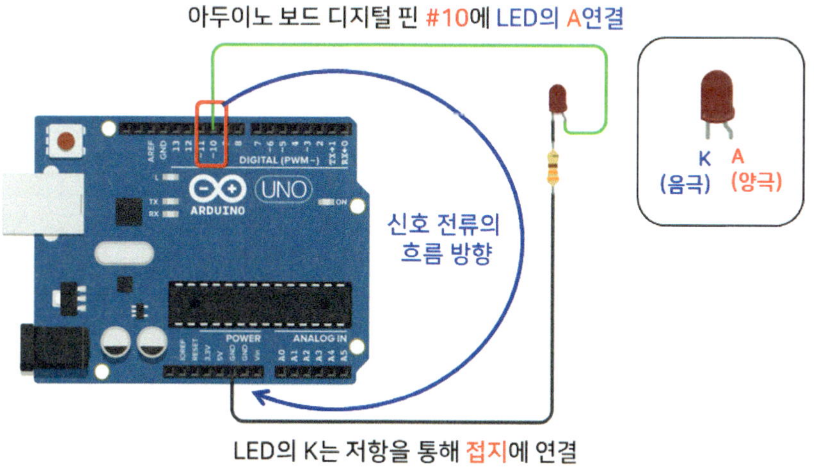


[그림 4.7] UNO를 사용한 LED 양극 제어

간단하게 동작 원리를 이해하기 위하여, 틴커캐드 회로Tinkercad circuits에서 회로를 구성하고 블록 프로그래밍으로 코딩해 보자.

### (2) 블록코딩 작성

그림 4.7은 LED 양극제어 방식이므로, 아두이노 UNO의 디지털 핀 #10에서 높음HIGH 신호를 주면 LED에 불이 켜지도록 회로가 구성되었기 때문에, 아두이노 UNO 디지털 핀 #10에서 높음HIGH 신호가 출력되고 1초간 시간지연을 준 후에 디지털 핀 #10에 낮음LOW 신호를 주고, 1초간 시간지연을 가지도록 프로그램을 작성하여야 한다.

블록명령의 기능이나 사용법은 3장에서 자세히 설명하였지만 간단하게 정리하면 다음과 같다. 먼저, 틴커캐드 회로의 디자인 창 오른쪽 윗부분의 [코드]를 클릭하고, 블록명령의 출력에서 블록 명령 [핀 0 ▾ 을(를) 높음 ▾ (으)로 설정]을 선택하여 마우스로 드래그drag하여 블록명령 창에 배치하고 디지털 출력 블록에서 디지털 핀 번호를 10으로 선택하고, 출력 값은 높음HIGH으로 선택한다.

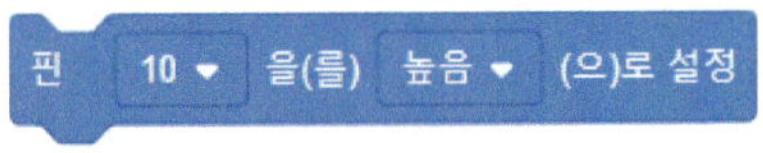


다음으로, 틴커캐드 아두이노의 블록의 제어에서, 시간지연 블록을 선택하여, 코딩 창에 끌어다 놓는다.

다시, 디지털 출력 블록을 끌어다 놓고, 디지털 핀 번호를 10으로 선택하여, 출력 값은 낮음LOW으로 선택한다.

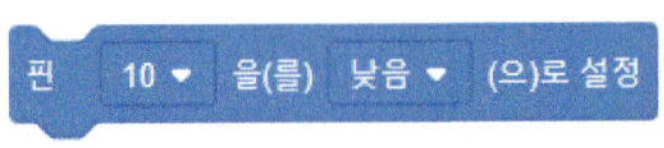


시간지연 블록을 낮음으로 설정한 디지털 출력 블록 아래에 추가한다.
완성된 블록명령 프로그램과 각 블록 명령의 동작은 그림 4.8과 같다.

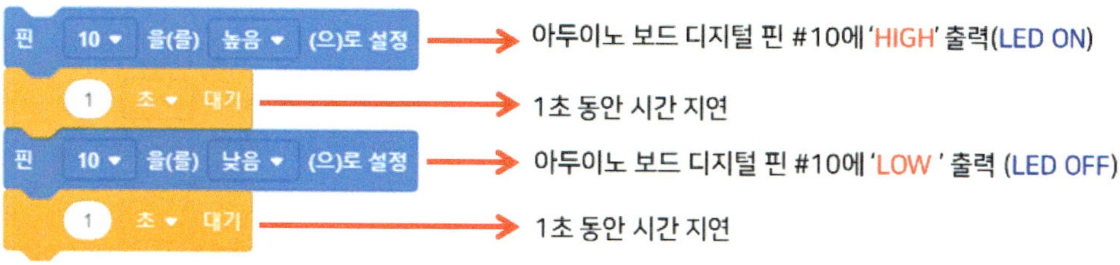


[그림 4.8] 완성된 블록명령 프로그램과 각 블록 명령의 동작

그림 4.8에서 LED를 켜고 끄는 동작 사이에 1초 정도의 시간 지연을 사용하는 이유는 마이크로컨트롤러에서 명령 처리 속도가 굉장히 빠르기 때문에, 사람의 눈으로 LED의 켜지고 꺼지는 동작을 확인할 수 없기 때문이다. 시간 지연의 시간은 1~0.2초 정도가 적당한데, 너무 시간지역을 짧게 하거나 시간 지연 요소가 없이 프로그램이 실행되면 LED의 켜지고 꺼지는 것을 확인할 수 없게 된다.

마이크로컨트롤러로 디스플레이 장치나 피에조, 모터 등을 제어할 때에 각 부품의 용도에 따라 일정한 시간 지연을 잘 사용하는 것이 꼭 필요하다.

### (3) 시뮬레이션을 활용한 동작확인

틴커캐드 디자인 창 오른쪽 윗부분의 ▶ 시뮬레이션 시작 을 클릭하면, 구성된 전자회로에 대하며, 블록코딩 프로그램이 실행된다. 실제 아두이노 보드에 LED 등의 회로를 구성하여 동작시키는 것과 같이 구성된 회로 부분에서 LED가 1초 간격으로 켜지고 꺼지는 것을 볼 수 있다.

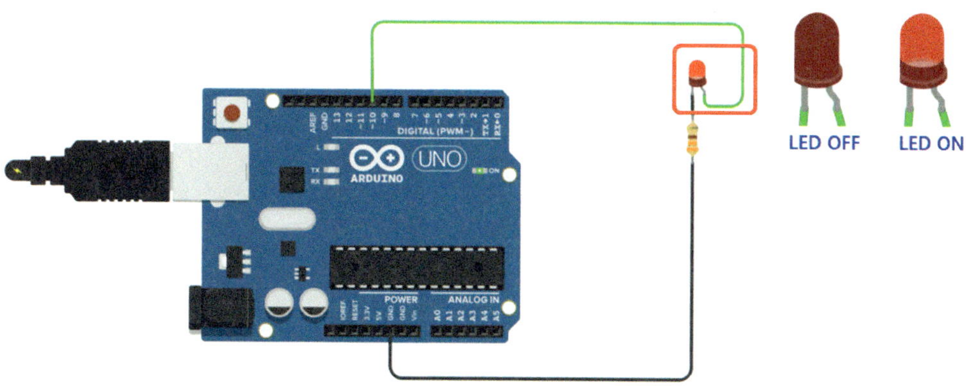


[그림 4.9] 틴커캐드에서 시뮬레이션

### (4) 블록 코드에 대한 아두이노 C++언어 코드 프로그램

3장에서 설명한 것처럼 그림 4.8의 블록코딩 프로그램을 작성하면, 틴커캐드는 아두이노 개발환경에서 사용 가능한 문자 코딩 프로그램을 생성시켜 준다. '블록' 부분을 클릭하고 '블록+문자'를 선택하면, 블록명령 코딩 창 옆에 생성된 코드가 나타난다.

작성한 블록 코딩 프로그램과 아두이노 C++언어 코딩 프로그램을 비교해 보자. 블록 코딩 프로그램은 원하는 블록명령을 순서대로 끼워 맞추면 프로그램이 완성되지만, 아두이노 C++ 언어 코딩 프로그램은 그림 4.10에 나타낸 것처럼 setup( ) 함수와 loop( ) 함수라는 구조를 가지고 있다.

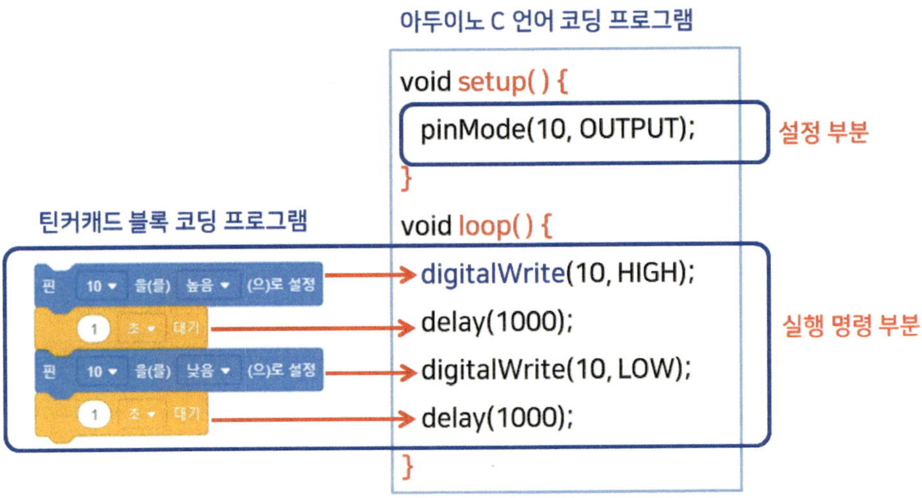


[그림 4.10] 블록 코딩과 문자 코딩의 비교

여기서, setup( ) 함수 부분은, 프로그램이 실행되기 위하여 필요한 명령어들에 대한 설정 등이 이루어지는 부분이고, loop( ) 함수 부분보다 먼저 실행되는 부분이다. loop( ) 함수 부분은, 프로그램을 통하여 원하는 작업을 실현하는 프로그램 부분이다. 블록 코딩 프로그램에서는 이 루프 부분만을 코딩하는 것이다.

그런데, 블록 코딩 프로그램에는 setup( ) 함수 부분이 없는 것으로 생각하기 쉬우나, 실제로는 내부적으로 해당하는 코드에 필요한 설정이 자동으로 이루어지고 있는 것이다. 즉, 아두이노 C++ 언어 코딩 프로그래밍 과정에서, setup( ) 함수와 loop( ) 함수 부분의 코딩을 가운데 어느 하나도 생략해서는 안 되는 필수 구조이다. 프로그램이 실행되면, setup( )

함수 부분은 프로그램이 시작될 때에 한번만 실행되고, loop( )함수 부분은 시스템을 종료시키기 전까지 무한 반복으로 실행된다.

그림 4.10의 loop( )함수 부분에서 digitalWrite(10, HIGH)과 digitalWrite(10, LOW)는 각각 아두이노 UNO의 디지털 핀 #10에 높음HIGH과 낮음LOW신호를 출력하는 명령이고, delay(1000)은 1000밀리초(1초)를 지연시키는 명령으로, loop( )함수 속에서 무한반복이 이루어진다. 틴커캐드의 블록 코딩으로 작성한 부분에 해당된다.

### setup( )함수의 필요성

틴커캐드에서 작성된 블록 코딩으로 작성된 프로그램은 실제 아두이노 보드에는 업로드upload할 수는 없다. 프로그램이 기계어 형태로 바뀌어 아두이노 보드에 저장되어야하기 때문이다.

즉, C++언어 형태의 문자 코드 프로그램이 아두이노 보드에서 실행 가능한 기계어로 바뀌는 컴파일 과정과 아두이노 보드에 기계어 프로그램이 설치되는 과정이 필요하다. 그러므로 틴커캐드 블록 코드의 프로그램 부분에는 없는 아두이노 보드를 위한 setup( ) 부분이 필요하다. 아두이노 보드에서 디지털 핀이 14개와 아날로그 핀 6개를 포함하여 20개가 디지털 정보의 입력과 출력이 모두 가능하다. 그러므로 이 20개의 핀들을 입력이나 출력으로 사용할 것인지를 각각 지정해 주어야 한다.

예를 들면 디지털 핀 #10을 사용해서 LED의 불을 켤 수도 있고, 스위치 같은 부품을 이용한 입력도 가능하기 때문에 사용하려는 디지털 핀 #10을 입력모드로 사용할 것인지 출력모드로 사용할 것인지를 설정하는 과정이 필요한 것이다.

아두이노 보드의 디지털 핀 #10에 LED를 연결하고 출력신호를 제어하려면, setup( ) 함수 부분에서 pinMode(10, OUTPUT)과 같은 명령을 선언해 주어야 하고, 센서나 스위치를 연결하게 된다면 setup( ) 함수 부분에서 pinMode(10, INPUT)으로 설정해 주어야 한다.

틴커캐드의 블록 명령으로 프로그램을 코딩하는 과정에서는 마우스로 [코드]에서 출력 명령 블록을 선택하는 과정에서 이 설정 과정이 자동으로 이루어지고, 문자 코드의 setup( ) 함수에 반영이 된다.

# 4.3 LED의 밝기조정 제어

앞에서 디지털 방식으로 LED를 제어하는 것을 살펴보았다. 디지털 방식은 LED의 불이 켜지거나 꺼지는 두 가지 기능 밖에 없지만, 실제적으로 LED의 밝기가 점점 밝아지거나 점점 어두워지는 기능은 매우 유용하다.

LED의 밝기를 조정하는 방법을 살펴보도록 하자.
LED의 불이 켜지거나 꺼지는 것on–off이 디지털 제어라면, 점점 밝아지거나 점점 어두워지는 동작은 아날로그 제어라고 한다.

### (1) 아날로그 출력신호

아두이노 보드는 아날로그 제어를 위하여 PWM 기능을 이용한다. PWM은 펄스 폭 변조Pules Width Modulation를 뜻하는 용어로, 그림 4.11과 같이 디지털 신호의 펄스폭을 조정하여 아날로그 신호처럼 동작하게 하는 것이다.

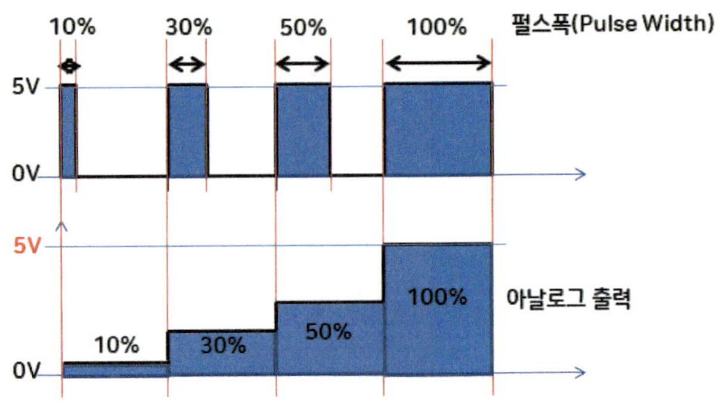


**[그림 4.11]** PWM 신호의 원리

그림 4.11에 나타낸 것처럼 디지털 펄스가 발생하는 1주기 안에서 +5V 펄스가 지속되는 시간을 조정하여, 그 펄스의 면적을 전체 시간으로 평균을 내는 것과 같은 방식이다. 예를 들어, 1주기의 50%만 +5V 펄스가 지속된다면, 한 주기 동안 2.5V의 전압이 발생한 것과 같다.

PWM에 의한 아날로그 신호는 1주기의 5V 펄스를 0~255 단계로 나누어 발생된다. 0단계는 0%로 0V이고, 64단계는 5V의 25%에 해당하는 1.25V가 되고, 127단계는 5V의 50%에 해당하여 2.5V, 255단계는 100%로 5V가 된다.

한편, setup( ) 함수 부분에서 pinMode(10, OUTPUT)이 선언되어 있는데, 디지털 출력과 달리 아날로그PWM 출력은 아날로그 입력이 분리되어 있어서 OUTPUT으로 설정하지 않아도 된다.

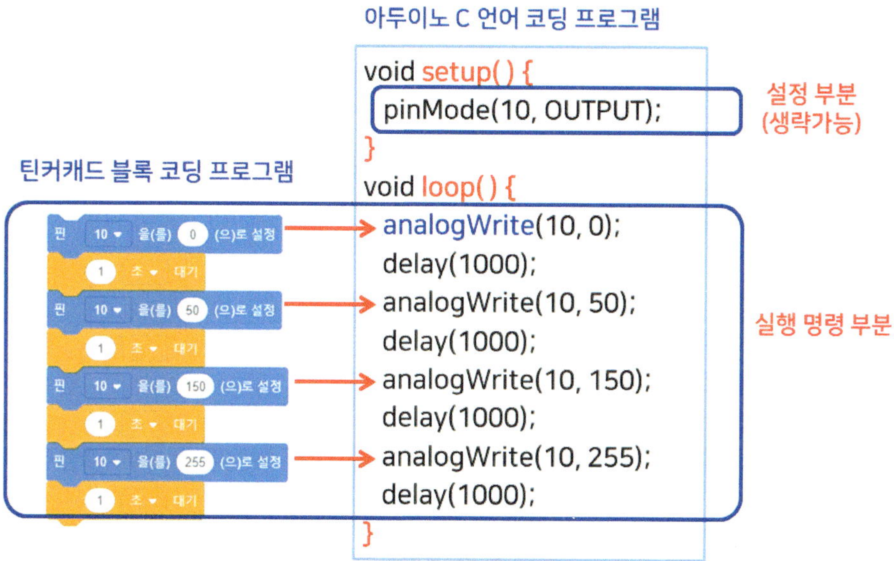


[그림 4.15] 블록 코딩과 문자 코딩의 비교

# 4.4 변수와 반복 활용하기

그림 4.14에서 LED 밝기의 변화 값을 2장에서 소개한 변수로 지정하고, 그 변수를 자동으로 변화시키면 더 효과적으로 LED의 밝기를 변화시킬 수 있다.

## (1) 변수 생성

틴커캐드 디자인 창에서 [코드]를 선택하고, 그림 4.16과 같이 블록과 변수를 선택하고 [변수 만들기...]를 선택하며, 변수 k를 생성시킨다.

**[그림 4.16]** 변수 k 생성

그림 4.16과 같이 변수 k를 생성되면 (k) 아래에 설정과 변경의 2가지 명령 블록이 생성된다. 그림 4.16에서 설정은 값을 대입하는 의미이고, 변경은 기존의 값에 더하는 개념이다. 예를 들면 그림 4.17과 같이 블록 명령에 3을 대입하면, 설정은 k=3이 되어 k값을 3으로 설정하는 것이고, 변경은 k=k+3이 되어 기존의 k값에 3을 더하는 결과가 된다.

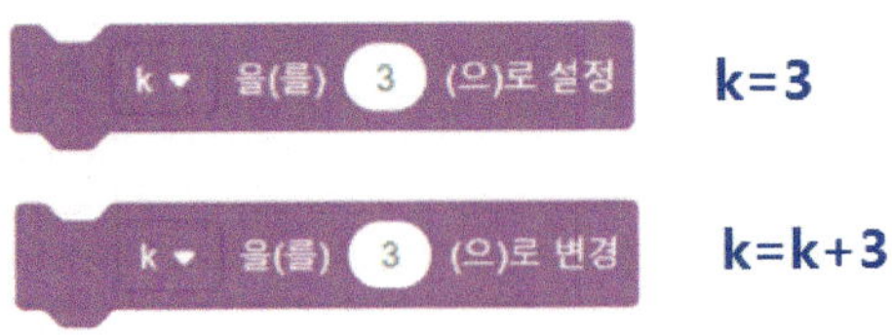


**[그림 4.17]** 변수 블록의 활용

## (2) 카운트 블록 활용

변수의 값을 자동으로 증가시키거나 감소시키기 위해서 카운트 블록명령을 사용하면 편리하다. 이 블록명령은 아두이노의 C++언어 문자코딩의 for함수에 해당한다.

틴커캐드 디자인 창에서 [코드]를 선택하고, 그림 4.18과 같이 블록과 제어를 선택하고 가장 아래에 있는 블록 명령 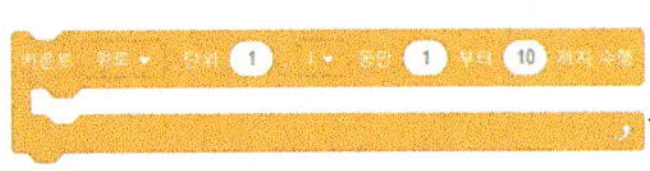을 마우스로 드래그drag하여 명령어 창에 배치한다.

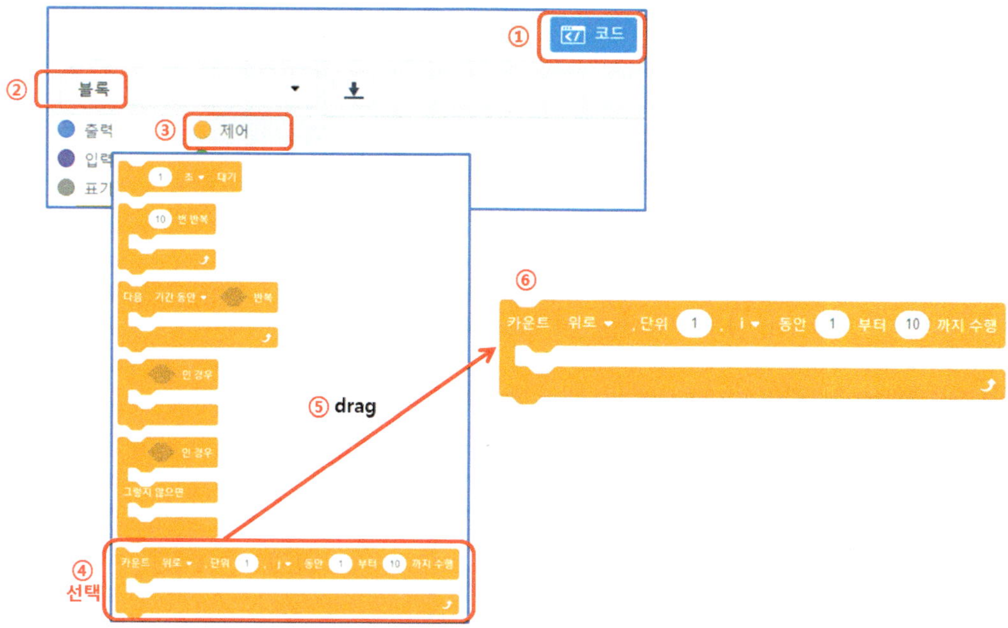


[그림 4.18] 카운트 블록

배치한 카운트 블록 명령은 그림 4.19와 같이 ①~④의 4부분을 설정을 하여야 한다. ①에서 카운트의 위(증가)나 아래(감소)를 선택한다. ②에서 카운트의 증가나 감소 단위를 선택한다. ③은 값을 증가시키거나 감소시키기 원하는 변수를 지정한다. ④에서는 카운트의 시작 값과 종료 값을 설정한다.

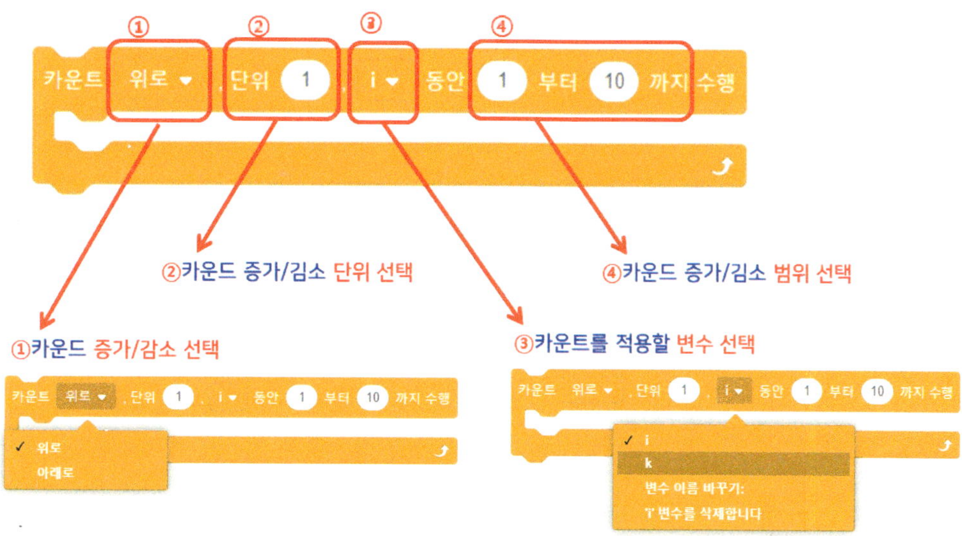


[그림 4.19] 카운트 블록의 설정

예를 들면, 그림 4.20의 ①에서 '위로'를 선택하고, ②에서 단위를 '10'으로, 변수를 k로, 시작 값을 0으로, 종료 값을 255으로 선택하면, 변수 k의 값은 0에서부터 10씩 증가하여 250까지 변화한다. 즉, 변수 k의 값은 0, 10, 20, 30, 40, …, 240, 250의 순서대로 지정된다.

**[그림 4.20]** 카운트 블록의 설정 예

4.3절의 LED의 밝기조정 제어를 그림 4.16의 변수 k와 그림 4.20의 카운트 블록을 활용하여, 0~255 단계로 10씩 증가시키며 밝기를 조정하는 블록 코딩 프로그램을 만들면 그림 4.21과 같이 된다.

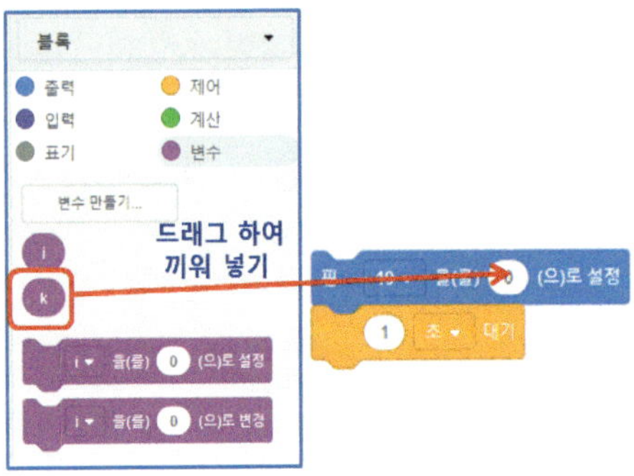


(a) 변수 적용

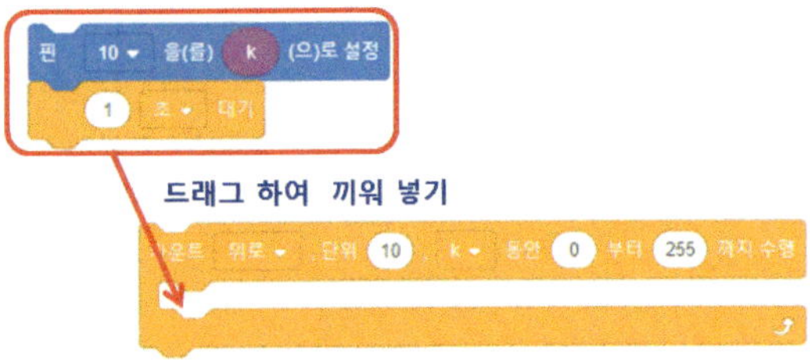


(b) 카운터 적용

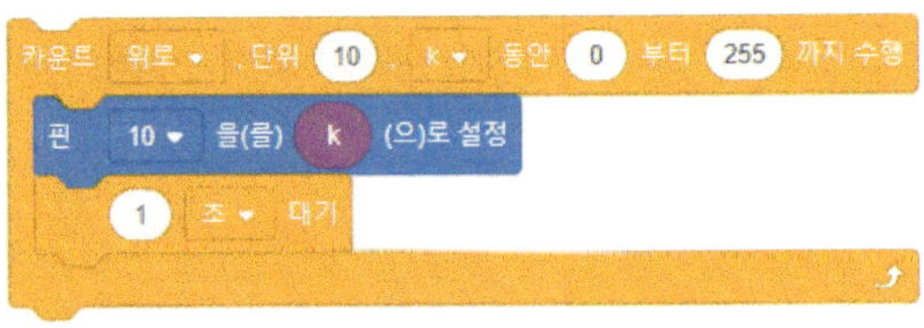


(c) 완성된 블록 코딩 프로그램

**[그림 4.21]** LED의 밝기가 점점 밝아지는 블록 코드

### (3) 블록 코드에 대한 아두이노 C++언어 코드 프로그램

카운트 블록명령 해당하는 아두이노 C++언어 명령어는 for( ) 제어문이다. 2장에서 설명한 것처럼, 블록코딩 프로그램을 작성하면, 틴커캐드는 아두이노 개발환경에서 사용 가능한 문자 코딩 프로그램을 생성시켜 준다.

틴커캐드 디자인 창에서 그림 4.22와 같이 코드에서, '블록+문자' 선택하면 블록 코딩에 의하여 생성된 아두이노 UNO에서 사용 가능한 C++언어 코드 프로그램을 생성해 준다.

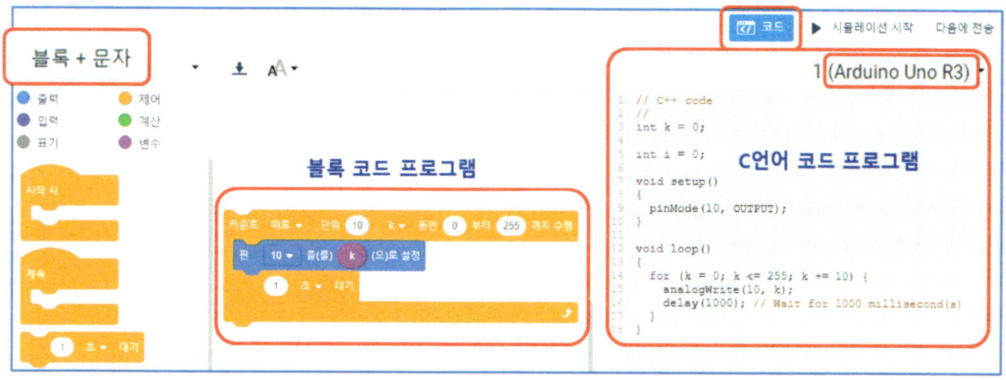


[그림 4.22] 문자+블럭 코드 생성

블록 코드 프로그램과 C++언어 코드 프로그램을 비교하면 그림 4.23과 같다.
먼저, 그림 4.22와 같이 변수 k의 변수형식과 초깃값을 설정하고, 아두이노 디지털 핀 #10이 출력으로 사용하기 위해 설정하는 setup( )함수가 자동으로 생성된다.

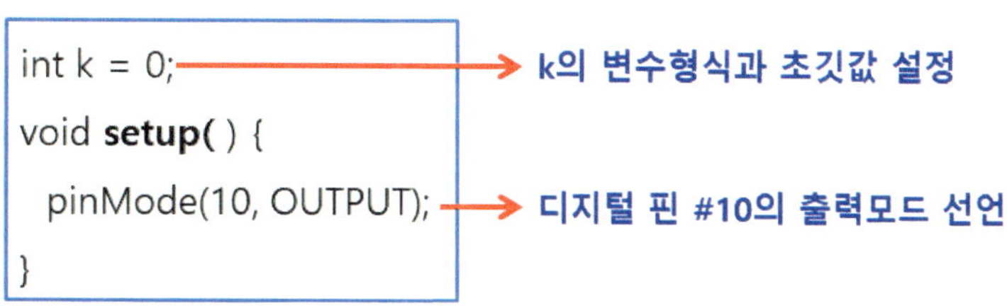


[그림 4.21] 변수 선언과 setup()함수 생성

그리고, 그림 4.24와 같이 카운트 블록명령 에 해당하는 아두이노 C++언어 명령어 for( ) 제어문이 생성되고, for 제어문의 초깃값, 종료값, 증감값이 설정되고, for( )제어문 안에 에 해당하는 analogWrite( ) 명령과 

에 해당하는 delay( ) 명령이 배치된 것을 알 수 있다.

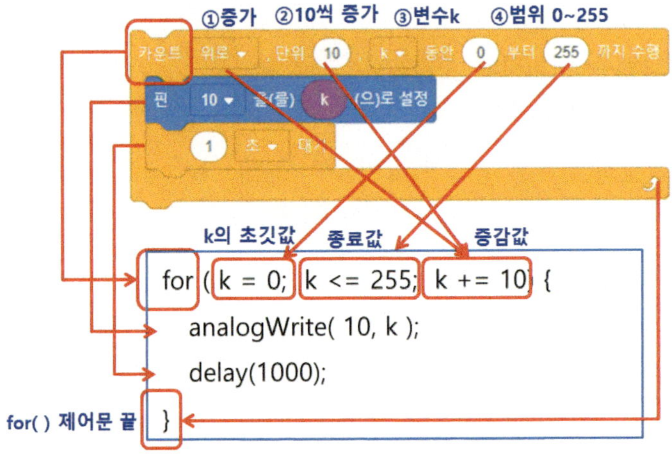


[그림 4.24] 블록 코드와 C++언어 프로그램

CHAPTER 05

# 여러 개의 LED 제어하기

아두이노 UNO보드의 제어 신호를 사용하여 여러 개의 LED 효과적으로 제어하는 방법을 살펴본다.

## 5.1 4개의 LED 제어하기

아두이노 UNO의 디지털 핀에 4개의 LED를 연결하여 회로를 구성하기 위하여, 그림 5.1과 같이 아두이노 UNO의 디지털 입출력 핀 #10, #11, #12, #13에 LED 4개를 양극 제어 방식으로 연결한다.

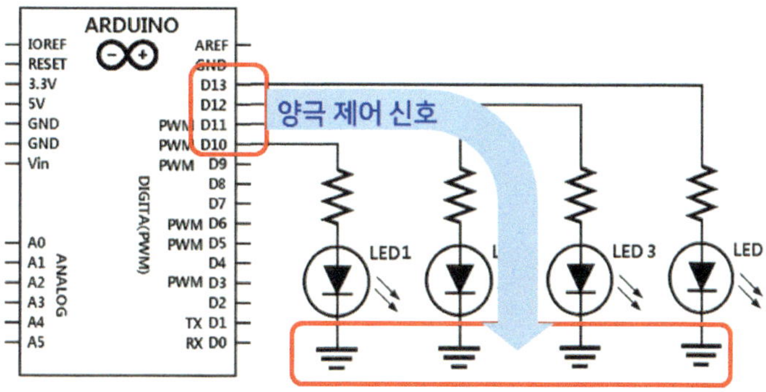


[그림 5.1] 4개 LED의 양극 제어 회로

이 회로는 4개의 LED에 양극Anode 단자에 4개의 아두이노 UNO의 출력 핀을 통하여, HIGH와 LOW의 디지털 제어 신호를 공급하고, 각 LED의 음극Cathode 단자에는 저항을 거쳐 접지에 공통으로 연결된다.

틴커캐드 회로를 활용하여, 아두이노 보드에서 출력 신호를 보내, 4개의 LED를 제어하는 실습을 해보자. 4장에서 설명한 방식에 따라 1개의 LED를 연결한 회로를, 같은 방법으로, 4개로 확장하면 쉽게 그림 5.2(a)의 회로를 만들 수 있다. 아두이노 보드의 디지털 핀 #10, #11, #12, #13에, 4개의 LED와 저항을 연결하여, LED에 불이 켜지게 하는 제어 회로를 구성한다. 그림 5.2(b)는 브레드 보드를 사용한 회로 구성도이다.

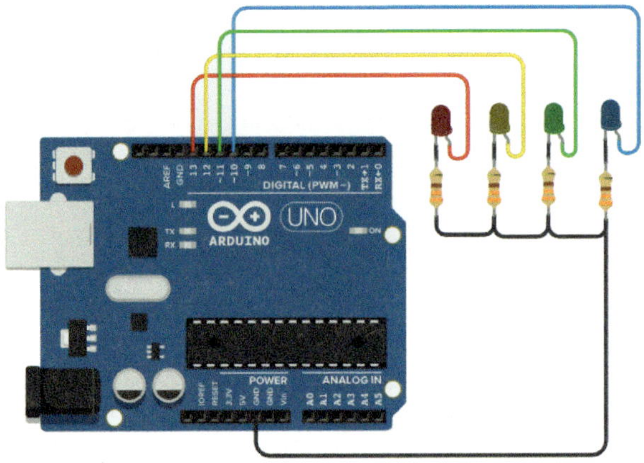


(a)

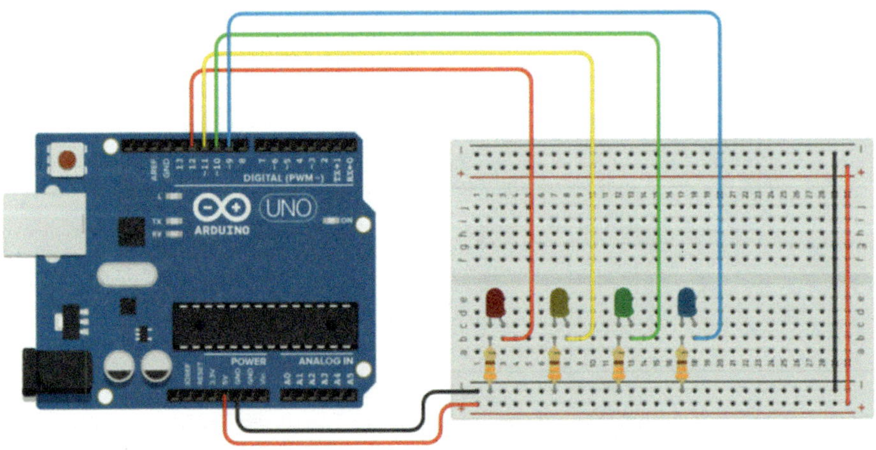


(b)

**[그림 5.2]** 틴커캐드 회로 설계

### (1) 4개의 LED 제어1

아두이노 보드로 4개의 LED를 제어하는 첫 번째 단계로 다음 그림 5.3과 같이 4개의 LED를 왼쪽에서 오른쪽으로, 순차적으로 ON-OFF하는 제어를 해보자.

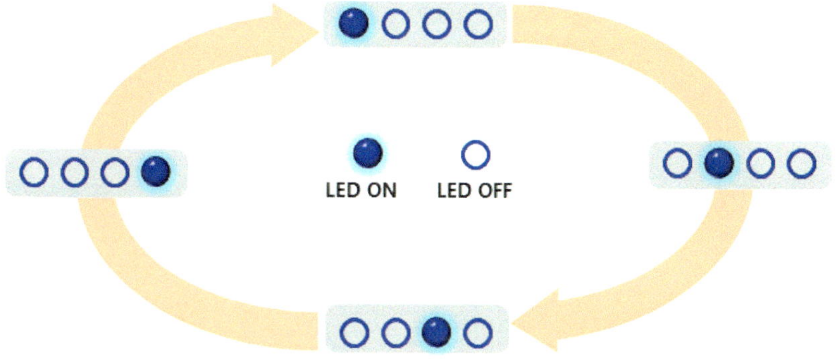


**[그림 5.3]** 4개의 LED 제어1의 동작

블록 코딩과 아두이노 스케치는, 1개의 LED를 ON-OFF하는 제어 블록 코드를 그대로 복사하여, 아두이노 보드의 디지털 핀 번호만 변경하면, 간단하게 완성할 수 있다.

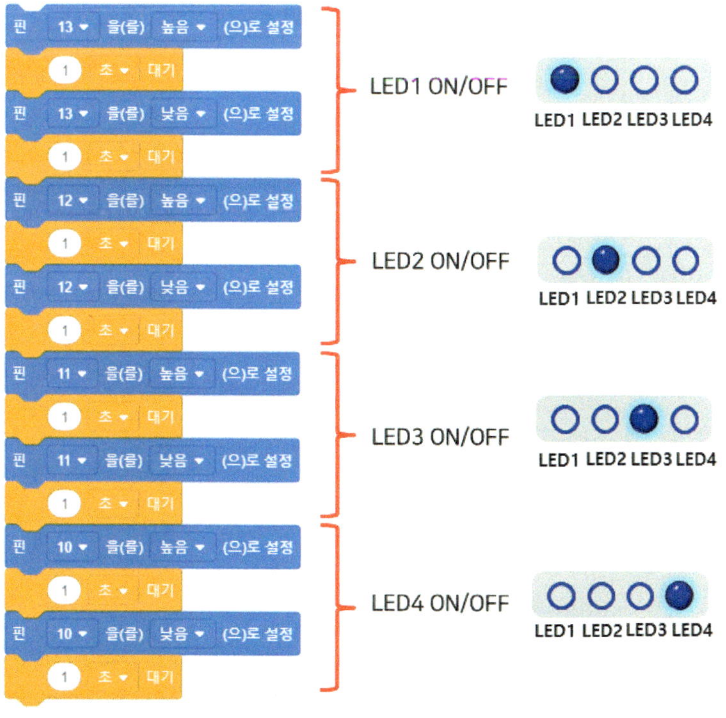


**[그림 5.4]** 4개의 LED 제어1 블록 코딩

## (2) 4개의 LED 제어2

앞의 예제를 변형하여, 아두이노 보드로 다음 그림과 같은 순서로 4개의 LED를, 오른쪽에 끝에서 왼쪽으로, 순차적으로 켜고(ON), 다시 순차적으로 끄는(OFF) 동작을 만들어 보자.

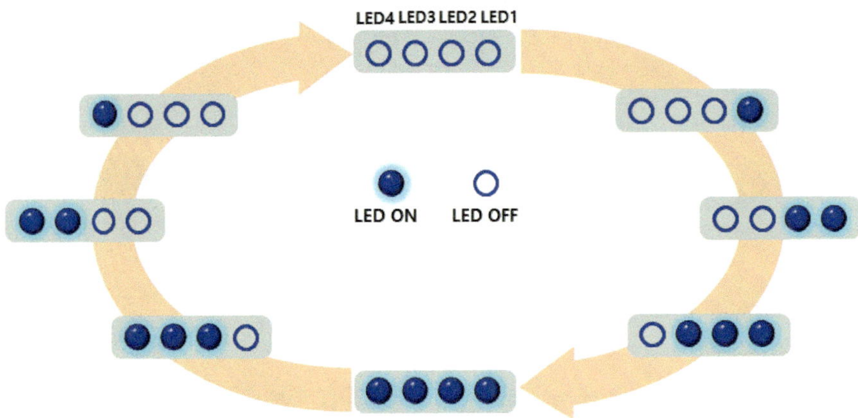


**[그림 5.5]** 4개의 LED 제어2의 동작

LED가 ON-OFF되는 아두이노 보드의 디지털 핀 번호의 순서만 변경하면, 간단하게 완성할 수 있다.

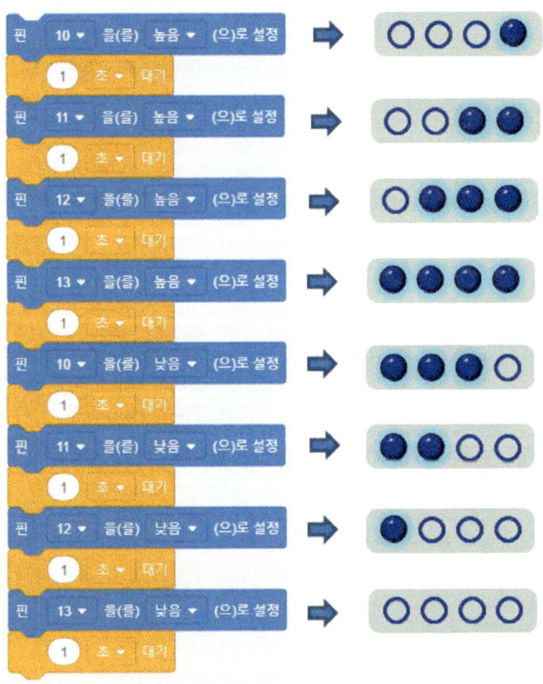


**[그림 5.6]** 4개의 LED 제어2의 블록 코딩

### (3) 4개의 LED 제어3

앞의 실험을 변형하여, 아두이노 보드로 그림과 같이 4개의 LED를 오른쪽에서 왼쪽으로, 순차적 누적되며 ON되고, 점등된 순서와 역순으로 왼쪽에서 오른쪽으로 하나씩 OFF하는 제어를 해자.

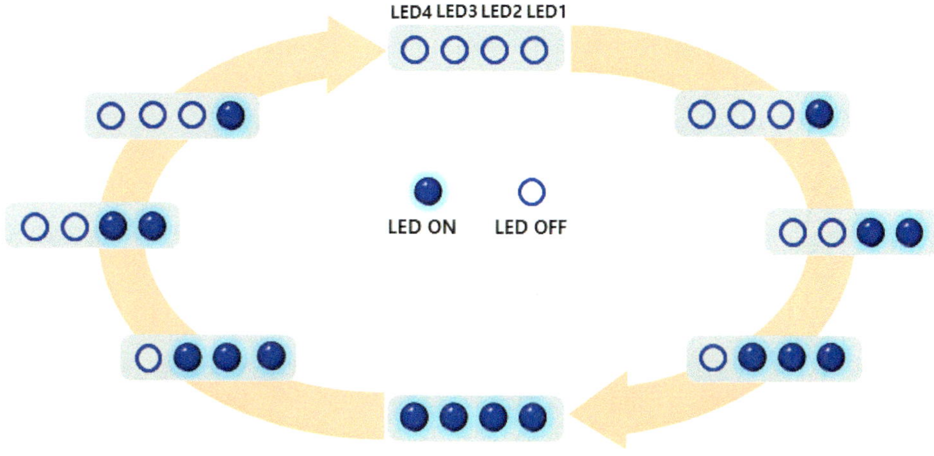


**[그림 5.7]** 4개의 LED 제어3의 동작

아두이노 보드에 의하여, 4개의 LED를 오른쪽에서 왼쪽으로, 순차적 누적되며 ON되었다가, 왼쪽에서 오른쪽으로 하나씩 OFF하게 된다.

블록 코딩은, 아두이노 보드로 4개의 LED를, 동시에 ON-OFF하는 코딩에서, 각 핀을 제어하는 블록명령 다음에, 시간 지연 블록만 모두 삽입하면 된다. 즉, 아두이노 보드로 4개의 LED를 동시에 ON-OFF하는 코딩과는, 4개의 LED를 제어하는 순서는 동일하고, 단지 그 블록 명령이 실행되는 시간의 차이만 있을 뿐이다.

아두이노 보드로 4개의 LED를 동시에 ON-OFF하는 코딩에서는, 4개의 LED가 순차적으로 ON-OFF되지만, 그 실행 속도가 빨라서, 사람의 눈에는 동시에 켜지고 꺼지는 것으로 보이기 때문이다.

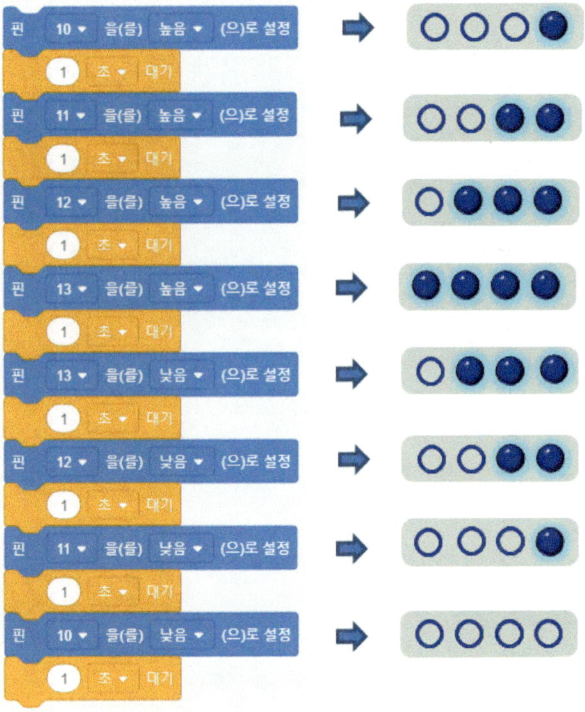

[그림 5.8] 4개의 LED 제어3 블록 코딩

### (4) 4개의 LED 제어4

다시 앞의 예제를 변형하여, 아두이노 보드로 4개의 LED를, 동시에 켜고(ON) 동시에 끄는(OFF) 동작을 만들어 보자.

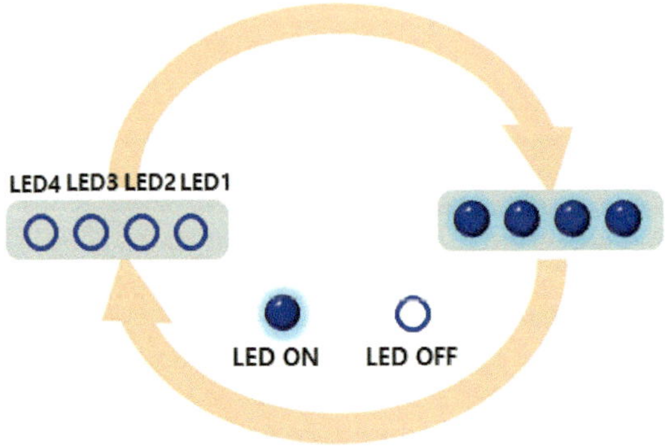


[그림 5.9] 4개의 LED 제어4의 동작

가장 처음 실습한, 1개의 LED를 ON-OFF되는 코딩에서, 시간지연 블록의 추가 없이, 10번 핀이 LED를 ON 시키는 코드 부분을 4번 복사하여, 핀 번호 부분을 10, 11, 12, 13으로 수정하고, 10번 핀이 LED를 OFF 시키는 코드 부분을 4번 복사하여, 핀 번호 부분을 10, 11,12,13으로 수정하면 된다.

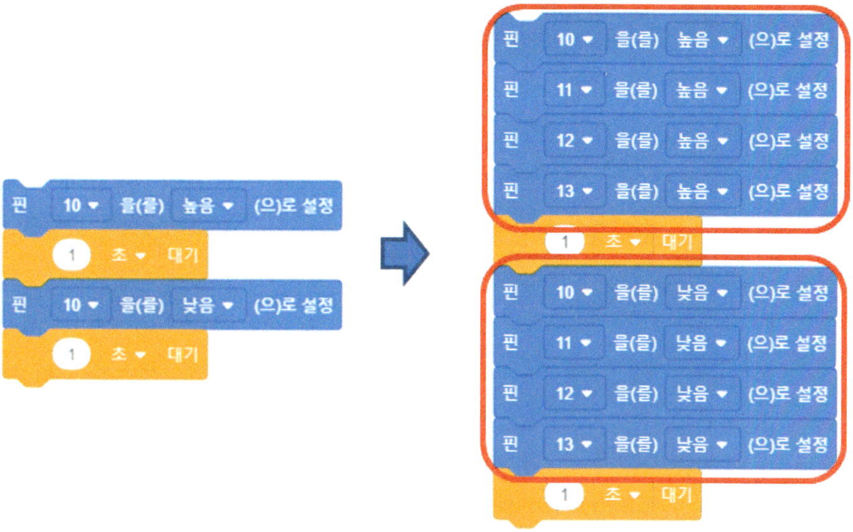


**[그림 5.10]** 4개의 LED 제어4의 블록 코딩

### (5) 4가지 4개의 LED 제어에 대한 C++언어 프로그램

4개의 LED 제어1~4에 대한 아두이노 스케치 코드는 다음과 같이 된다.

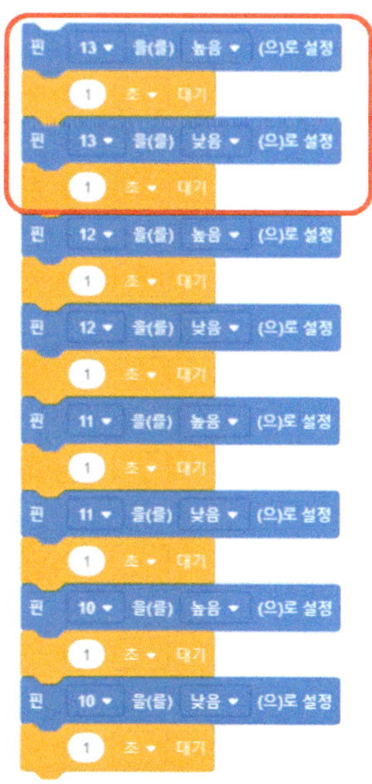

```
// C++ code
void setup( ) {
  pinMode(13, OUTPUT);
  pinMode(12, OUTPUT);
  pinMode(11, OUTPUT);
  pinMode(10, OUTPUT);
}

void loop( ) {
  digitalWrite(13, HIGH);
  delay(1000)
  digitalWrite(13, LOW);
  delay(1000);
  digitalWrite(12, HIGH);
  delay(1000);
  digitalWrite(12, LOW);
  delay(1000);
  digitalWrite(11, HIGH);
  delay(1000);
  digitalWrite(11, LOW);
  delay(1000);
  digitalWrite(10, HIGH);
  delay(1000);
  digitalWrite(10, LOW);
  delay(1000);
}
```

**[그림 5.11]** 4가지 4개의 LED 제어1에 대한 C++언어 프로그램

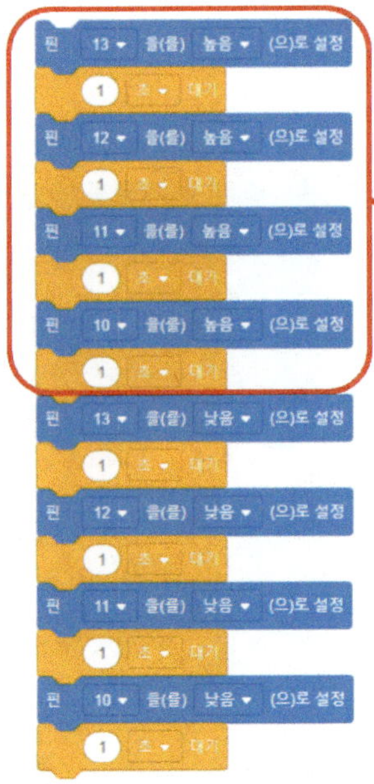

```
// C++ code
void setup( ) {
  pinMode(13, OUTPUT);
  pinMode(12, OUTPUT);
  pinMode(11, OUTPUT);
  pinMode(10, OUTPUT);
}

void loop( ) {
  digitalWrite(13, HIGH);
  delay(1000);
  digitalWrite(12, HIGH);
  delay(1000);
  digitalWrite(11, HIGH);
  delay(1000);
  digitalWrite(10, HIGH);
  delay(1000);
  digitalWrite(13, LOW);
  delay(1000);
  digitalWrite(12, LOW);
  delay(1000);
  digitalWrite(11, LOW);
  delay(1000);
  digitalWrite(10, LOW);
  delay(1000);
}
```

**[그림 5.12]** 4가지 4개의 LED 제어2에 대한 C++언어 프로그램

```
// C++ code
void setup( ) {
  pinMode(13, OUTPUT);
  pinMode(12, OUTPUT);
  pinMode(11, OUTPUT);
  pinMode(10, OUTPUT);
}

void loop( ) {
  digitalWrite(13, HIGH);
  delay(1000);
  digitalWrite(12, HIGH);
  delay(1000);
  digitalWrite(11, HIGH);
  delay(1000);
  digitalWrite(10, HIGH);
  delay(1000);
  digitalWrite(10, LOW);
  delay(1000);
  digitalWrite(11, LOW);
  delay(1000);
  digitalWrite(12, LOW);
  delay(1000);
  digitalWrite(13, LOW);
  delay(1000);
}
```

**[그림 5.13]** 4가지 4개의 LED 제어3에 대한 C++언어 프로그램

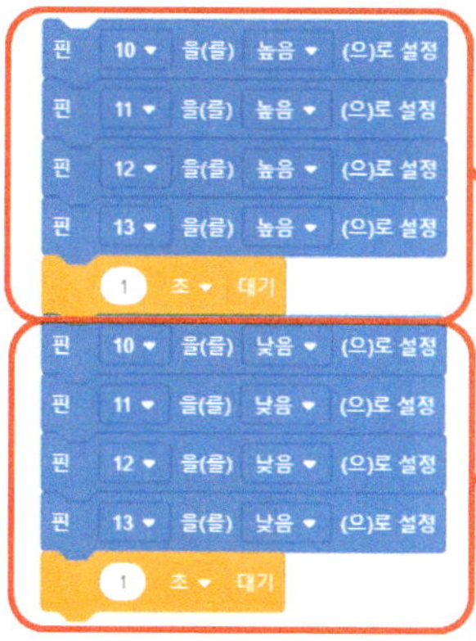


```
// C++ code
void setup( ) {
  pinMode(13, OUTPUT);
  pinMode(12, OUTPUT);
  pinMode(11, OUTPUT);
  pinMode(10, OUTPUT);
}

void loop( ) {
  digitalWrite(13, HIGH);
  digitalWrite(12, HIGH);
  digitalWrite(11, HIGH);
  digitalWrite(10, HIGH);
  delay(1000);

  digitalWrite(10, LOW);
  digitalWrite(11, LOW);
  digitalWrite(12, LOW);
  digitalWrite(13, LOW);
  delay(1000);
}
```

**[그림 5.14]** 4가지 4개의 LED 제어4에 대한 C++언어 프로그램

## 5.2 RGB LED 제어하기

일반 LED가 아닌 여러 가지 조명 또는 디스플레이로 유용한 부품인 컬러(RGB) LED를 활용하는 방법을 살펴보도록 하자. 컬러 LED는 빨간색Red, 초록색Green, 파란색Blue 빛을 기반으로 해서 다양한 색상을 구현할 수 있는 LED이다.

### (1) 컬러(RGB) LED의 구조

먼저 컬러 LED의 원리와 형태에 대해서 살펴보도록 하자.

**[그림 5.15]** RGB LED와 RGB 스트립 LED

기본적으로 컬러(RGB) LED는 그림 5.16과 같이 내부적으로 빨간색(R), 초록색(G), 파란색(B)의 3가지 LED를 1개의 부품으로 연결한 회로이다. 즉, 1개의 RGB-LED 속에는 3가지색의 LED가 들어 있다고 생각하면 된다.

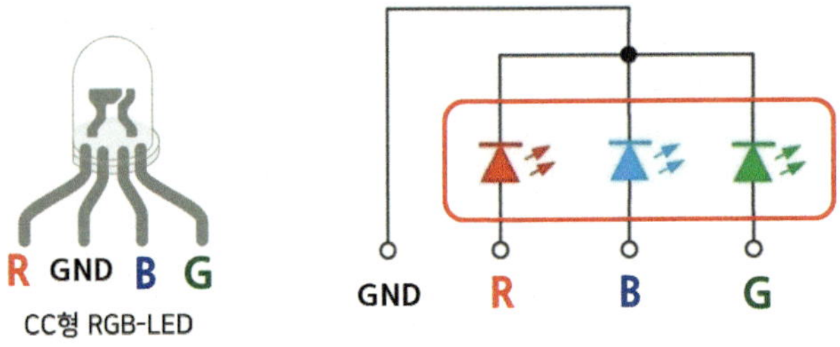


(a) 음극공통(CC, Common Cathode) 타입

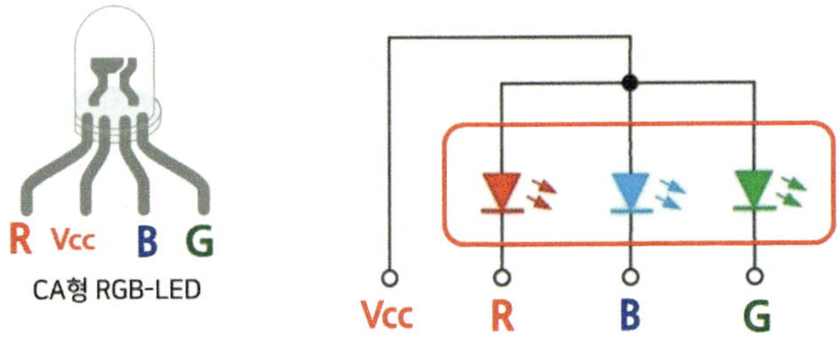


(b) 양극공통(CA, Common Anode) 타입

**[그림 5.16]** RGB LED의 내부 구조

RGB LED의 내부 구조를 보면 그림 5.16과 같이 각 R, G, B LED에 신호를 주는 핀과 공통으로 묶여 있는 핀으로 구성된 되어 있다. 그림 5.16 (a)는 공통 핀이 접지이고, (b)는 공통 핀이 +Vcc인 형태이다. +전압이 공통인 것을 양극공통CA, Common Anode 타입이 라고 하고, 접지가 공통인 것을 음극공통CC, Common Cathode 타입이라고 한다.

### (2) 컬러(RGB) LED의 색상 표현 원리

RGB LED는 내부의 3가지 LED를 동시에 켜거나 서로 다르게 불을 켜는 것에 따라서 빛의 삼원색 원리에 따라 다른 색깔의 연출이 가능하다. 즉, 3가지 LED를 각각 불을 켜면, 빨간색, 초록색, 파란색 빛이 나타나고, 3가지를 동시에 켜면 하얀색 빛이 나오게 된다. 또한 2가지 LED의 조합으로 그림 5.17과 같이 빨간색(R)과 파랑(B) LED의 불을 켜게 되면 Magenta 색상이 나오게 되고, 빨간색(R)과 초록색(G) LED의 불을 같은 밝기로 빛을 주게 되면 노란색이 된다.

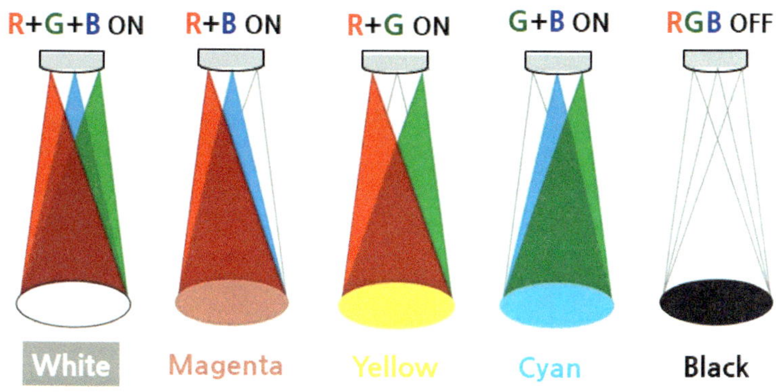


**[그림 5.17]** 빛의 3원색 원리

만약에 빨간색(R) LED는 더 밝게 켜고 초록색(G) LED를 상대적으로 약하게 불을 켠다면 노란색에 빨간색이 많은 주황색으로 나타나게 된다. 예를 들면, 4장에서 소개한 아날로그 출력 명령으로 빨간색(R)은 255 정도의 밝기로 불을 켜고, 초록색(G)은 125 정도의 불을 켜면, 주황색으로 나타나게 된다.

이런 방식으로 R, G, B 3개의 LED를 제어하면, 계산상 1,600만개 정도(256×256×256) 정도의 색상을 만들어낼 수 있다. 실제적으로는 우리 눈이 감지하지 못하기 때문에 그렇게 다양하게 만들어내지 못하지만 다양한 색상의 변화를 이 RGB LED로 만들어낼 수 있게 된다.

### (3) 컬러(RGB) LED의 제어 방법

RGB LED를 제어하는 방법을 살펴보자. 5.1절에서 4개의 LED를 다양하게 제어하는 방법을 설명했다. RGB LED는 그림 5.18과 같이 3개의 LED를 동시에 제어하는 방법과 동일하다.

그림 5.18(a)는 아두이노 UNO의 아날로그 출력(PWM)이 가능한 디지털 핀 #11, #10, #9에 빨간색(R) LED, 초록색(G) LED, 파란색(B) LED를 차례로 연결한 것이고, 그림 5.18(b) 아두이노 UNO의 아날로그 출력(PWM)이 가능한 디지털 핀 #11, #10, #9에 CC형 RGB LED의 R, G, B를 차례로 연결한 것이다.

2가지 회로에 대한 그림 5.19의 3가지 블록 코딩 프로그램을 실행한 결과는 동일하다.

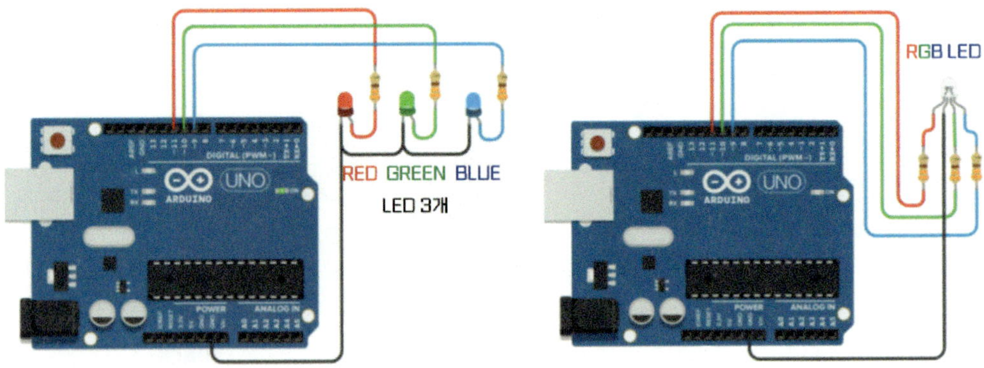


(a) 3개의 LED 구조　　　　　　　　(b) RGB LED 구조

**[그림 5.18]** 3개의 LED와 RGB LED 비교

**[그림 5.19]** 3개의 LED를 위한 블록 코딩

틴커캐드 회로에는 RGB LED를 제어하기 위하여 그림 5.19와 같이 R, G, B 핀을 따로 제어하는 블록명령을 사용하지 않고 한 번에 제어할 수 있는 전용 블록명령을 제공한다.

틴커캐드 디자인 창에서 [코드]를 선택하고, 그림 5.20과 같이 블록과 출력을 선택하고 블록 명령 [핀 3 6 5 의 RGB LED를 색상 (으)로 설정]을 마우스로 드래그drag하여 명령어 창에 배치한다. 배치한 RGB LED 제어 블록 명령에서 아두이노 보드의 핀 번호와 출력할 값을 선택한다.

사용되는 아두이노 보드의 디지털 핀은 PWM 출력 핀 #3, #5, #6, #9, #10, #11의 6개가 선택 가능하다. 블록 명령에서 [RGB LED를 색상]의 빨간색을 클릭하면 그림 5.21과 같이 70개의 색상 가운데 하나를 마우스로 선택할 수 있다.

또한 이렇게 설계된 블록 명령은 아두이노 UNO에서 사용할 수 있는 C++언어 코드를 생성하며, 그림 5.19의 C++언어 코드와 같다.

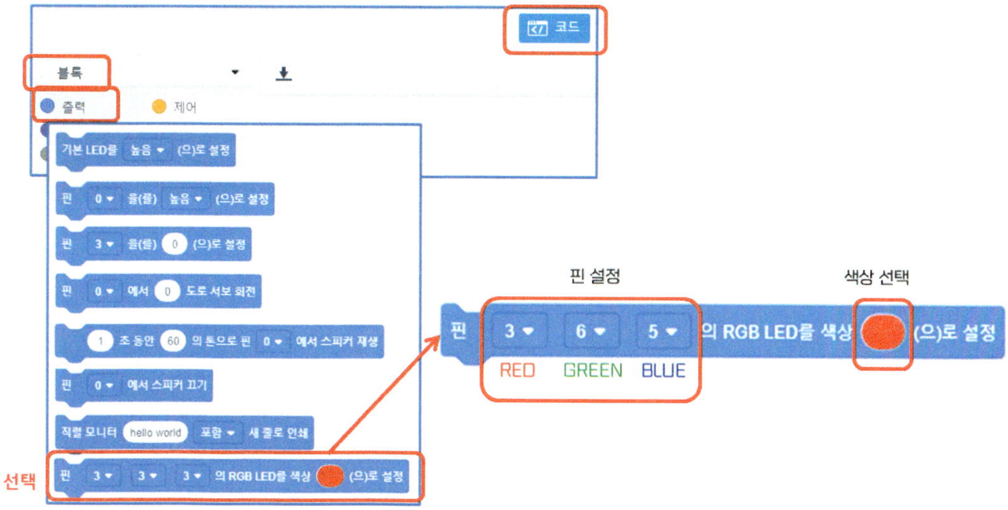


[그림 5.20] RGB LED 출력제어 블록명령

[그림 5.21] 출력할 색상 선택

## 5.3 7-세그먼트 제어하기

여러 개의 LED를 제어하는 방법으로 5.1절에서는 4개의 LED의 다양한 제어와 5.2절에서는 RGB LED 제어를 설명하였다.

RGB LED의 경우 R, G, B를 각각의 제어할 수 있는 LED 핀이 있고 공통으로 3개의 LED가 묶여 다양한 색깔을 표현할 수 있었다. 유사한 개념으로 세그먼트 LED는 7개의 LED로 문자나 기호를 표현할 수 있다.

### (1) 7-세그먼트의 구조

세그먼트 LED는 그림 5.22와 같이 LED 7개를 8자 모양으로 배치해 놓은 것이다. 8자 형태로 배치된 LED를 어떠한 숫자나 모양이 나타나도록 불을 켜서 표현하는 것이. 7개의 LED로 구성되었기 때문에 7-세그먼트라고 부른다. 그러나 실제적으로는 이 8자 모양으로 배치된 7개의 LED에 도트 표시하는 LED를 포함해서 8개 LED로 구성되어 있다.

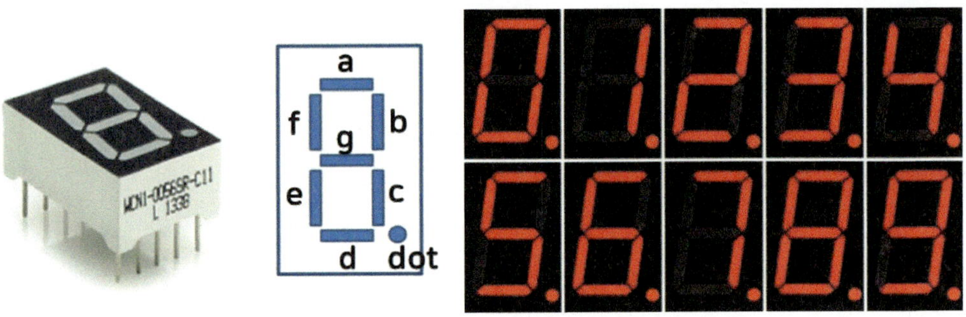


**[그림 5.22]** LED 세그먼트와 숫자표현

예를 들면, 8자 형태로 배치된 LED 가운데, 그림과 같이 a b, g, e, d 위치의 LED를 불 켜면, 숫자 2자 모양으로 나타나게 된다. 이것은 우리 눈에 숫자 2로 보이는 것이지, 실질적으로 숫자 데이터 2하고는 아무 관계가 없다. 왜냐하면, A, B, G, E, D 위치의 LED의 불을 켠 것에 불과하기 때문이다.

RGB LED에서 R,G,B 선택 단자와 공통 단자로 구성되어 있으며, 이 공통 단자가 +전원으로 되어 있으면 양극 공통(CA)형, 접지로 되어 있으면 음극 공통(CC)형으로 구분되며, CA나 CC형의 구분은 회로의 구성이나 제어 프로그램이 달라지기 때문에 중요한 요소이다.

세그먼트 LED의 경우에도 그림 5.23과 같이 두 가지 타입이 존재한다. 세그먼트 LED도 RGB LED의 경우처럼, a, b, c, d, e, f, g, dot를 선택하는 8개의 단자가 있고, 이 8개의 LED를 하나로 연결하는 공통 단자로 구성되어 있다. RGB LED처럼 양극 공통(CA)형, 접지로 되어 있으면 음극 공통(CC)형으로 구분된다.

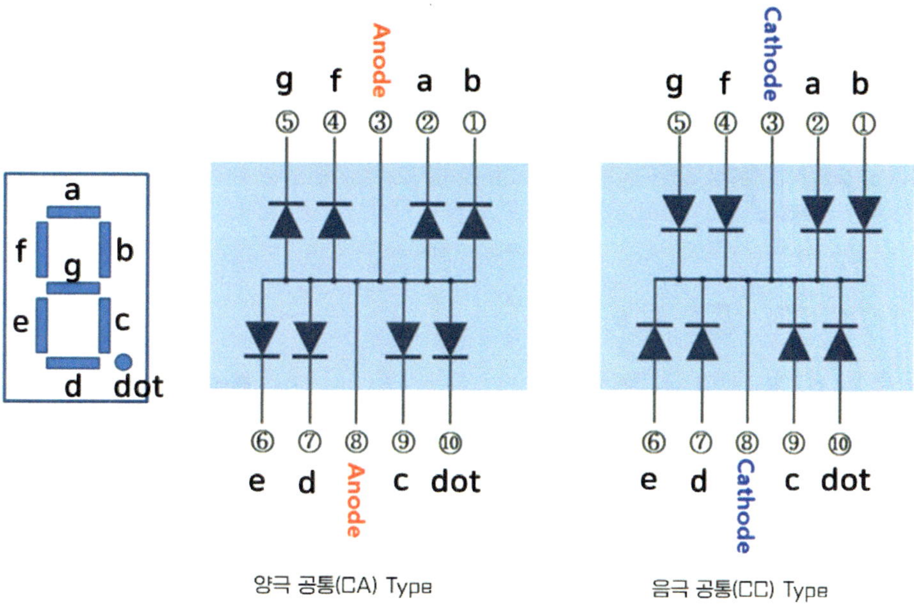


[그림 5.23] LED 세그먼트의 구조

### (2) 7-세그먼트의 숫자표시 방법

LED 세그먼트는 8개의 LED가 묶여 있는 구조이며, 시계방향을 따라 7개 LED는 a, b, c, d, e, f, g로 이름이 지정되어 있고, 8번째 dot를 LED는 dot로 나타낸다. 그림 5.24는 음극공통(CC)형의 세그먼트 LED로 0에서 9까지 숫자를 표시하기 위하여, a, b, c, d, e, f, g, dot에 어떤 디지털 값을 주어야 하는지를 정리한 것이다.

예를 들면, 세그먼트 LED에 dot를 제외하고 모두 1의 신호를 입력하면 숫자 8자 모양이 되고, g와 dot를 제외한 나머지에 1의 신호를 입력하면 숫자 0자 모양이 된다. 숫자 0에서 9까지를 표시하기 위한 a, b, c, d, e, f, g, dot의 값을 0과 1의 디지털 값 정리하면, 8bit의 2진수 데이터로 표현할 수 있다.

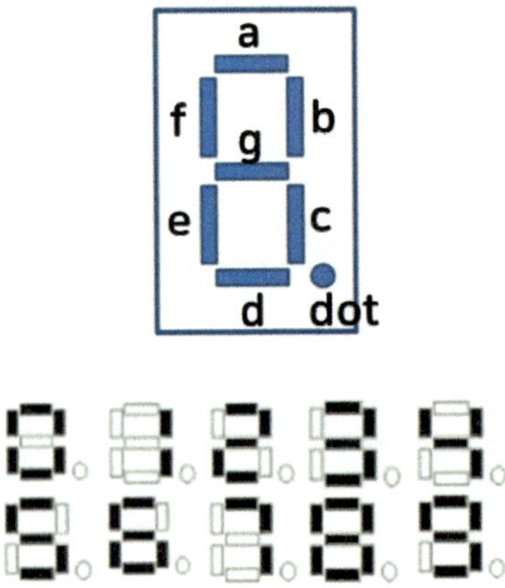


| 표시 | a | b | c | d | e | f | g | dot |
|---|---|---|---|---|---|---|---|---|
| 0 | 1 | 1 | 1 | 1 | 1 | 1 | 0 | 0 |
| 1 | 0 | 1 | 1 | 0 | 0 | 0 | 0 | 0 |
| 2 | 1 | 1 | 0 | 1 | 1 | 0 | 1 | 0 |
| 3 | 1 | 1 | 1 | 1 | 0 | 0 | 1 | 0 |
| 4 | 0 | 1 | 1 | 0 | 0 | 1 | 1 | 0 |
| 5 | 1 | 0 | 1 | 1 | 0 | 1 | 1 | 0 |
| 6 | 1 | 0 | 1 | 1 | 1 | 1 | 1 | 0 |
| 7 | 1 | 1 | 1 | 0 | 0 | 0 | 0 | 0 |
| 8 | 1 | 1 | 1 | 1 | 1 | 1 | 1 | 0 |
| 9 | 1 | 1 | 1 | 0 | 0 | 1 | 1 | 0 |

**[그림 5.24]** LED 세그먼트의 숫자표현

틴커캐드에서 LED세그먼트를 실습해 보자. 아두이노 UNO 보드를 배치하고, 부품목록에서 LED 세그먼트를 찾아 가져와 음극 공통(CC)로 설정하고 배치한다. 세그먼트의 일반(공통) 핀인 3번이나 8번을 저항을 통하여 접지에 연결한다. 그리고 LED 세그먼트의 a, b, c, d, e, f, g, dot의 핀을 그림 5.25(a)와 같이 아두이노 보드의 디지털 핀 #2~#9에 연결한다. 그림 5.25 (b)는 브레드 보드를 사용한 회로 구성도이다.

| 표시 | a | b | c | d | e | f | g | dot |
|---|---|---|---|---|---|---|---|---|
| 아두이노 UNO 핀 | #2 | #3 | #4 | #5 | #6 | #7 | #8 | #9 |

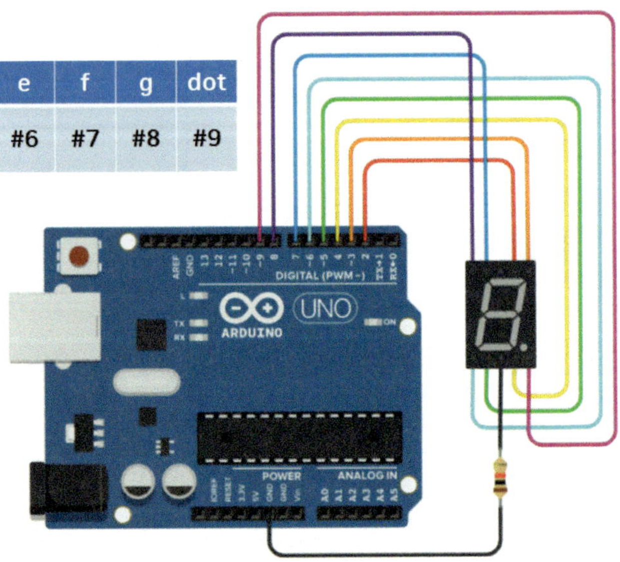


(a)

(b)

**[그림 5.25]** LED 세그먼트 회로

디지털 출력 블록 명령 8개를 그림 5.26과 같이 구성하고, 그림 5.24를 참고하여 숫자 '2' 를 세그먼트에 나타내기 위하여 핀 4와 핀 7의 값을 '낮음(LOW)' 으로 선택한다. 시뮬레이션하면 그림 5.26과 같이 세그먼트에 2 모양이 표시된다.

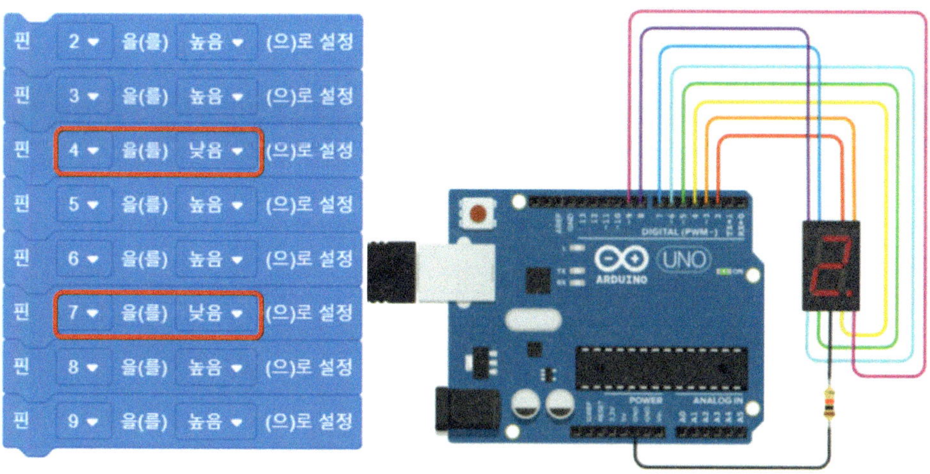


**[그림 5.26]** 블록 코딩과 시뮬레이션 결과

### (3) BCD to 7-세그먼트 디코더를 이용한 숫자표시 방법

1개의 LED 세그먼트를 사용하려면, 세그먼트의 a, b, c, d, e, f, g, dot의 핀을 그림 5.25와 같이 아두이노 보드의 디지털 핀 8개에 연결하여야 한다. 또한 숫자를 표시하기 위하여, 세그먼트의 a, b, c, d, e, f, g, dot에 연결된 아두이노 핀에 그림 5.24의 표를 참고하여 값을 하나하나 설정해 주어야 한다.

LED 세그먼트의 용도는 대부분 숫자를 나타내는 것이므로, 세그먼트에 표시할 0~9의 숫자를 16진수로 받아 세그먼트의 a, b, c, d, e, f, g, dot의 신호로 변환해 주는 그림 5.27과 같은 BCD to 7세그먼트 디코더를 사용하면 편리하게 숫자를 표시할 수 있다. BCDbinary-coded decimal는 0~9까지의 10진수 1자리를 4비트의 2진수로 표현한 것으로, 10진수를 나타낼 경우 8-4-2-1이라는 자릿값을 부여한 4비트의 2진수로 표현된다.BCD to 7세그먼트 디코더에는 74LS46, 74LS47, CD4511 등이 일반적으로 많이 사용된다.

BCD to 7세그먼트 디코더에 세그먼트에 표시할 0~9의 숫자를 16진수로 입력해야 하는데, 윗자리부터 쓰면 DCBA 순서이다. 예를 들어 16진수로 5을 나타내면, 0101이고, A=1, B=0, C=1, D=0이 된다. BCD to 7세그먼트 디코더에 0101이라고 DCBA 순서대로 데이터를 주게 되면, 자동으로 세그먼트의 a, b, c, d, e, f, g, dot의 신호로 10110110이라는 데이터가 생성돼서 세그먼트에 입력된다.

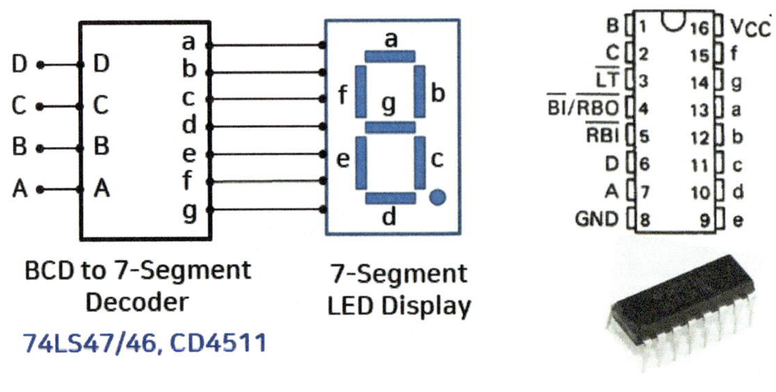


**[그림 5.27]** BCD-to-7세그먼트 디코더

틴커캐드에서 BCD-to-7세그먼트 디코더를 이용하여 세그먼트를 제어해 보자.
그림 5.27과 같이 틴커캐드 디자인 창의 부품을 선택하는 구성요소에서 모두를 선택하고, 아래로 스크롤하여 논리에서 '7 세그먼트 디코더'를 선택하여 배치한다,

**[그림 5.27]** 틴커캐드에서 7 세그먼트 디코더 선택

'7 세그먼트 디코더'와 '7 세그먼트'를 회로를 그림 5.28과 같이 브레드보드에 구성한다. 그림 5.27에서 선택한 그림 5.28의 '7 세그먼트 디코더'의 A, B, C, D에는 아두이노 UNO의 #8, #9, #10, #11을 연결하고, a~g에는 세그먼트의 a~g를 연결한다. 7 세그먼트 디코더 IC를 제어하는 $\overline{LT}$와 $\overline{BI}/\overline{RBO}$는 +5V에 연결하고, $\overline{RBI}$는 접지에 연결한다.

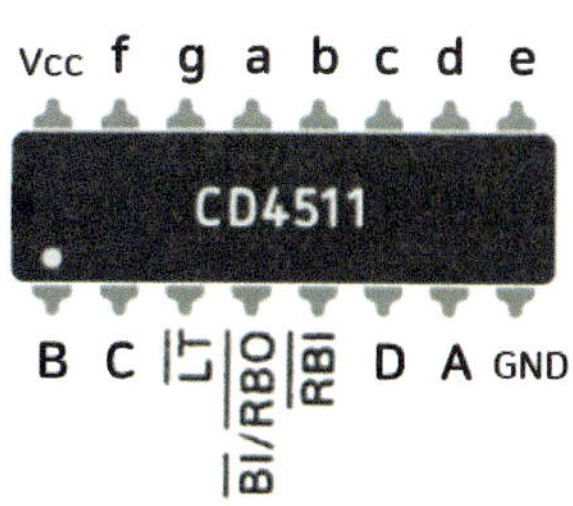


**[그림 5.28]** 7 세그먼트 디코더

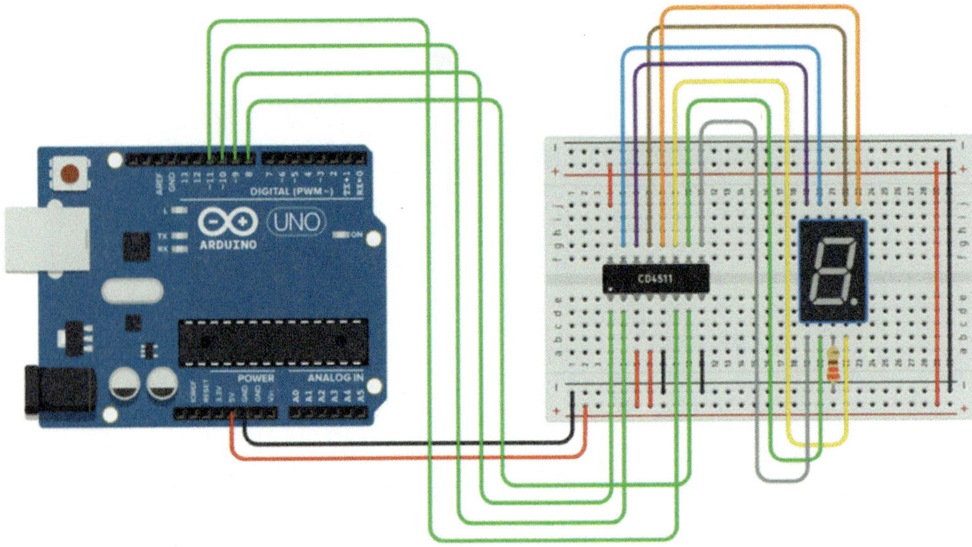

[그림 5.29] BCD-to-7세그먼트 디코더를 이용한 회로

블록 명령으로 프로그램을 작성한다. 그림 5.31과 같이 숫자 '0'을 세그먼트에 나타내기 위하여, 아두이노 UNO에서 #8~11을 통해 0000의 값을 출력하고, 숫자 '2'를 세그먼트에 나타내기 위하여 0010의 값을 출력하면 된다.

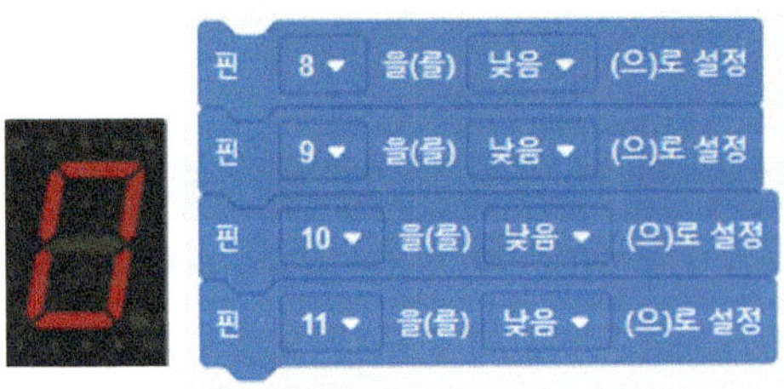


0의 16진수 : 0000

```
void loop() {
    digitalWrite(8, LOW);
    digitalWrite(9, LOW);
    digitalWrite(10, LOW);
    digitalWrite(11, LOW);
}
```

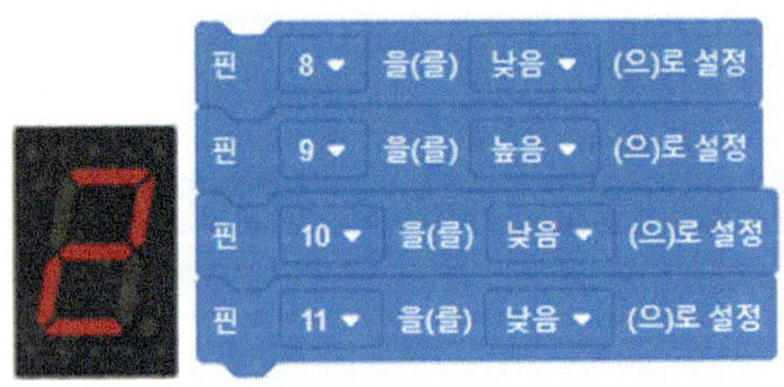


2의 16진수 : 0010

```
void loop() {
    digitalWrite(8, LOW);
    digitalWrite(9, HIGH);
    digitalWrite(10, LOW);
    digitalWrite(11, LOW);
}
```

[그림 5.30] BCD-to-7세그먼트 디코더의 프로그램

CHAPTER 06

# 디지털 입력 신호로 제어하기

센서는 우리 주변의 다양한 정보를 수집하여 아두이노 보드와 같은 컴퓨터 제어 시스템에서 활용하거나 제어를 위한 정보로 사용할 수 있게 해준다. 센서를 잘 활용하면 제어를 다양한 응용으로 가져갈 수 있다.

빛의 유무나 밝기, 온도나 습도, 가스, 흑백이나 칼라의 구분, 가스나 일산화탄소, 소리 등에 수집하는 정보의 형태에 따라 센서의 유형도 달라진다. 측정하기 원하는 대상에 따라 사용하는 센서도 매우 다양하다.

센서를 이해하려면 컴퓨터로 데이터가 입력되는 방법에 대해서 살펴봐야 하는데 센서를 통하여 얻어지는 정보의 종류에 따라 디지털 정보와 아날로그 정보로 나누어진다. 그러므로 디지털 입력과 아날로그 입력의 원리들을 이해해야 한다.

## 6.1 디지털 입력 정보와 아날로그 입력 정보

센서들은 우리 주변의 다양한 정보를 수집하여 아두이노 보드와 같은 컴퓨터 제어 시스템에서 활용하거나 제어를 위한 정보로 사용할 수 있게 해준다. 인간이 접하는 빛, 열, 바람, 냄새, 기울기나 속도 등 같은 대부분의 물리적 현상을 전기적 신호로 변환해서, 컴퓨터와 같은 전자시스템에서 정보로 사용할 수 있게 한다.

빛의 유무나 밝기, 온도나 습도, 가스, 흑백이나 칼라의 구분, 가스나 일산화탄소, 소리 등에 수집하는 정보의 형태에 따라 센서의 유형도 달라지며, 측정하기 원하는 대상에 따라 사용하는 센서도 매우 다양하다.

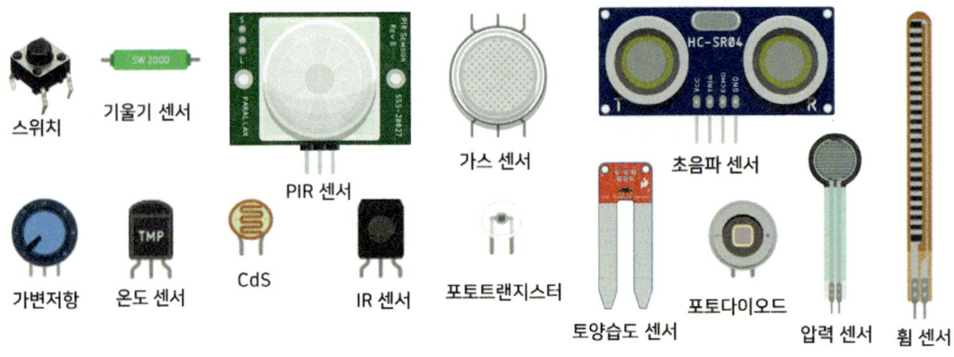


[그림 6.1] 센서

일상 속의 디지털 정보들은 스위치의 ON-OFF 기능과 같이 정보가 있고 없고만 구성된다. 인간이 연속인 변화로 느끼는 정보들은 아날로그적 특성을 갖고 있다. 그림 6.1에서 스위치, 기울기 센서, PIR센서, 초음파 센서(SR-04) 등은 디지털 센서이고, 가변저항을 포함한 대부분의 나머지 센서들은 아날로그 센서이다.

센서 장치를 통해서 전기적인 신호로 바꿀 때 그림 6.2와 같이 두 가지 형태로 나누어진다. 하나는 디지털 신호의 형태로 컴퓨터에서 쉽게 정보를 받아들일 수 있다. 반면에 아날로그 신호는 컴퓨터로 받아들일 때 아날로그를 디지털로 변환하는 아날로그-디지털 변환(ADC) 과정을 거쳐야지만 컴퓨터에서 그 정보를 활용할 수 있게 된다.

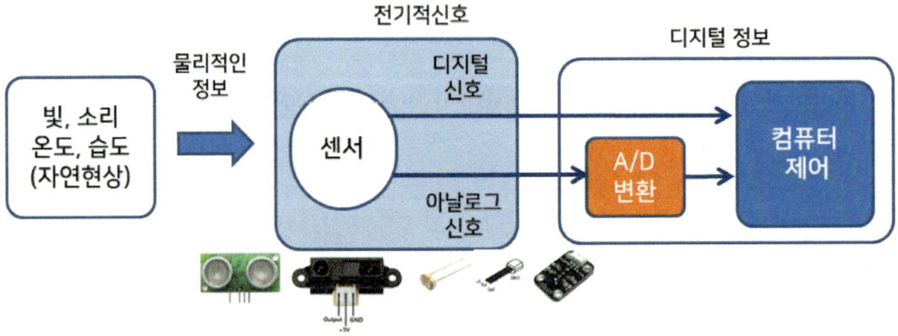


[그림 6.2] 디지털과 아날로그 정보의 처리

아두이노 UNO 보드는 그림 6.3과 같이 디지털 정보는 디지털 핀을 통해 입력받을 수 있고, 연속적으로 변하는 아날로그 신호는 아날로그 입력 핀(A0~A5)을 통해서 아날로그 입력을 받아들인다.

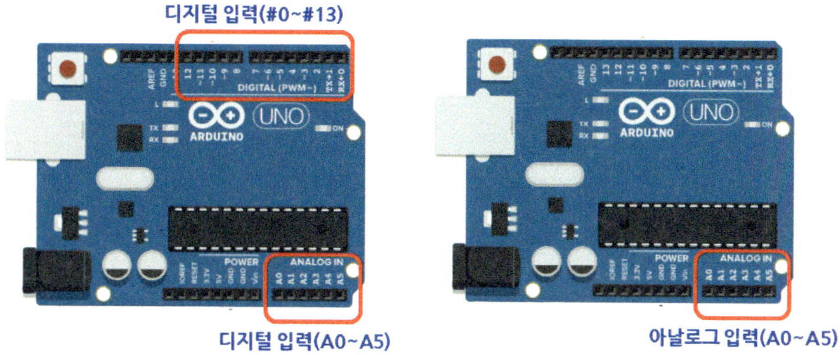


(a) 디지털 입력 (b) 아날로그 입력

**[그림 6.3]** 아두이노 UNO의 디지털 입력과 아날로그 입력 핀

## 6.2 디지털 입력으로 LED ON/OFF하기

디지털 센서의 가장 대표적인 것은 버튼 스위치이다. 그림 6.1의 스위치는 일반적으로 많이 사용되는 택트tact 스위치라고도 불리는 누르면 ON-OFF 신호가 제어되는 스위치이다. 버튼을 눌려지면 연결되고 버튼에서 손을 떼면 떨어지는 구조의 기능을 가지고 있다.

### (1) 스위치의 연결 구조

스위치는 그림 6.4와 같이 +5V와 접지에 결합하는 구조에 따라 스위치 ON-OFF로부터 얻어지는 정보는 다르게 된다.

그림 6.4(a) 양극 제어 방식으로 스위치 누르지 않으면, output은 0V가 되고, 스위치를 누르면 +5V가 된다. 반면에 그림 6.4(b)는 음극 제어 방식으로 스위치 누르지 않으면, output은 +5V가 되고, 스위치를 누르면 0V가 된다.

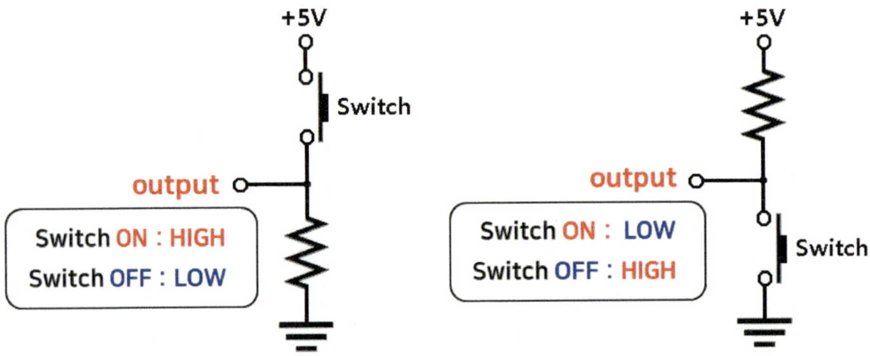


(a) 양극 제어 방식　　　　　　　　(b) 음극 제어 방식

**[그림 6.4]** 스위치의 제어 방식

## (2) 스위치를 이용한 ON-OFF 제어

아두이노 UNO 보드에서 버튼 스위치로 ON과 OFF 정보를 받아들이고, 입력된 정보를 판단하여 LED를 켜거나 꺼 보자.

틴커캐드 회로에서 그림 6.5(a)와 같이 UNO 보드의 디지털 핀 #2에 버튼 스위치를 연결하고, 디지털 핀 #10에 LED를 연결한다. 그림 6.5의 버튼 스위치는 +5V와 접지 사이에 양극 제어 방식으로 연결되어, 버튼 스위치가 눌리면 +5V의 신호가 디지털 핀 #2에 입력되고 스위치가 눌리지 않으면, 접지를 통하여 0V의 신호가 입력되게 된다. 그림 6.5(b)는 브레드보드를 사용한 회로 구성도이다.

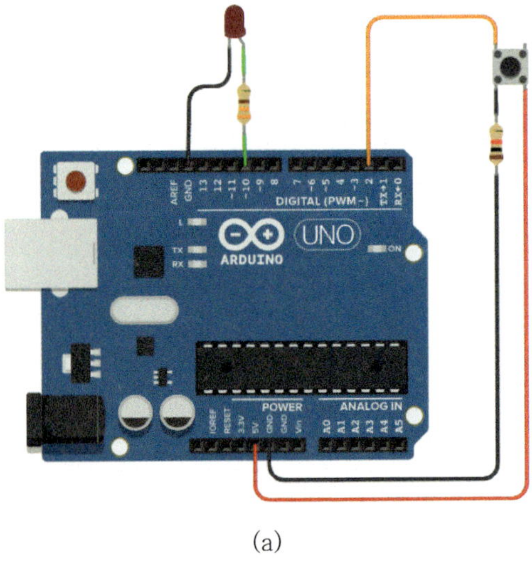


(a)

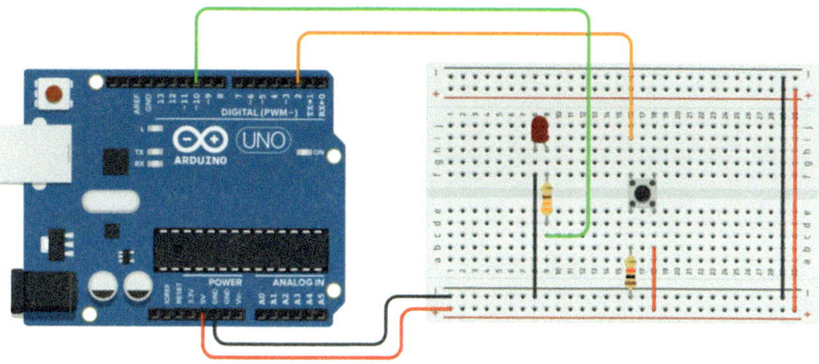

(b)

**[그림 6.5]** LED와 버튼 스위치 회로

버튼 스위치가 눌리면 디지털 핀 #2를 통하여 +5V의 전압이 입력되고, 디지털 핀 #10에 연결된 LED에 불을 켜지도록(ON) 블록 프로그램을 작성하여 보자.

① 디지털 핀 #2를 통하여 입력되는 버튼 스위치의 상태를 변수 sw에 저장한다.

틴커캐드 디자인 창에서 [코드]를 선택하고, 그림 6.6과 같이 블록과 입력을 선택하고 디지털 입력 블록 명령 [디지털 핀 0 ▾ 읽기]을 마우스로 드래그drag하여 명령어 창에 배치하고, 아두이노 보드의 핀 번호를 선택한다. 아두이노 보드의 디지털 입력 핀은 디지털 출력 핀과 같이 디지털 핀 #0~#13까지 14개와 A0~A5까지 6개가 선택 가능하다.

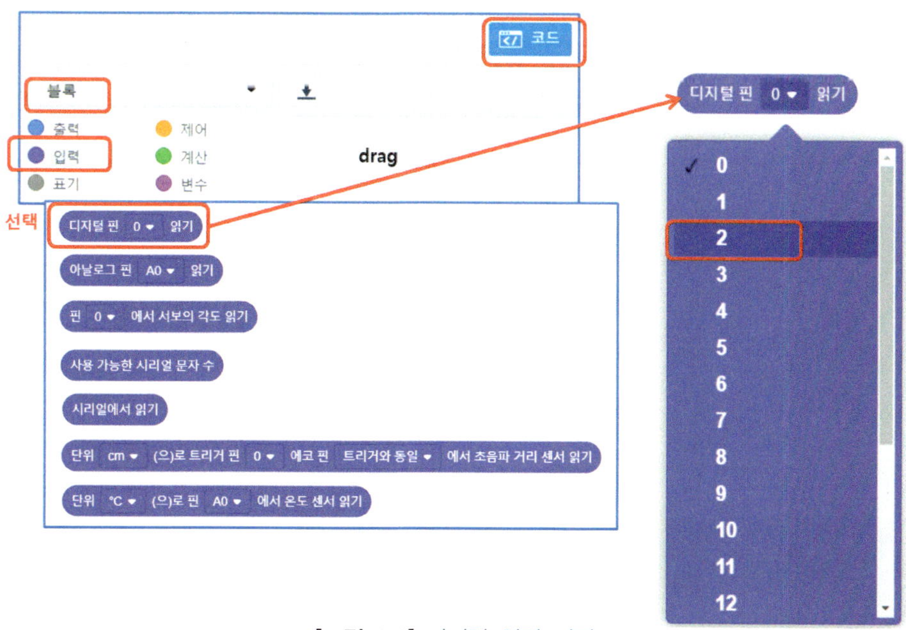


**[그림 6.6]** 디지털 입력 명령

변수 sw를 생성시키고, 디지털 입력 블록명령 를 그림 6.7과 같이 끼워넣어 디지털 핀 #2를 통해 입력된 정보를 변수 sw에 저장한다.

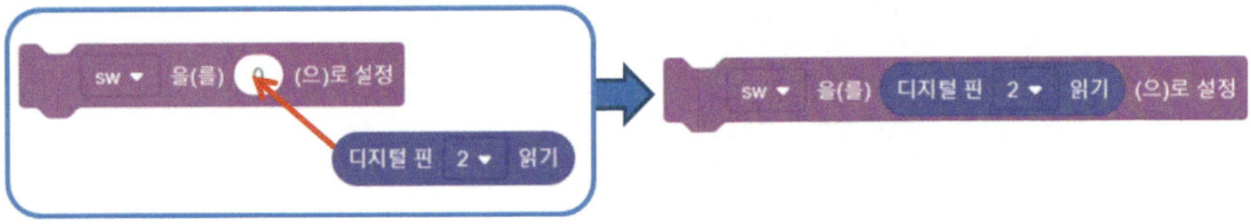


**[그림 6.7]** 디지털 입력을 변수에 저장

② 입력된 정보의 값을 판단하는 과정이 필요하다.

변수의 값을 판단하여 제어하기 위해서 조건에 따른 제어 블록 명령과 비교판단 블록 명령을 사용한다. 이 블록명령은 아두이노의 C++언어 문자코딩의 if-else함수에 해당한다.

먼저, 틴커캐드 디자인 창에서 를 선택하고, 그림 6.8과 같이 블록과 제어를 선택하고 아래 부분에 있는 조건에 따른 제어 블록 명령 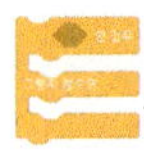을 마우스로 드래그drag하여 명령어 창에 배치한다.

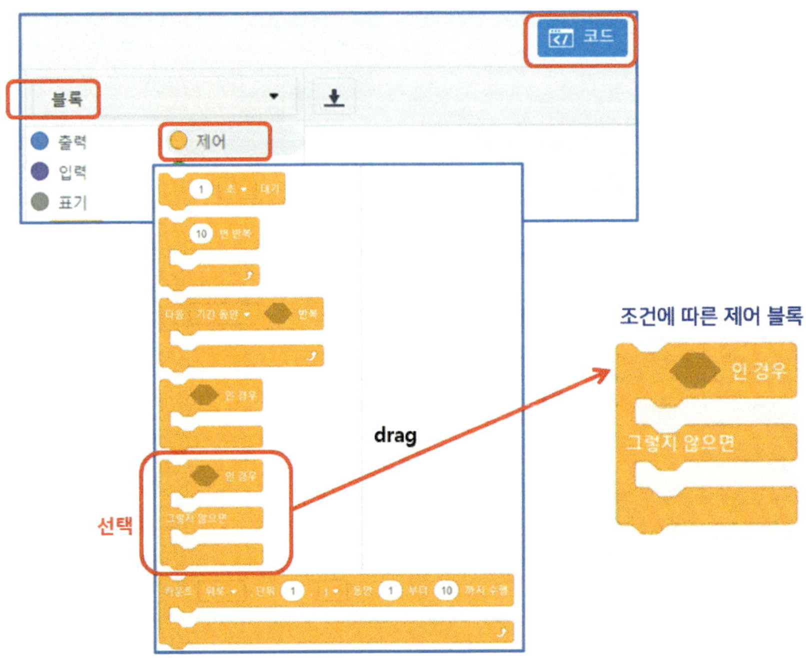


**[그림 6.8]** 조건에 따른 제어 블록명령

조건에 따른 제어 블록 명령에서 판단 규칙을 만들기 위하여, 계산 블록코드 산술비교 블록을 사용하기 위하여, 틴커캐드 디자인 창에서 코드 를 선택하고, 그림 6.9와 같이 블록과 계산을 선택하고 산술비교 블록 명령 과 논리 값 블록 명령 높음 을 마우스로 드래그drag하여 명령어 창에 배치하고 비교(=)를 선택한다.

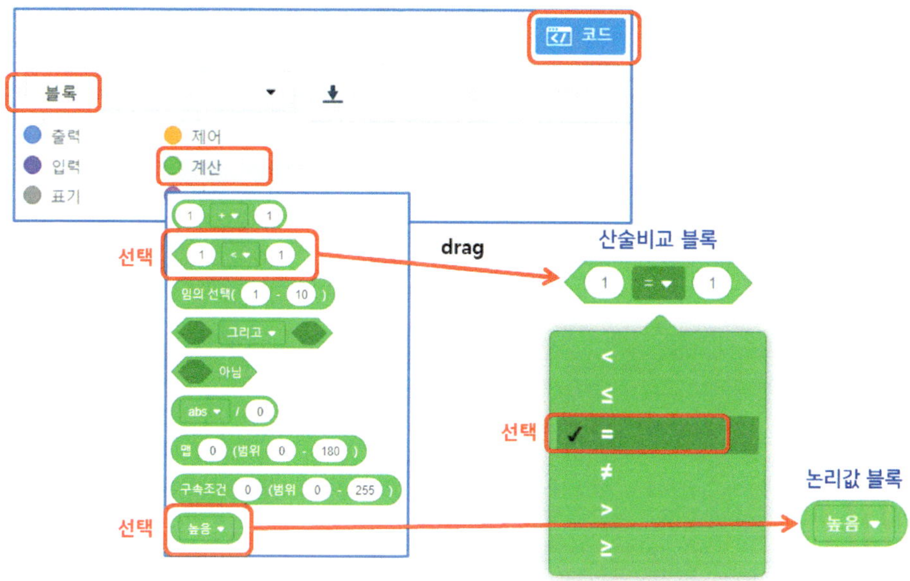


[그림 6.9] 산술비교 블록명령

변수 sw 와 높음 를 에 그림 6.10과 같이 끼워 넣어, sw와 높음HIGH을 비교하는 조건을 만든다.

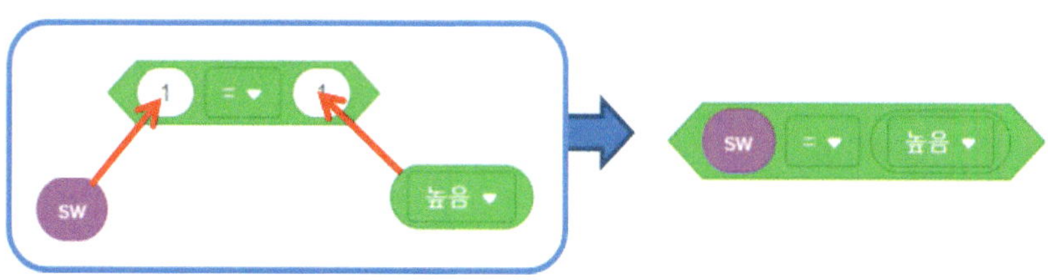


[그림 6.10] 산술비교를 이용한 조건 생성

판단 조건 과 조건에 따른 제어 블록 명령 을 그림 6.11과 같이 끼워 넣어, 조건에 따른 제어 블록 명령을 완성한다.

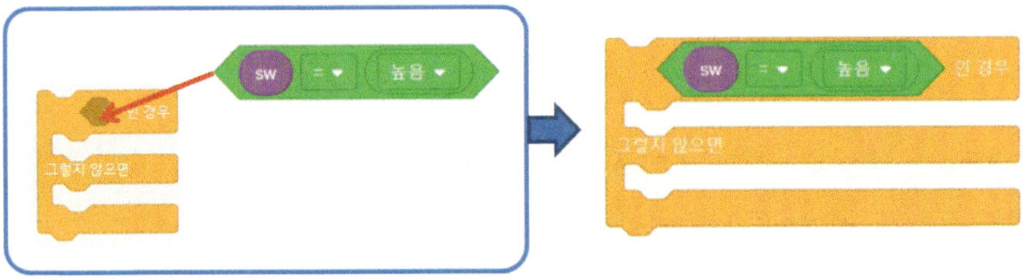


[그림 6.11] 산술비교를 이용한 조건 생성

③ 버튼 스위치의 값에 따라 LED의 켜지고 꺼지도록 그림 6.11의 판단 제어를 그림 6.12와 같이 완성한다.

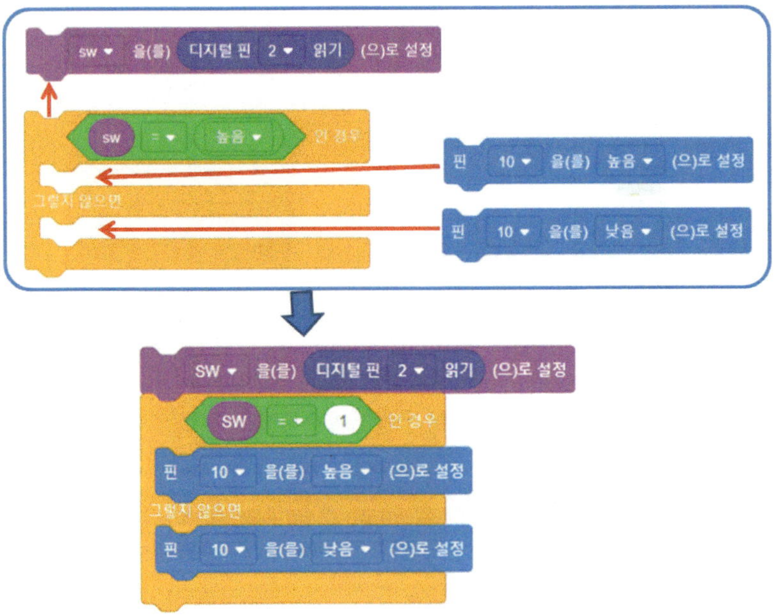


[그림 6.12] 산술비교를 이용한 조건 생성

④ 입력과 판단문의 역할

아두이노로 정보를 출력하는 과정은 지정된 정보를 출력 핀으로 내보내기만 하면 되지만, 정보의 입력과정은 반듯이 그 정보의 상태를 판단하는 과정이 있어야 한다. 즉, 외부로부터 어떤 입력을 받아들이고, 그 정보에 따라 서로 다른 제어를 하려면, 그 입력이 어떤 것인지 판단하는 과정이 반드시 필요하다.

그림 6.13과 같이 스위치를 사용하여 ON과 OFF라는 두 가지 정보를 발생시키고, 그 정보에 따라 LED의 불을 켜거나 끄는 제어를 할 수 있다.

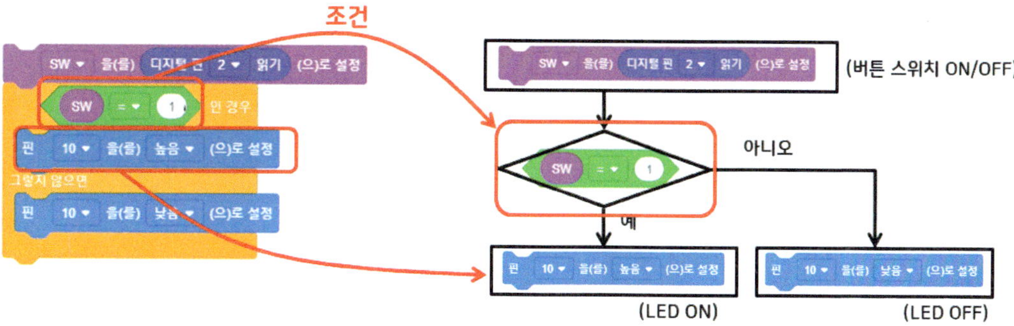


[그림 6.13]

그림 6.14는 설계된 블록 코드 프로그램에 의한 아두이노 UNO에서 사용할 수 있는 if-else 문으로 구현된 C++언어 코드 프로그램이다.

```
int  sw = 0;
void setup( ) {
  pinMode(2, INPUT);
  pinMode(10, OUTPUT);
}

void loop( ) {
  sw = digitalRead(2);
  if ( sw == 1) {
    digitalWrite(10, HIGH);
  } else {
    digitalWrite(10, LOW);
  }
}
```

[그림 6.14]

## 6.3 다중 판단 구조

아두이노 UNO의 디지털 핀에 3개의 스위치를 연결하여 RGB LED를 제어하여 보자. 3개의 스위치 상태를 각각 판단하여 제어가 가능하도록 구성한다.

그림 6.15(a)와 같이 아두이노 UNO의 디지털 입출력 핀 #11, #10, #9에 LED 3개를 양극 제어 방식으로 연결한다. 틴커캐드 회로에서 그림 6.15와 같이 UNO 보드의 디지털 핀 #2, #3, #4에 버튼 스위치를 양극 제어 방법으로 각각 연결하고, 양극제어(CC)형 RGB LED의

R, G, B에 디지털 핀 #11, #10, #9를 각각 연결한다. 그림 6.15(b)는 브레드 보드를 사용한 회로 구성도이다.

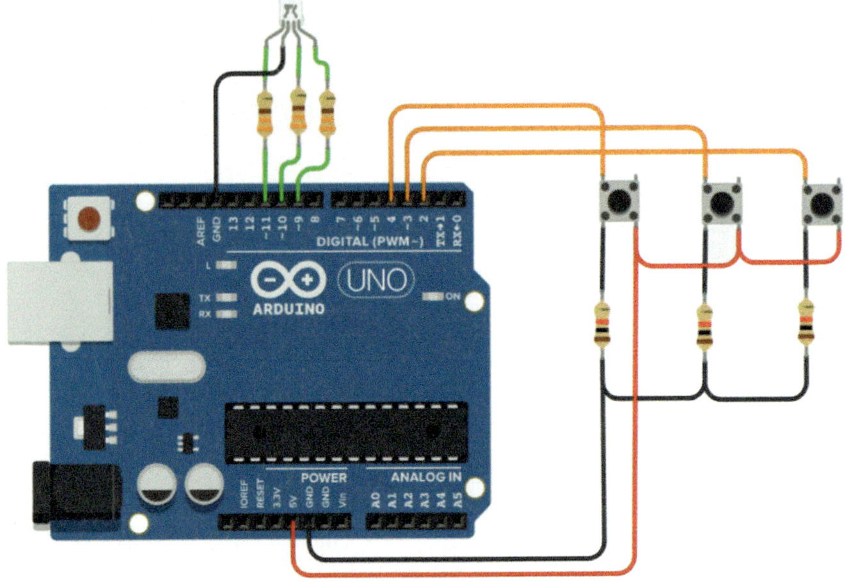

(a)

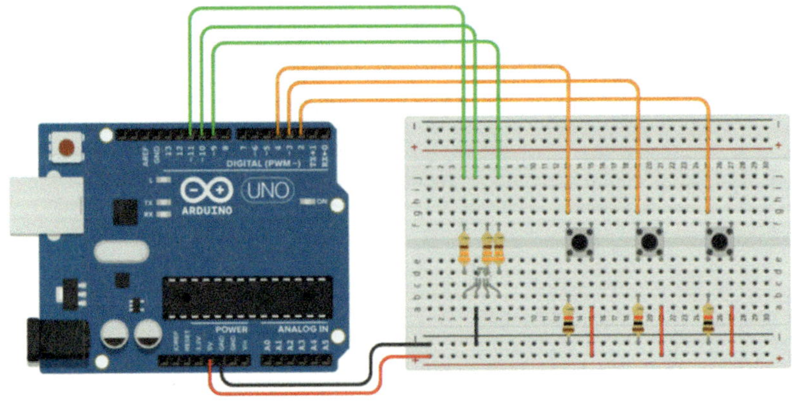

(b)

**[그림 6.15]** 3개 스위치와 RGB LED 회로

### (1) 블록 코딩1

3개의 스위치 상태를 저장할 변수 3개를 sR, sG, sB로 그림 6.16과 같이 설정하고, 각 스위치의 입력값을 저장한다.

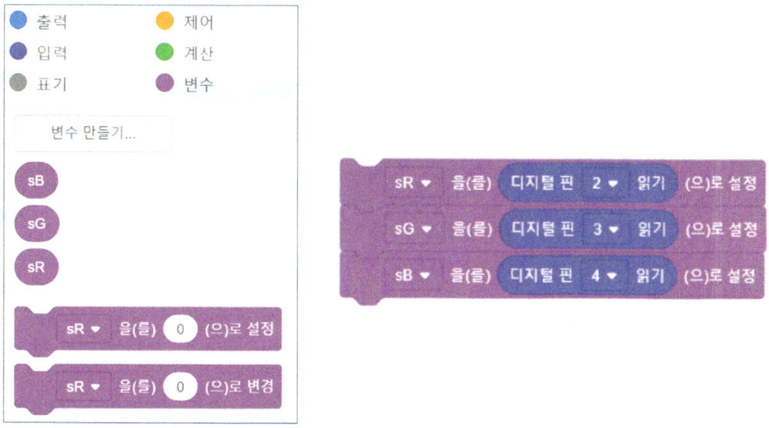


[그림 6.16] 3가지 변수 설정

첫 번째 코딩 방법은 앞의 1개 스위치와 LED의 ON-OFF 제어와 같은 방식으로 각 스위치에 대하여 따로따로 판단구조를 만드는 방법으로 그림 6.17과 같다.

[그림 6.16] 독립된 판단구조

3개의 스위치의 결과가 서로 영향을 주지 않고 동작한다.

### (2) 블록 코딩2

두 번째 코딩 방법은 판단의 구조가 종속적으로 연결된 것이다. 〈판단1〉의 결과에 따라 〈판단2〉가 실행되고, 〈판단2〉의 결과에 따라 〈판단3〉이 실행된다.

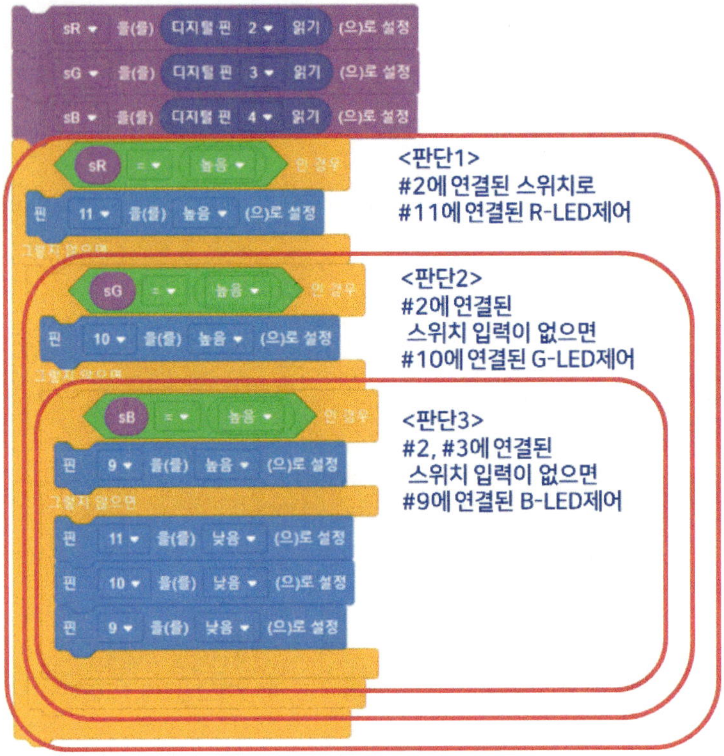


**[그림 6.17]** 연결된 판단구조

### (3) 블록 코딩3

세 번째 코딩 방법은 종속 판단과 독립 판단의 구조가 복합적으로 연결된 것이다. 〈판단1〉의 결과에 따라 〈판단2〉와 〈판단3〉의 각각 실행된다.

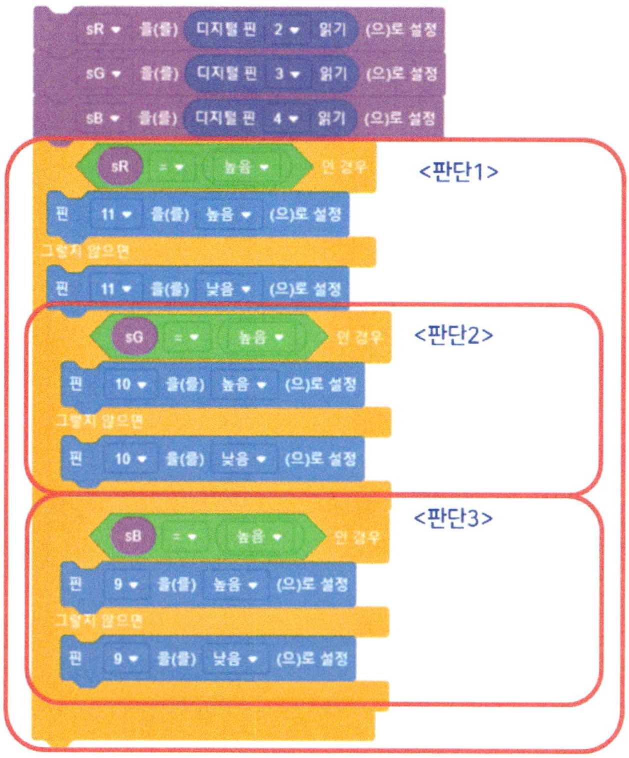


**[그림 6.18]** 복합적으로 연결된 판단구조

앞의 3가지 세 번째 코딩 방법 이외에도 다양한 구조로 판단을 구성할 수 있다. 여러 개의 입력이 있을 때, 이들 입력 신호를 어떻게 조합하여 활용할 것인가에 따라 RGB LED를 다양한 방법으로 제어 가능해진다.

스위치나 센서가 동시에 동작하지 못하게 하거나, 동시에 동작하게 하는 기능을 구현할 수도 있다. 다만, 틴커캐드에서는 각 스위치의 입력을 마우스로 클릭하기에 동시 입력과 같은 것을 활용하지 못하여 각 프로그램의 차이를 구분하기 어렵다.

CHAPTER 07

# 아날로그 입력 신호로 제어하기

앞 장에 디지털 입력은 정보의 값이 디지털 출력의 경우처럼 2가지 밖에 없지만, 아날로그 입력은 아날로그 출력처럼 입력 정보가 많아지고 활용도 다양하고 높아진다.

## 7.1 아날로그 입력 정보

디지털 입력은 입력 장치를 통해서 받아들이는 정보는 0과 1의 2가지 중에 하나밖에 없다. 반면에 아날로그 정보는 시간에 따라서 정보의 값이 연속적으로 변한다. 아날로그 신호는 그림 7.1과 같이 컴퓨터로 받아들일 때 아날로그를 디지털로 변환하는 아날로그-디지털 변환(ADC) 과정을 거쳐야지만 컴퓨터에서 그 정보를 활용할 수 있게 된다. 물론 연속적으로 변하는 정보이긴 하지만 양자화라는 과정을 통해 숫자화된 정보가 된다.

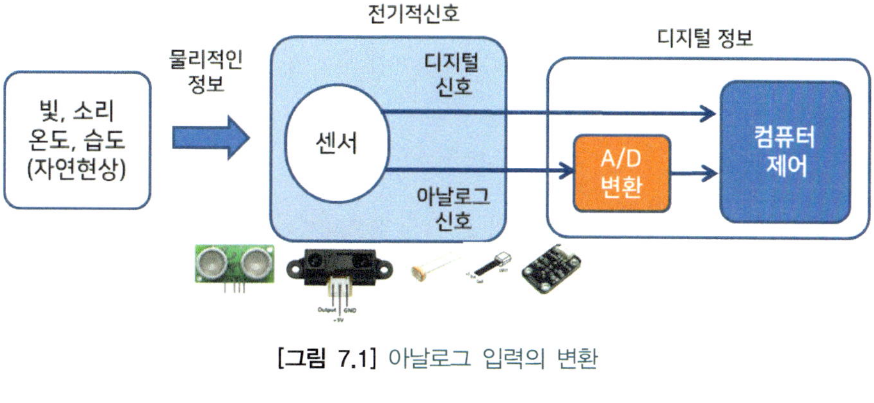


[그림 7.1] 아날로그 입력의 변환

디지털 신호와 다르게 변환과정을 거쳐야 하기 때문에, 아날로그 입력을 받아들일 수 있는 핀이 별도로 구분되어 있다. 아두이노 UNO 보드는 그림 7.2와 같이 A0~A5번의 6개 아날로그 입력 핀이 있다. 이 핀들을 통해서 들어오는 아날로그 신호를 컴퓨터 안에서 A/D 변환을 통해서 숫자 정보로 변환해 준다.

아두이노 UNO는 A/D 변환을 통해 아날로그 정보를 10비트bit의 2진수 정보로 변환하여, 아날로그 신호를 0~1023의 값으로 생성한다.

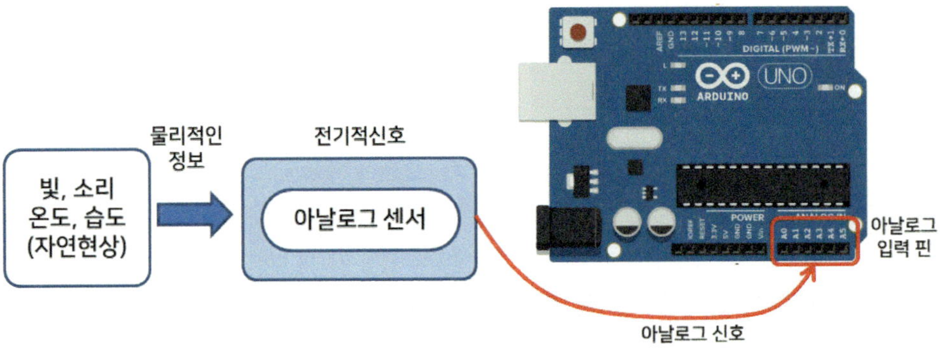


**[그림 7.2]** 아두이노 UNO의 아날로그 입력 핀

만일 아두이노 UNO 보드가 +5V로 동작하고 있다면, 0V에서 +5V 사이의 값을 1024등분을 해서 그 값을 할당한다. 예를 들면 0V는 0에 해당하고, +5V는 1023의 값을 갖는다. 만약 입력 신호가 +2.5V 정도라면, 디지털에서는 0V와 5V 인식하지 못하므로 값을 인식하지 못하거나 0이나 1로 처리해 버리고 말지만, 아날로그 신호는 0과 1023의 중간정도 되는 511이나 512 정도의 값을 가지게 된다.

센서들의 대부분이 아날로그 타입인 이유는 인간이 접하는 빛, 열, 바람, 냄새, 기울기나 속도 등 같은 대부분의 물리적 현상이 대부분 아날로그 정보이므로, 이들 정보를 수집하기 위하여 아날로그 센서들이 사용되기 때문이다.

빛의 유무나 밝기, 온도나 습도, 가스, 흑백이나 칼라의 구분, 가스나 일산화탄소, 소리 등에 수집하는 정보의 형태에 따라 센서의 유형도 달라지며, 측정하기 원하는 대상에 따라 사용하는 센서도 매우 다양하다.

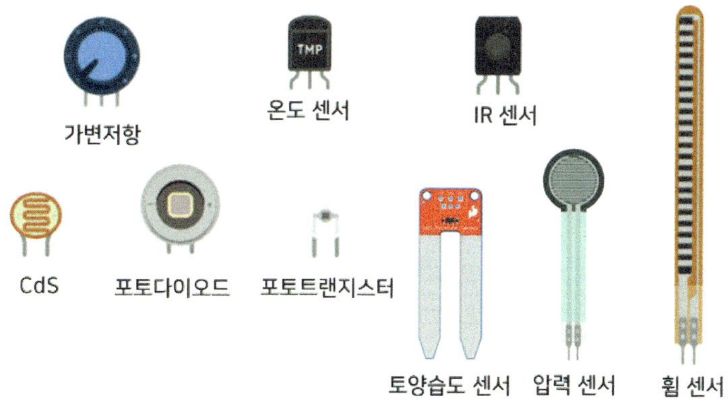


[그림 7.3] 아날로그 센서

주변의 다양한 정보를 수집하여 아두이노 보드와 같은 컴퓨터 제어 시스템에서 활용하거나 제어를 위한 정보로 사용할 수 있도록 전기적 신호로 변환해서, 컴퓨터와 같은 전자시스템에서 정보로 사용할 수 있게 한다.

## 7.2 아날로그 입력으로 제어하기

아날로그 입력에 대해서 배워보자.

### (1) 가변저항의 아날로그 신호 원리

디지털 입력 정보는 ON-OFF 스위치와 같은 개념이라고 설명한 것처럼, 아날로그 입력 정보는 그림 7.4와 같이 가변 저항의 출력과 같은 개념을 가지고 있다. 가변 저항을 저항값을 변화시킬 수 있는 부품으로 오디오 장치 등에서 소리를 점점 크게 하거나 작게 조정하기 위해서 사용된다.

대부분의 가변저항은 그림 7.4(b)와 같이 내부적으로 조정단자에 의하여 2개의 저항이 나누워지는 구조를 가진다. 이 2개의 저항에 따라 0V와 +5V의 전압이 비례적으로 나눠게 되어 출력 전압 $V_{out}$이 0~+5V 사이의 값으로 나타나게 된다.

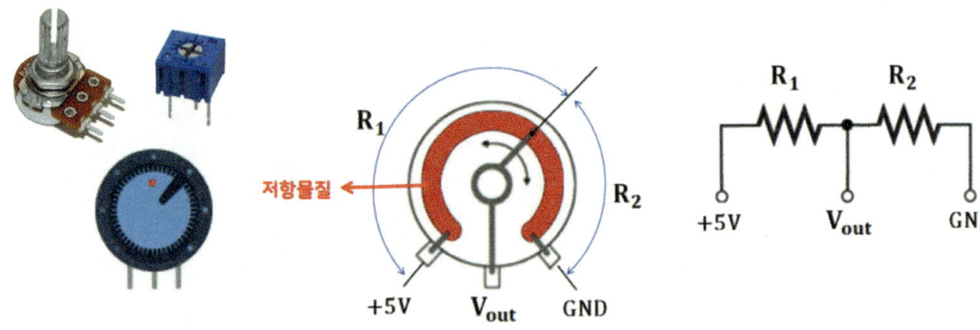


(a) 외형　　(b) 내부구조　　(c) 원리

**[그림 7.4]** 가변저항의 구조

### (2) 가변저항을 사용한 제어

아날로그 신호를 입력 받아 제어하기 위하여, 그림 7.5(a)와 같이 가변저항을 +5V와 접지 사이에 연결하고, 변화 값이 아두이노 UNO의 아날로그 입력 핀 A2를 통하여, 입력되도록 구성한다. 또한, A2를 통하여 입력된 값의 변화에 따라, LED의 밝기를 변화시키기 위하여, PWM출력을 제공하는 디지털 핀 10번에 LED를 연결한다. 그림 7.5(b)는 브레드 보드를 사용한 회로 구성도이다.

회로 사용된 가변저항의 볼륨단자를 오른쪽이나 왼쪽으로 돌리면, 0V에서 +5V 사이의 임의 전압 값을 A2로 입력하게 해준다. 즉, 아두이노 아날로그 입력 핀 A2핀은 이 0V에서 +5V 사이의 전압 값을 1024구간으로 ADC하여, 0부터 1023의 숫자 값으로 받아들이게 된다.

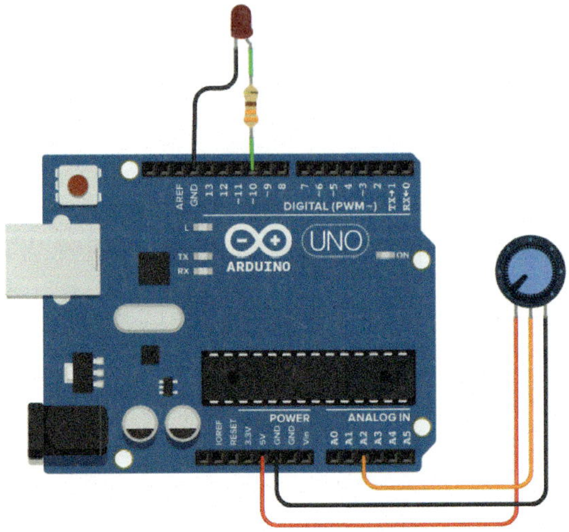


(a)

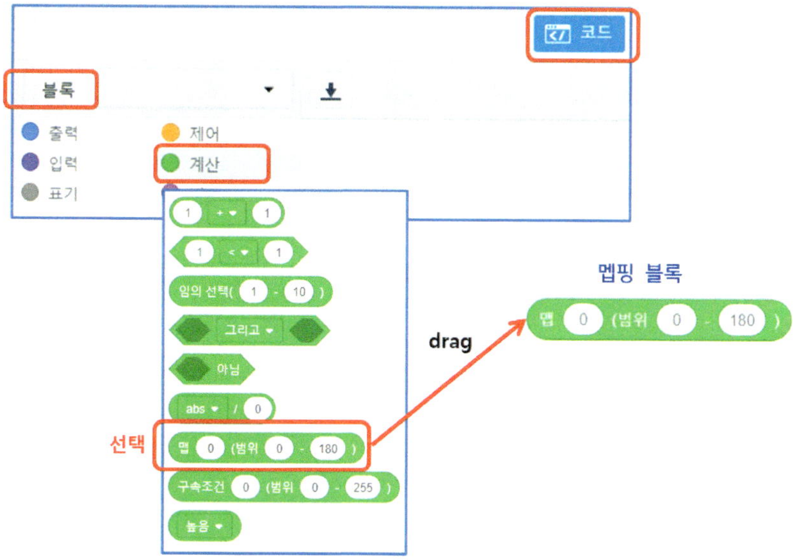


**[그림 7.11]** 조건에 따른 제어 블록명령

아두이노 UNO보드의 A2로 입력된 정보의 범위 0~1023와 디지털 핀 #10의 PWM 신호를 출력 정보의 범위 0~255를 매핑하기 위하여, 그림 6.26과 같이 매핑에 대상 변수 vr 과 매핑 범위 0~255를 입력한다.

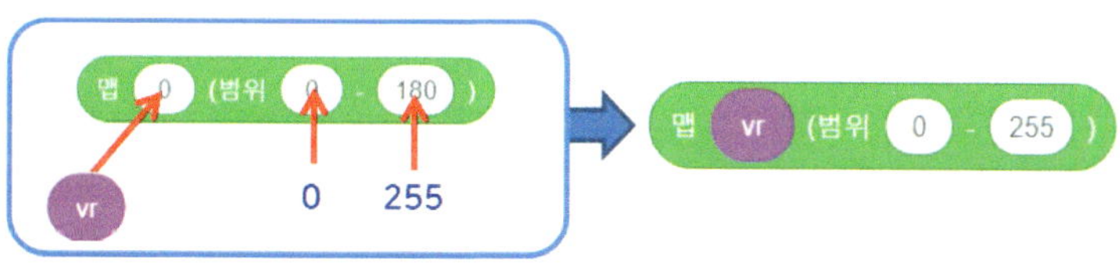


**[그림 7.12]** 변수의 매핑 선언

그림 7.12의 매핑 블록을 그림 7.13과 같이 완성한다.

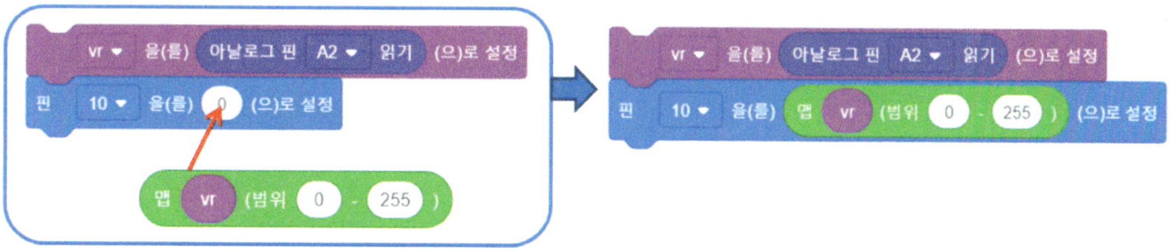


**[그림 7.13]** 매핑이 포함된 블록 코드 프로그램

틴커캐드 시뮬레이션으로 그림 7.13의 블록 프로그램을 실행시켜 보면, 가변저항의 볼륨단자를 왼쪽 끝에서 오른쪽 끝까지 천천히 돌리면서 LED의 상태를 자세히 보면, 중간에 꺼지지 않고 가변저항 입력 값에 비례하여 밝기 상태가 조정되는 것을 확인할 수 있다.

그림 7.14는 틴커캐드의 매핑 블록에 대한 아두이노 C++언어 map( ) 함수의 구조를 나타낸다. C++언어 map( ) 함수에는 변수 vr의 범위도 지정할 수 있도록 되어 있음을 알 수 있다.

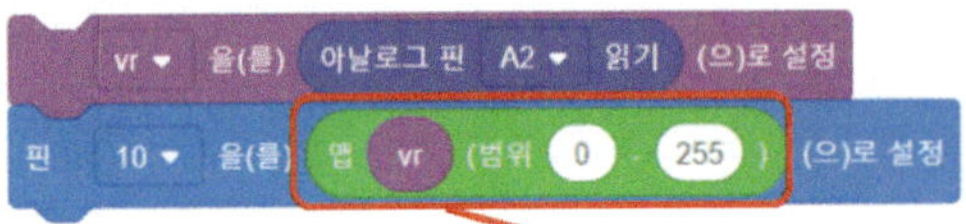


```
// C++ code
int vr = 0;
void  setup( ) {
}

void loop( ) {
  vr = analogRead(A2);
  analogWrite(10, map(vr, 0, 1023, 0, 255) );
}
```

**[그림 7.14]** 매핑 블록의 C++언어 명령

## 7.4 시리얼 모니터를 사용한 아날로그 값 모니터링

앞의 7.3절에서는 아날로그 입력 값을 LED를 사용하여 나타내었다. 아날로그 방식의 센서들을 다양하게 제어하기 위해서는 그 입력된 값을 정확하게 알아야 할 필요가 있다. 매핑 명령으로 그 변위를 조정하기 위해서도 입력 값의 범위를 측정할 필요가 있다. 이것을 위하여 아날로그 센서 값 정보를 컴퓨터 모니터에 나타낼 수 있는 시리얼 모니터 기능을 사용하면 편리하다.

### (1) 시리얼 모니터 출력

틴커캐드 디자인 창에서 [코드]를 선택하고, 그림 7.15와 같이 [블록 ▾] 과 ● 출력을 선택하고 시리얼 모니터 출력 블록 명령 [시리얼 모니터 (hello world) 포함 ▾ 새 줄로 인쇄]을 마우스로 드래그drag하여 명령어 창에 배치한다.

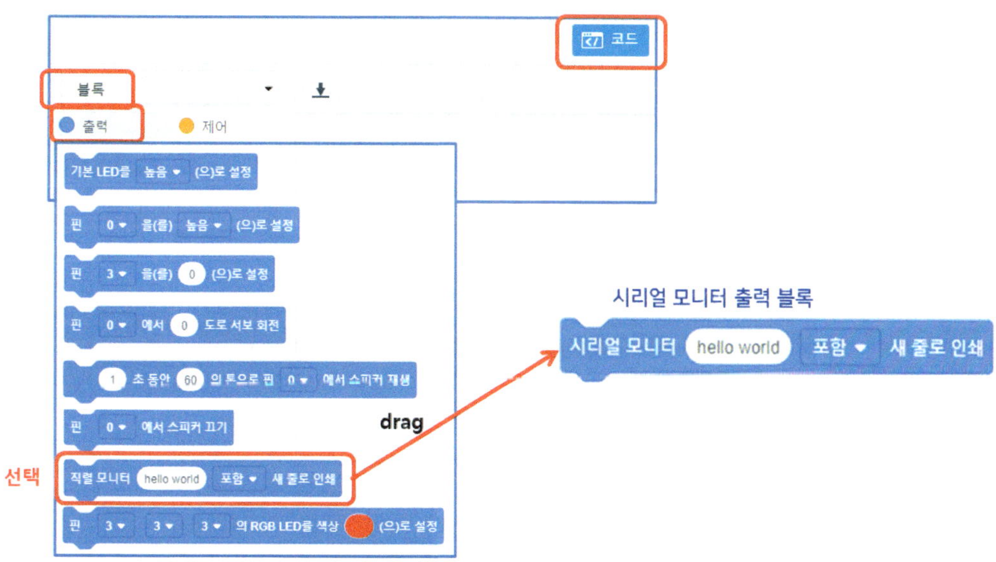


**[그림 7.15]** 시리얼 모니터 출력 명령

시리얼 모니터 출력은 틴커캐드 디자인 창의 블록명령 제일 아래 부분에 있는 [시리얼 모니터]를 마우스로 클릭하면 그림 7.16과 같이 시리얼 모니터 창이 나타난다. 시리얼 모니터 출력 블록 명령 [시리얼 모니터 (hello world) 포함 ▾ 새 줄로 인쇄]의 hello world라고 써진 부분에 원하는 문자나 변수를 끼워 넣으면 그 정보가 시리얼 모니터 창에 출력된다.

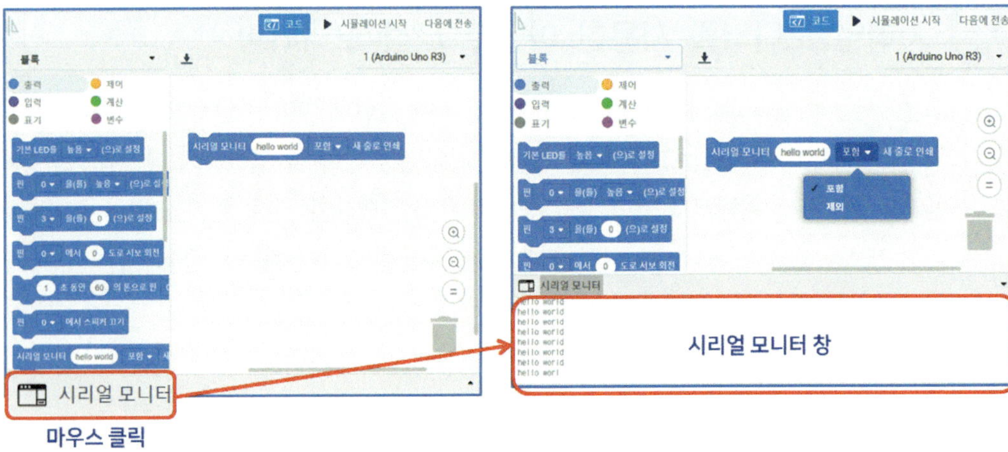


**[그림 7.16]** 시리얼 모니터 창

시리얼 모니터 출력 블록 명령은 그림 7.17과 같이 새 줄로 인쇄 포함과 제외를 선택할 수 있도록 되어있는데, 포함을 선택하면, 출력되는 결과 새로운 줄에 출력되고, 제외를 선택하면, 줄 바꿈 없이 앞의 출력에 이어서 출력된다.

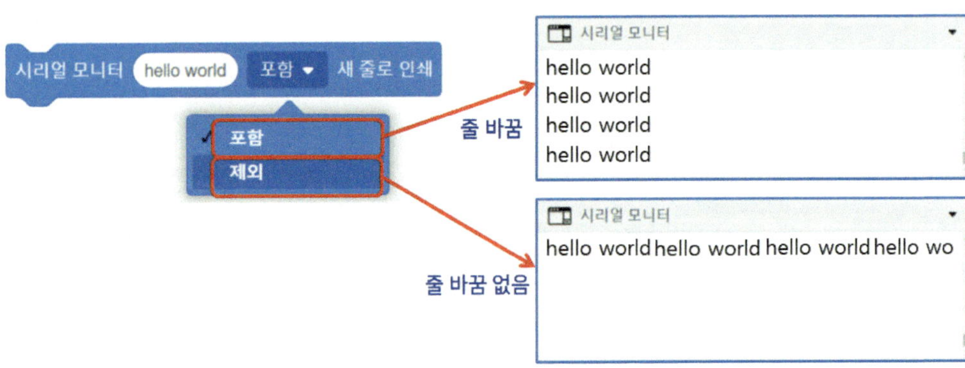


**[그림 7.18]** 시리얼 모니터 출력의 설정

### (2) 아날로그 입력의 시리얼 모니터 출력

앞의 7.3절의 그림 7.14에서 작성한 코드에 시리얼 모니터 출력 블록 명령을 추가하여 그림 7.19와 같이 작성하고 실행시키면, 가변저항의 변화에 따른 값을 시리얼 모니터에 나타내며 변화를 확인할 수 있게 된다.

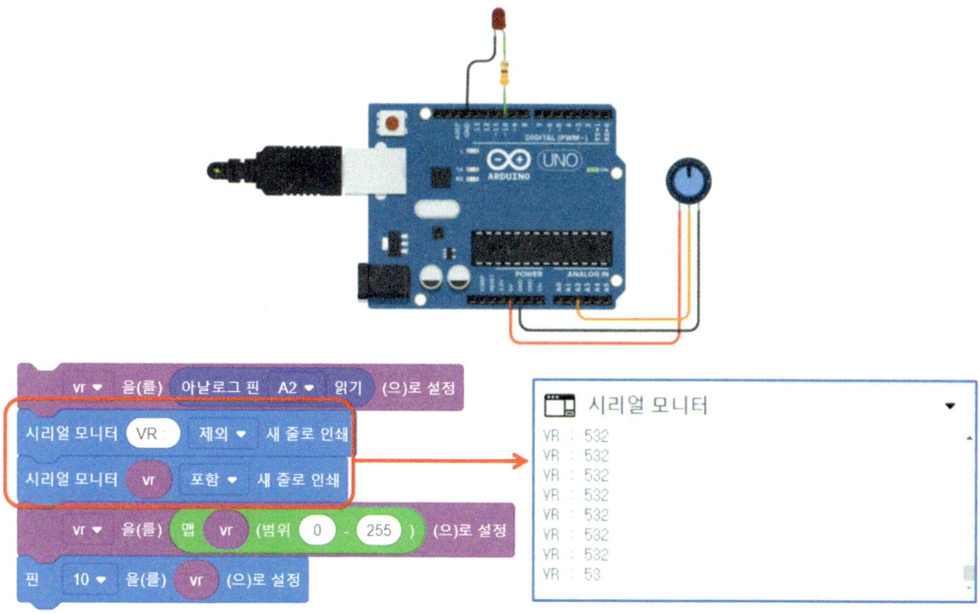


[그림 7.19] 아날로그 입력의 시리얼 모니터 출력

### (3) 블록 코드에 대한 아두이노 C++언어 코드

그림 7.20은 틴커캐드의 시리얼 모니터 출력 블록에 대한 아두이노 C++언어 시리얼 출력 함수의 구조를 나타낸다.

C++언어 프로그램에서 setup( )함수 부분에 Serial.begin(9600)이 생성되고, main( )함수에는 Serial.print( ) 함수가 생성되는 것을 알 수 있다.

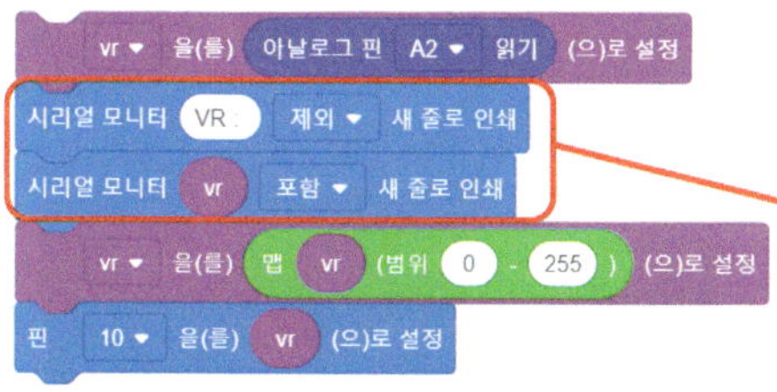


```
// C++ code
int vr = 0;
void  setup( ) {
  Serial.begin(9600);
}

void loop( ) {
  vr = analogRead(A2);
  Serial.print("VR : ");
  Serial.println(vr);
  analogWrite(10, map(vr, 0, 1023, 0, 255) );
}
```

[그림 7.20] 틴커캐드 블록 코드에 대한 아두이노 C++언어 프로그램

# 7.5 아날로그 입력으로 LED ON/OFF하기

6장에서 디지털 센서인 버튼 스위치의 값을 판단해서 LED의 불을 켜고 끄는 제어한 것을 변형하여, 그림 7.5의 가변저항의 입력 값이 기준 값에 대하여 이상/미만을 판단하여 LED의 불을 켜고 끄는 제어를 해보자.

아두이노 UNO 보드에서 가변저항의 값을 받아들이고, 입력된 정보가 70% 이상이면 LED를 켜고, 미만이면 꺼 보자.

아두이노 UNO에 가변저항과 LED가 연결된 그림 7.5의 회로에서 가변저항의 읽어 0~255의 PWM 값으로 변환하는 매핑 부분을 0~100%값으로 매핑하도록 변환하고, 아두이노 UNO #10에 아날로그 출력 블록명령으로 PWM 값을 출력하는 부분을 %값으로 매핑된 값을 판단하여 디지털 방식으로 LED를 출력하는 블록 코드로 6.2절을 참고하여 그림 7.19와 같이 변환한다.

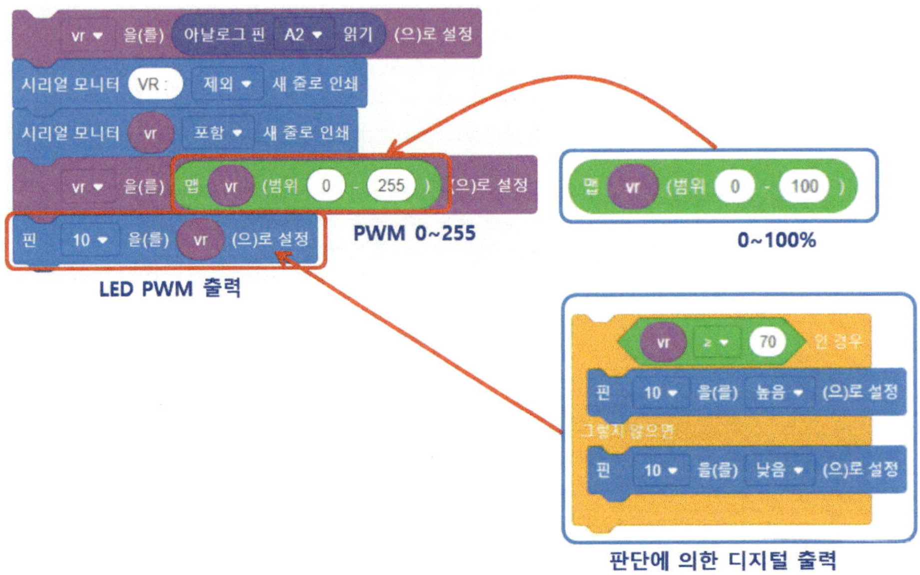


**[그림 7.19]** 그림 7.5 블록 코딩의 수정

가변저항의 값을 %값으로 변환한 것을 시리얼 모니터에 출력할 수 있도록 수정하고 그림 7.20과 같이 블록 코드 프로그램을 완성한다.

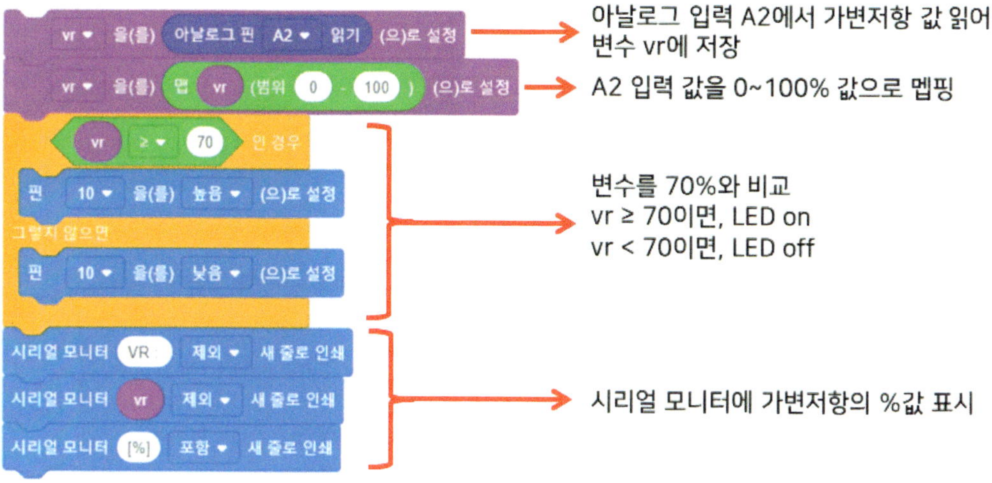


**[그림 7.20]** 완성된 블록 코드 프로그램

틴커캐드에서 시뮬레이션을 실행하고 시리얼 모니터를 활성화 시킨다. 시리얼 모니터에 표시되는 가변저항의 %값을 보면서, 가변저항을 마우스로 돌리면 그림 7.21과 같이 LED가 제어되는 것을 확인할 수 있다.

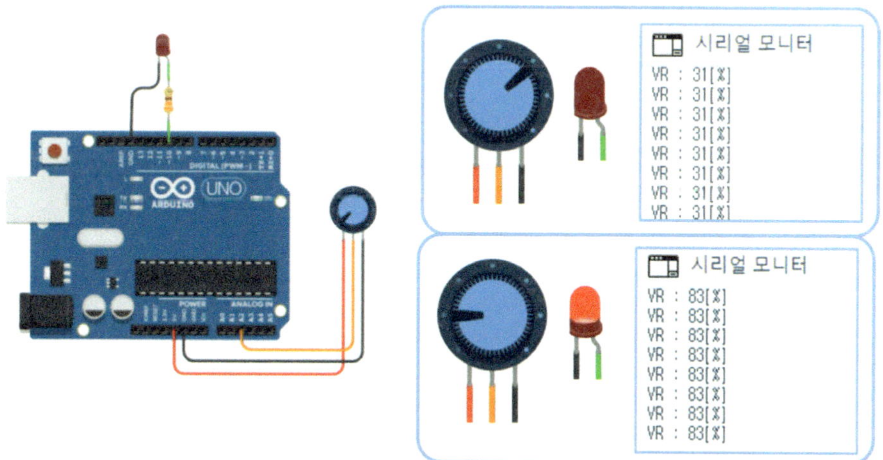


**[그림 7.20]** 시뮬레이션 결과

완성된 블록 코드에 대한 C++언어 코드 프로그램은 그림 7.21과 같다.

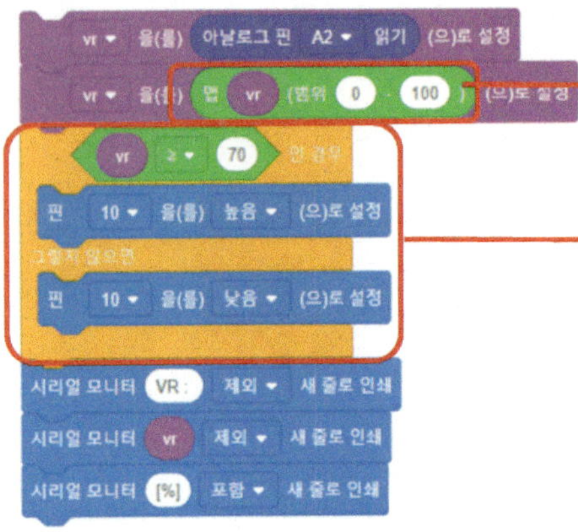


```
// C++ code
int vr = 0;
void  setup( ) {
  Serial.begin(9600);
  pinMode(10, OUTPUT);
}

void loop( ) {
  vr = analogRead(A2);
  vr = map(vr, 0, 1023, 0, 100);
  if (vr >= 70) {
     digitalWrite(10, HIGH);
  } else {
     digitalWrite(10, LOW);
  }
  Serial.print("VR : ");
  Serial.print(vr);
  Serial.println("[%]");
}
```

[그림 7.21]

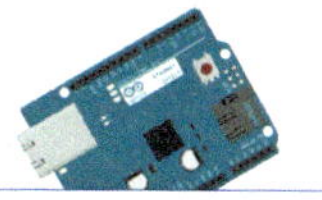

CHAPTER 08

# 소리 발생 제어

아두이노 보드를 사용하여, LED를 켜거나 끄는 동작으로, 아두이노 보드를 사용한 제어동작의 결과를 눈으로 확인할 수 있는 것처럼, 아두이노 보드에서 소리를 발생시켜 제어결과를 귀로 들을 수 있다.

## 8.1 소리의 원리

공기 중에서 일어나는 진동으로 인한 현상인 소리는, 진동의 주파수에 따라, 다양한 종류의 소리가 만들어진다. 이 진동 주파수 가운데 가청 주파수는 사람이 들을 수 있는 주파수를 말한다.

일반적으로 사람은 귀를 통하여, 20~20kHz의 범위의 주파수를 소리로 들을 수 있다. 즉, 아두이노 보드와 같은 전자적 장치로, 이러한 가청 주파수 범위의 진동을, 스피커나 피에조에 출력하면, 사람이 들을 수 있는 소리를 만들 수 있다.

**[그림 8.1]** 소리 발생의 원리

소리는 주파수에 따라서, 음의 높이인 피치pitch가 달라진다. 국제 피치 음인 주파수 440Hz는, 피아노 건반의 라 또는 A에 해당한다. 이 국제 피치 음인 주파수 440Hz를 기준으로, 다음 식과 같이 12등분된 등비수열을 구성하여, 이것을 12음계라고 한다.

$$440 \times 2^{\frac{k}{12}}\,[\mathrm{Hz}] \qquad (k = 0,1,2,3,4,5,6,7,8,9,10,11)$$

12음계는, 음의 높이를 따라, 각각 A, A#, B, C, C#, D, D#, E, F, F#, G, G#으로 표시한다. 이러한 12음계를, 피아노 건반에 나타내면, 그림 8.2와 같다. 피아노는, 흰색 건반 7개를 누를 때 나는 소리인, 도, 레, 미, 파, 솔, 라, 시와 검은색 건반 5개를 누를 때 발생하는 반음들과 합쳐져서, 12음계를 구성한 것이다. 피아노 건반에서, 도에 해당하는 음이, 바로 C이다. 또한, 440Hz로, 기준 음이 되는 A는 라에 해당한다.

**[그림 8.2]** 피아노의 건반과 12음계

앞에서 설명한 12음계를 만드는 등비수열을 정리하면 그림 8.3과 같다.

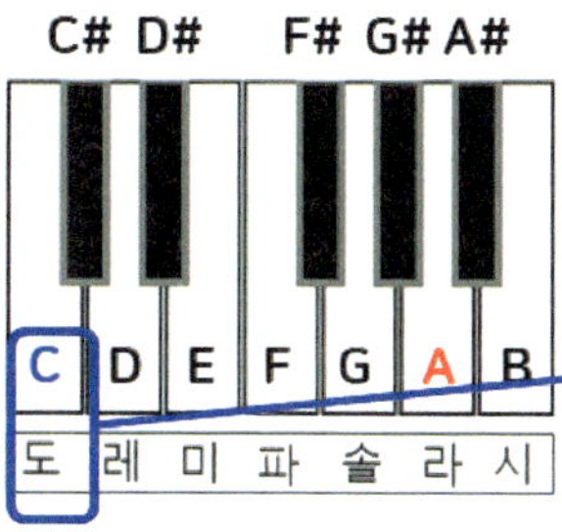


| 12음계 | 7음계 | 주파수 | 주파수 계산식 |
|---|---|---|---|
| A | 라 | 440.00 Hz | $440 \times 2^{(0/12)}$ |
| A# | | 466.16 Hz | $440 \times 2^{(1/12)}$ |
| B | 시 | 493.88 Hz | $440 \times 2^{(2/12)}$ |
| C | 도 | 261.63 Hz | $440 \times 2^{(3/12)}$ |
| C# | | 277.18 Hz | $440 \times 2^{(4/12)}$ |
| D | 레 | 293.66 Hz | $440 \times 2^{(5/12)}$ |
| D# | | 311.13 Hz | $440 \times 2^{(6/12)}$ |
| E | 미 | 329.63 Hz | $440 \times 2^{(7/12)}$ |
| F | 파 | 349.23 Hz | $440 \times 2^{(8/12)}$ |
| F# | | 369.99 Hz | $440 \times 2^{(9/12)}$ |
| G | 솔 | 392.00 Hz | $440 \times 2^{(10/12)}$ |
| G# | | 415.30 Hz | $440 \times 2^{(11/12)}$ |

**[그림 8.3]** 12음계의 주파수

그림 8.3의 표를 이용하여 각 음에 해당하는 주파수를 전자적으로 발생시키면, 피아노 건반의 원하는 음을 만들 수 있게 된다.

예를 들어 피아노 건반의 도를 만들고 싶다면, 약 261.63Hz의 진동을 전자적으로 발생시켜 스피커로 보내면 된다. 그런데, 라(A)음을 제외하고, 나머지 값들은 등비수열로 계산하면 소수점을 가지는 수로 표현되는 것을 볼 수 있다. 이러한 이유로, 라(A)음을 제외하고는 전자적으로 정확한 소리를 만들기 어렵다.

한편, 110, 220, 880, 17760Hz와 같이 440Hz의 배수가 되는 모든 음은 모두 라(A)음이다.

## 8.2 틴커캐드에서 소리 발생시키기

아두이노 UNO와 피에조piezo를 사용하여 소리를 발생 장치를 만들기 전에 틴커캐드를 활용하여, 아두이노에서 피에조로 소리를 발생시키는 방법을 살펴보자.

앞 절에서 설명한 것처럼 소리를 발생시키려면, 원하는 소리의 주파수로 전기신호를 만들어, 스피커나 피에조에 입력하면, 스피커나 피에조의 물리적인 구조로 인하여, 진동을 일으켜 소리가 발생하게 된다.

주파수는, 단위펄스가 1초에 반복하는 횟수를 나타내므로, 아두이노 보드에서, 원하는 주파수를 갖는 펄스 신호를 만들어, 디지털 핀으로 내보내면 된다.

예를 들어, 주파수가 440Hz인 라음을 만들려면, 아두이노 보드에서 1초에 440번의 펄스를 만들어, 피에조가 연결된 디지털 핀으로 출력하면 된다.

틴커캐드에서 소리를 발생하는 명령은 주파수 값에 해당하는 톤 값을 사용하게 된다. 예를 들어 라(A)음의 경우 주파수는 440Hz이며, 톤 값은 57이라는 값을 갖는다.

| 12음계 | 7음계 | 4옥타브 주파수[Hz] | 톤 |
|---|---|---|---|
| C | 도 | 261.63 | 48 |
| C# | | 277.18 | 49 |
| D | 레 | 293.66 | 50 |
| D# | | 311.13 | 51 |
| E | 미 | 329.63 | 52 |
| F | 파 | 349.23 | 53 |
| F# | | 369.99 | 54 |
| G | 솔 | 392.00 | 55 |
| G# | | 416.30 | 56 |
| A | 라 | 440.00 | 57 |
| A# | | 466.16 | 58 |
| B | 시 | 493.88 | 59 |

**[그림 8.4]** 12음계에 대한 틴커캐드 톤 값

### (1) 회로 구성

틴커캐드 디자인 창에서 그림 8.5와 같이 아두이노 UNO 보드와 피에조를 선택하여 그림 8.6과 같이 아두이노 UNO 보드의 디지털 핀 #7에 피에조를 연결하여 회로를 구성한다.

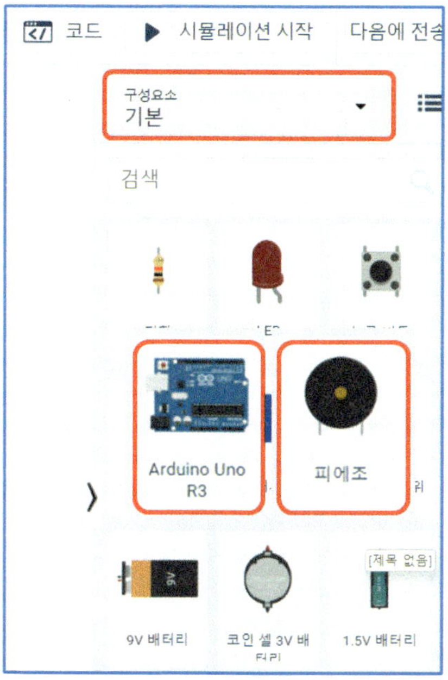


**[그림 8.5]** 아두이노 UNO와 피에조 선택

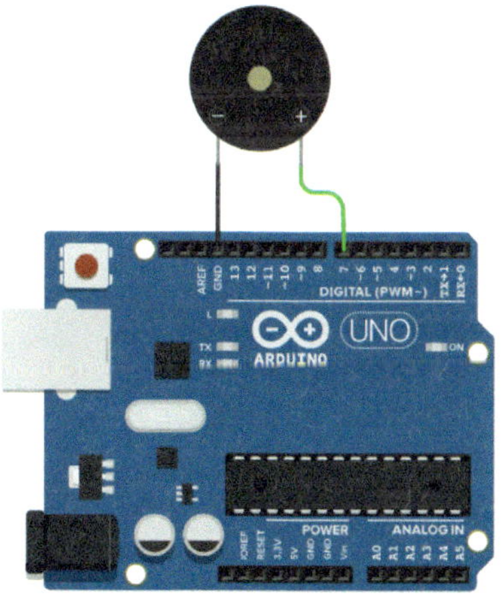


**[그림 8.6]** 피에조를 연결한 아두이노 제어 회로

## (2) 코드의 구성

틴커캐드 디자인 창에서 코드 를 선택하고, 그림 8.7과 같이 블록 과 출력을 선택하고 소리출력 블록 명령 1 초 동안 60 의 톤으로 핀 0 에서 스피커 재생 을 마우스로 드래그drag하여 명령어 창에 배치한다.

배치한 소리출력 블록 명령에서 그림 8.7과 같이 아두이노 보드의 핀 #7과 피에조에 출력할 톤 값을 입력한다.

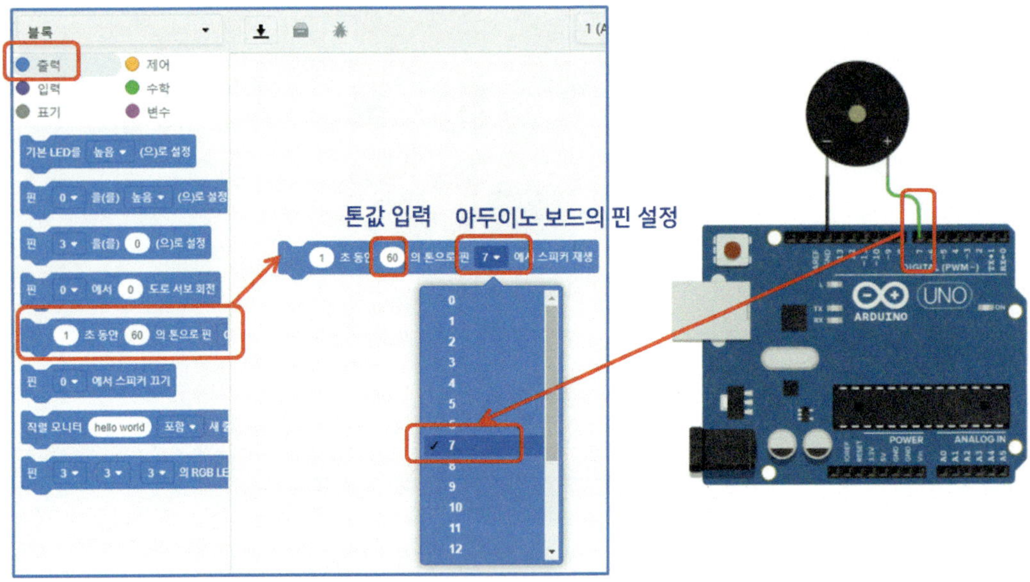


**[그림 8.7]** 피에조 출력을 위한 톤 블록 명령

아두이노의 톤 출력 블록 명령에서 그림 8.8을 참고하여, 도, 레, 미, 파, 솔, 라, 시 음에 대한 톤 값들을 입력한다.

| 12음계 | 7음계 | 4옥타브 주파수[Hz] | 톤 |
|---|---|---|---|
| C | 도 | 261.63 | 48 |
| C# | | 277.18 | 49 |
| D | 레 | 293.66 | 50 |
| D# | | 311.13 | 51 |
| E | 미 | 329.63 | 52 |
| F | 파 | 349.23 | 53 |
| F# | | 369.99 | 54 |
| G | 솔 | 392.00 | 55 |
| G# | | 416.30 | 56 |
| A | 라 | 440.00 | 57 |
| A# | | 466.16 | 58 |
| B | 시 | 493.88 | 59 |

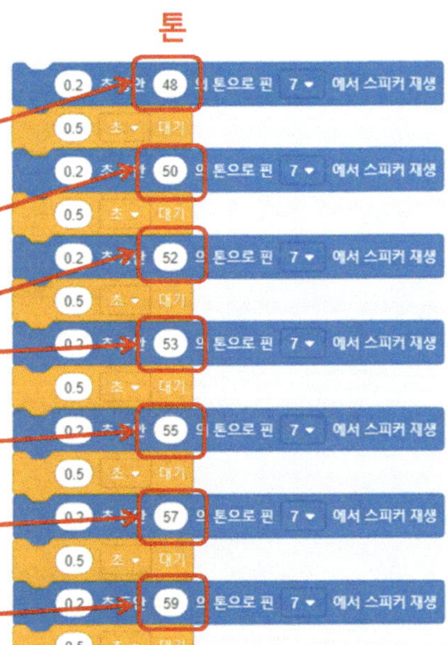


**[그림 8.8]** 도, 레, 미, 파, 솔, 라, 시 음에 대한 톤 값 입력한 코드 프로그램

또는 틴커캐드에서 3장에서 배운 반복문과 변수를 사용하여, 그림 8.9와 같이 코드를 작성하여 12음계를 발생시킬 수 있다.

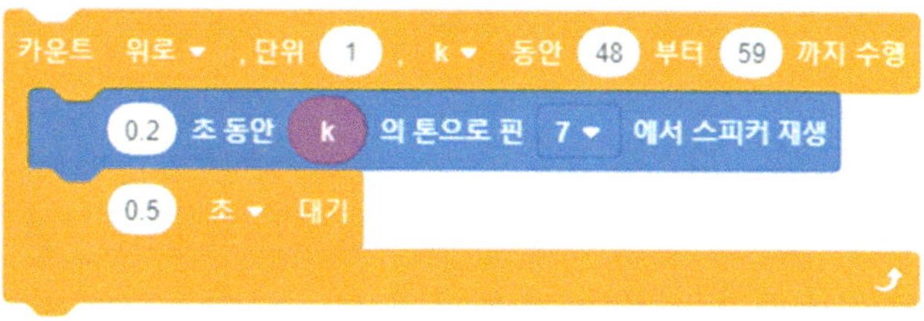


[그림 8.9] 변수와 반복문을 사용한 소리 발생

## 8.3 악보의 연주

틴커캐드 아두이노의 톤 제어 명령을 사용하면, 악보를 연주하는 것도 가능하다. 그림 8.10의 반짝반짝 작은 별이라는 동요의 한 소절을 연주해 보자.

[그림 8.10] 반짝반짝 작은 별의 첫 소절 악보

먼저, 반짝반짝 작은 별의 악보에서, 각 음의 이름을 나타내면, 도도솔솔 라라솔 파파미미 레레도가 되며, 이 음들에 해당하는 톤 값을 표현하면 그림 8.11과 같다.

[그림 8.11] 음이름과 톤 값

그림 8.11의 톤 값을 이용하여 앞에 2마디만 그림 8.12와 같이 블록 코드를 작성해 보자. 그런데, 이 코드 프로그램을 실행시키면 음이 정상적으로 연주되지 않고, 음이 뭉개져 나오는 소리가 발생한다.

**[그림 8.12]** 잘못된 톤 명령 블록 코딩

발생되는 음이 구분이 되지 않고 뭉개지는 이유는, 먼저 발생한 음과 뒤에 발생하는 음이, 뒤섞여 버리기 때문이다. 이러한 현상을 보완하기 위하여, 그림 8.13과 같이 각 톤 블록 다음에 톤에서 사용한 시간과 같은 시간 지연 블록을 추가해야 한다.

더욱 8.13에 나타낸 것처럼, 0.5초씩 소리가 발생하는 앞의 6개 음 도도솔솔 라라와 달리, 7번째 음 솔은 1초 동안 음이 발생된다. 이와 같이 음의 지속 시간을 조정하면, 1박자, 2박자 뿐만 아니라, 1/2박자, 1/4박자 등 악보상의 다양한 박자를 반영하여 좀 더 정확하게 악보의 리듬을 구현할 수 있다.

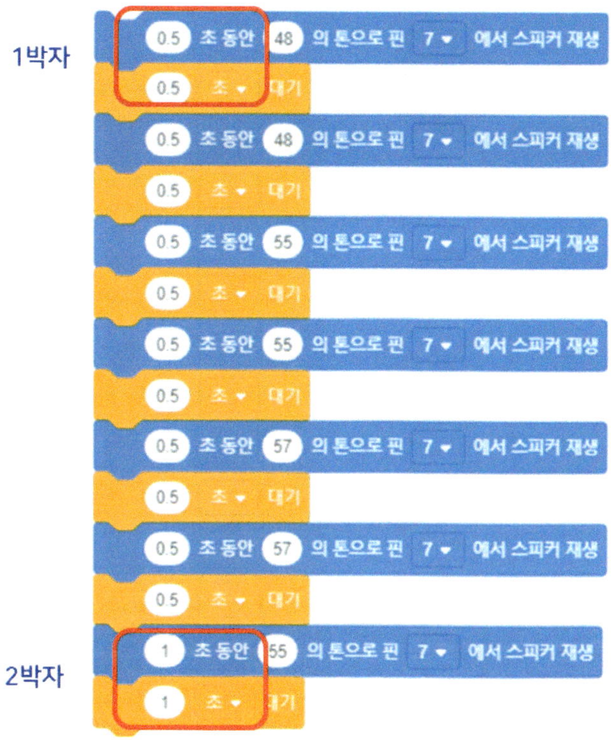


[그림 8.13] 박자를 반영한 톤 명령 블록 코딩

# 8.4 스위치로 피에조 연주하기

아두이노 보드에서 버튼 스위치와 피에조를 함께 사용하면, 악기처럼 음을 연주해 보자.

## (1) 회로의 구성

아두이노에 연결된, 네 개의 스위치로, 지정된 음을 피에조에서 연주하는 방법을 살펴보자. 아두이노 UNO에 디지털 핀 #2~#5번까지, 양극제어 방식으로 버튼 스위치를 연결하고, 디지털 핀 #7에 피에조를 연결하여 회로를 그림 8.14(a)와 같이 만든다. 그림 8.14(b)는 브레드 보드를 사용한 회로 구성도이다.

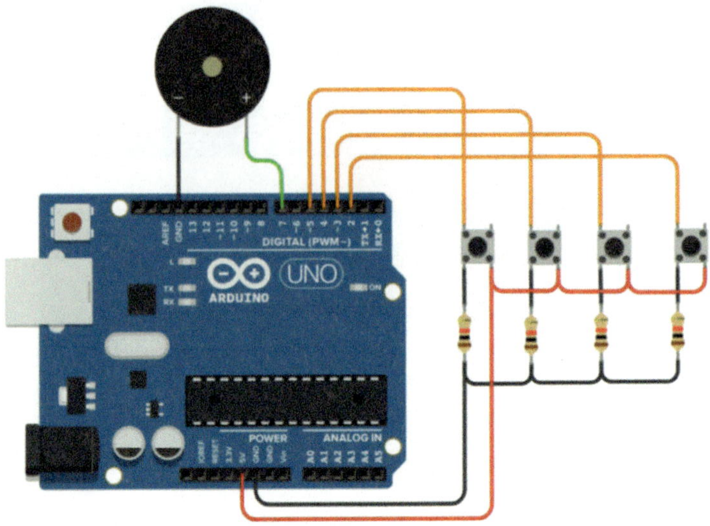

(a)

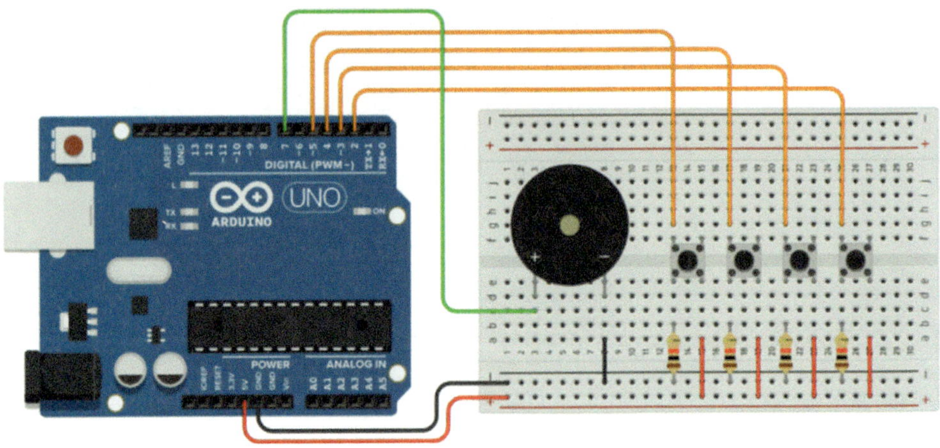

(b)

**[그림 8.14]** 스위치와 피에조 회로

### (2) 코드의 구성

디지털 핀 #5에 연결된 스위치가 눌려지면 도, 디지털 핀 #4에 연결된 스위치가 눌려지면 레, 디지털 핀 #3에 연결된 스위치가 눌려지면 미, 디지털 핀 #2에 연결된 스위치가 눌려지면 파의 음을 내도록 코드를 만들어 보자.

먼저 도레미파의 톤 구성은 그림 8.15와 같다.

| 7음계 | 4옥타브 주파수[Hz] | 톤 |
|---|---|---|
| 도 | 261.63 | **48** |
| 레 | 293.66 | **50** |
| 미 | 329.63 | **52** |
| 파 | 349.23 | **53** |

**[그림 8.15]** 도레미파의 주파수와 톤 출력

6장에서 배운 판단 블록을 사용하면 그림 8.16과 같이 블록 코딩을 간단하게 만들 수 있다.

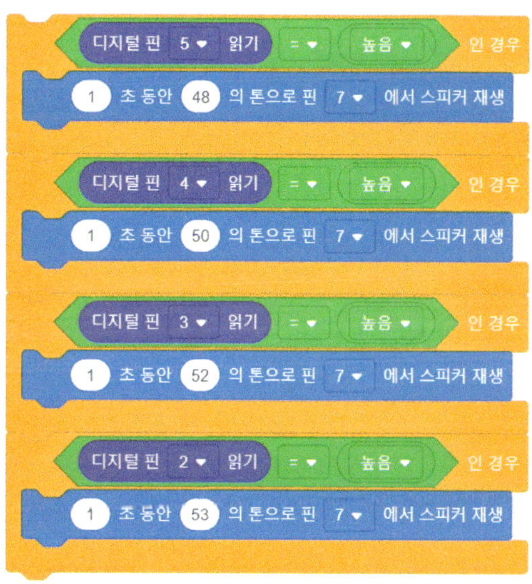


**[그림 8.16]** 스위치에 의한 도레미파의 연주기 코드

그림 8.14의 회로에 스위치를 7개 또는 12개를 구성하면, 한 옥타브의 음을 모두 연주할 수 있는 간단한 악기를 만들 수 있다.

### (3) 아두이노 C++언어 코드

아두이노 C 언어 코드에서는 소리를 발생하는 명령으로 tone( )과 noTone( )함수사 사용된다. 그림 8.17과 같이 tone( ) 함수는 틴커캐드의 톤 출력 블록명령과 다르게 각 음의 주파수를 입력하여 제어한다.

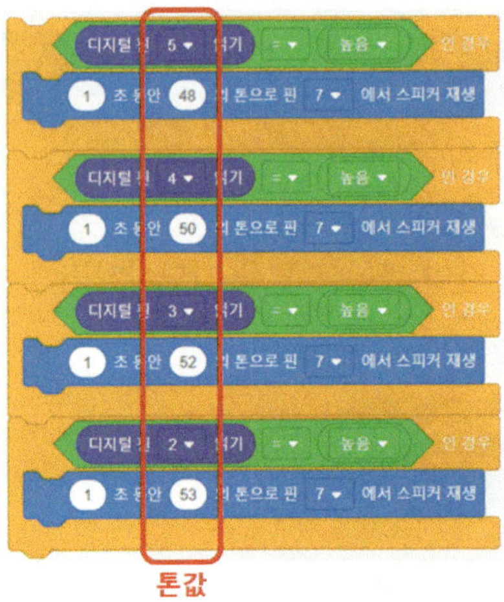


```
// C++ code
void setup( ) {
  pinMode(7, OUTPUT);
  pinMode(2, INPUT);
  pinMode(3, INPUT);
  pinMode(4, INPUT);
  pinMode(5, INPUT);
}

void loop( ) {
  if (digitalRead(5) == HIGH) {
    tone(7, 262, 1000);
  }
  if (digitalRead(4) == HIGH) {
    tone(7, 294, 1000);
  }
  if (digitalRead(3) == HIGH) {
    tone(7, 330, 1000);
  }
  if (digitalRead(2) == HIGH) {
    tone(7, 349, 1000);
  }
}
```

주파수

**[그림 8.17]** 틴커캐드 블록 코딩과 아두이노 C++언어 코딩

CHAPTER 09

# 문자 LCD 제어

앞에서 LED 소자를 이용한 디스플레이 소자를 주로 살펴보았다. RGB LED, NeoPixel, 7-세그먼트, 도트 매트릭스 등은 모두 LED를 베이스로 한 디스플레이 소자들이다. LED 1개 또는 여러 개의 LED 또는 LED 스트립 또는 Dot matrix와 같은 형태로 구성된 것이다.
이 장에서는 LED가 아닌 LCD를 기반으로 한 디스플레이에 대해서 설명하도록 한다. LCD는 액정 표시장치Liquid Crystal Display의 영문 약자이며, LED와 같이 하나의 반도체 소자로 된 것이 아니라 액정Liquid Crystal에 전기 신호를 주어 글자가 나타나게 하는 전자회로가 내장된 전자장치 모듈로 최근 다양한 전자장치에 문자 LCD나 그래픽 LCD가 적용된 것을 볼 수 있다.
이 장에서는 액정에 정해진 형태의 문자를 나타낼 수 있는 장치로 가장 일반적으로 많이 사용되는 문자 LCDCharacter LCD를 사용해본다.

## 9.1 LCD의 기본 구조

그림 9.1에 여러 가지 형태의 문자 LCD를 나타 내었다. 문자 LCD는 정해진 문자를 표시하기 때문에 한 줄에 문자열을 표시하고, 사용 목적에 따라 1줄 또는 여러 줄로 구성되어 장치를 사용할 수 있다.

우리는 가장 일반적으로 사용되는 한 줄에 16개의 문자씩 2줄을 표시하는 LCD를 사용한다.

**[그림 9.1]** 다양한 문자 LCD 장치 모듈

16×2 문자 LCD의 외형은 그림 9.2와 같이 액정 부분에 1개의 문자를 표현할 수 있는 셀들이 있고, 윗 부분에 전원, 제어신호, 데이터 선 8개, 밝기조정 핀 등으로 구성되어 있다. 문자 LCD에 문자를 표시하는 위치는 그림 9.2(b)와 같이 좌표로 지정할 수 있다. (2,0)의 위치는 첫 번째(0번) 줄에 세 번째(2번) 칸을 의미한다.

이 문자 LCD를 제어하려면 기본적으로 전원을 연결하고, 밝기 조정을 위한 회로를 만든 후, 아두이노 UNO에 그림과 LCD를 제어하기 위한 제어선과 문자 데이터를 보내기 위한 데이터 선을 연결해야 한다.

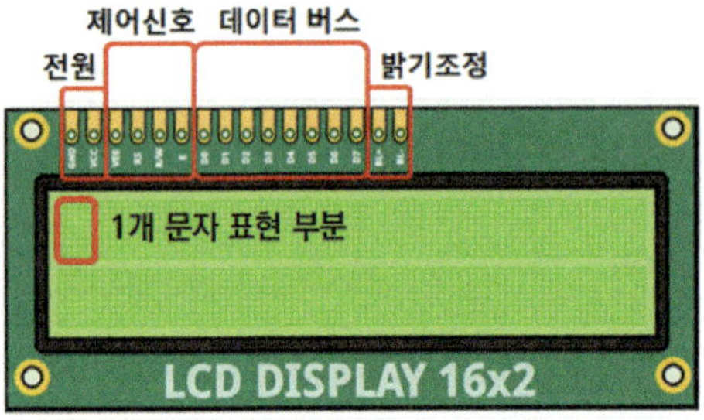


(a)

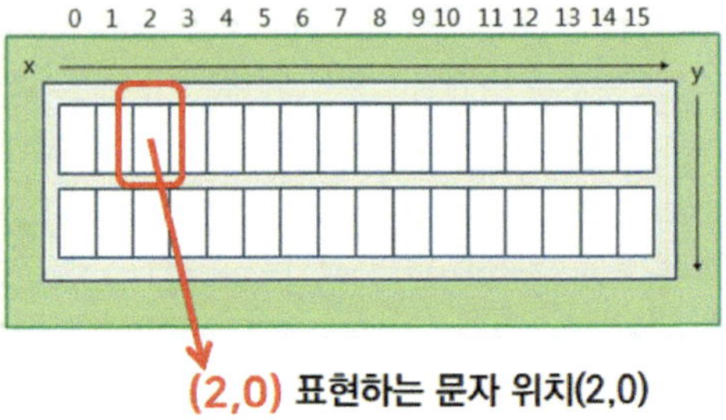


(b)

**[그림 9.2]** 16x2 Character LCD

## 9.2 표준형 문자 LCD의 활용

### (1) 문자 LCD의 회로 구성

틴커캐드로 디자인 창에서 회로를 구성하기 위하여, 그림 9.3과 같이 구성요소에서 기본을 모두로 변경 선택하고 아래 부분으로 내려가면 LCD 16×2와 LCD 16×2(I2C)가 보인다. LCD 16×2를 선택한다.

**[그림 9.3]** LCD 모듈

아두이노 UNO로 LCD 16×2 모듈을 제어하는 방법에는 4비트 인터페이스 방법과 8비트 인터페이스 방법이 있는데, LCD 모듈에 4비트 인터페이스 방법은 데이터선을 D4~D7의 4개를 사용하는 방식이고, 8비트 인터페이스 방법은 데이터 선을 D0~D7의 8개를 사용하는 방식이다. 복잡한 기능을 사용하지 않는다면 대부분의 응용에서 연결이 쉬운 4비트 인터페이스 방법을 많이 사용한다.

제어 핀의 용도는 표 9.1과 같으며, VE는 접지에 연결하여 최대 밝기모드로 사용하고, RW는 접지하여 회로를 구성한다.

**[표 9.4]** LCD의 제어핀과 기능

| LDC 제어핀 | 기능 | 동작 |
|---|---|---|
| VE | 밝기조정 | 접지 최대 밝기 |
| RS | 레지스터 선택 | "0"이면 명령, "1"이면 데이터 |
| RW | Read/Write | LCD Read/Write |
| E | LCD 사용 상태 | "1"이면 LCD 사용 가능 |

아두이노 UNO와 문자 LCD의 연결을 그림 9.4(a)와 같이 구성한다. 그림 9.4(b)는 브레드보드를 사용한 회로구성도이다.

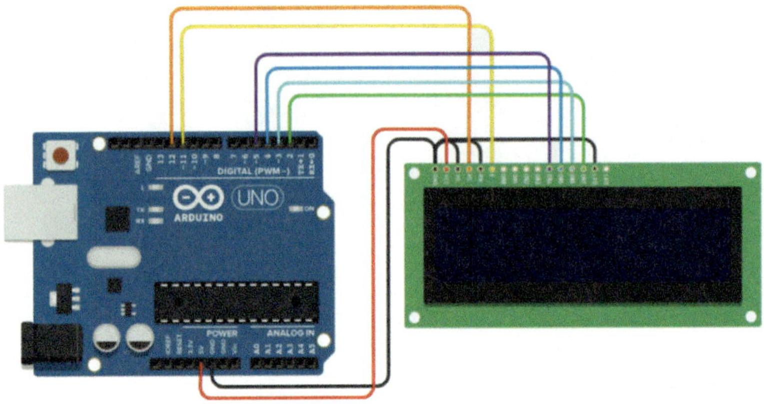

(a)

(b)

| | 전원 | | 제어 핀 | | | | 데이터 핀 | | | | | | | |
|---|---|---|---|---|---|---|---|---|---|---|---|---|---|---|
| 문자 LCD | Vss | Vcc | VE | RS | RW | E | D0 | D1 | D2 | D3 | D4 | D5 | D6 | D7 |
| UNO 핀 | GND | +5V | GND | #12 | GND | #11 | - | - | - | - | #5 | #4 | #3 | #2 |

**[그림 9.4]** UNO와 LCD 모듈 연결

LCD 모듈의 전원을 연결하고, RS는 디지털 핀 #12에 E는 디지털 핀 #11에 연결하고, LCD 모듈의 데이터 핀 D4~D7은 디지털 핀 #5~#2에 각각 연결한다.

### (2) 블록 코드 구성

틴커커드 디자인 창에서 [코드]를 선택하고, 그림 9.5와 같이 [블록 ▾]과 ● 출력을 선택하고 LCD 설정 블록 명령 [LCD 1 ▾ 유형을 I2C (MCP23008) ▾ (으)로 구성 주소 32 ▾ 사용]을 마우스로 드래그drag하여 명령어 창에 배치한다. 이 블록 명령은 LCD 모듈의 형식과 형식에 따른 설정을 결정한다.

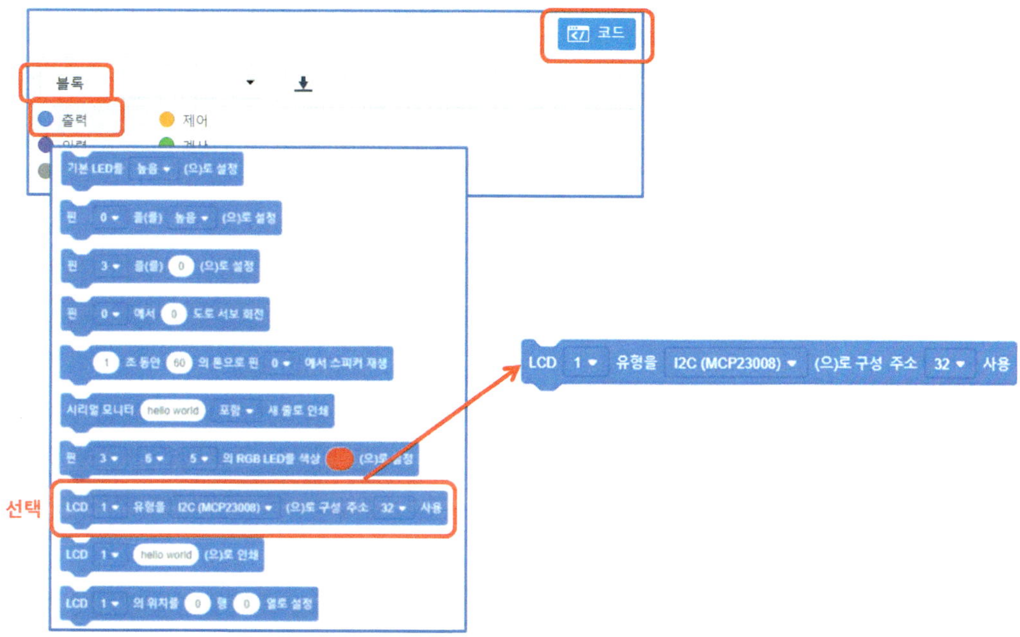


**[그림 9.5]** LCD 모듈 설정 명령

LCD 설정 블록 명령 [LCD 1 ▾ 유형을 I2C (MCP23008) ▾ (으)로 구성 주소 32 ▾ 사용]은 초기설정이 I2C 방식으로 되어 있으므로 그림 9.6과 같이 표준형 LCD로 변경하면, 앞에서 설명한 RS, E와 D4~D7의 아두이노 UNO과 연결할 핀을 설정할 수 있도록 블록명령의 형태가 변경된다.

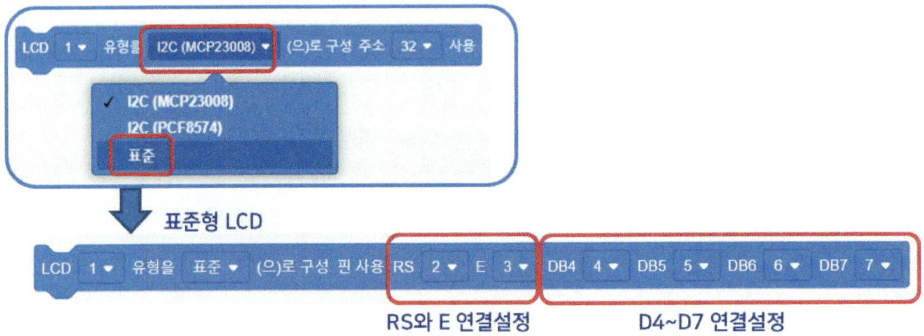


**[그림 9.6]** 표준형 LCD 모듈 선택

그림 9.4와 같이 아두이노 UNO와 연결을 위하여 그림 9.7과 같이 각 값을 변경 설정한다.

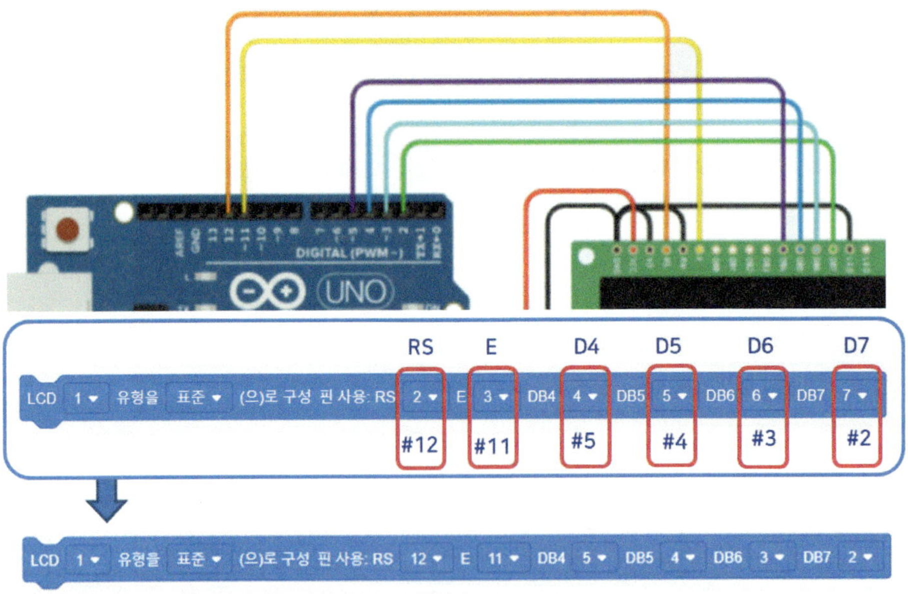


**[그림 9.7]** 표준형 LCD 모듈의 아두이노 UNO 연결 설정

틴커캐드는 문자 LCD 모듈의 출력을 제어하는 블록 명령을 그림 9.8과 같이 3가지를 제공한다.

는 LCD 모듈에 문자 출력 블록 명령으로 'hello world' 표시된 부분의 내용을 출력한다. 

는 LCD 모듈에 문자 출력한 위치를 지정하는 블록 명령이다.

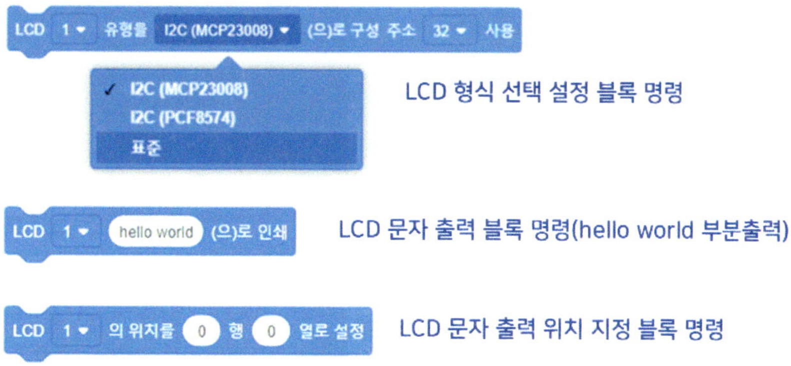


**[그림 9.8]** LCD 출력 제어 블록 명령

틴커캐드는 코드 작성 창에서 문자 LCD (0,0)의 위치에 Hello!를 출력하고, (2,1)의 위치에 Arduino World!라고 출력하기 위하여 블록 코드 프로그램을 구림 9.9와 같이 작성한다.

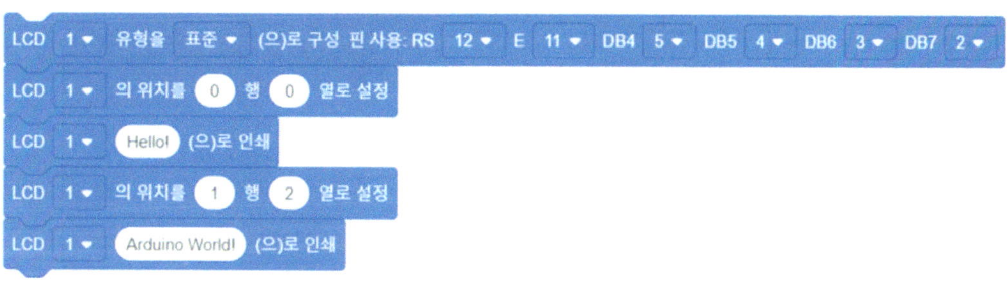


**[그림 9.9]** LCD 출력을 위한 블록 코드 프로그램

틴커캐드에서 시뮬레이션하면 그림 9.10과 같이 나타난다.

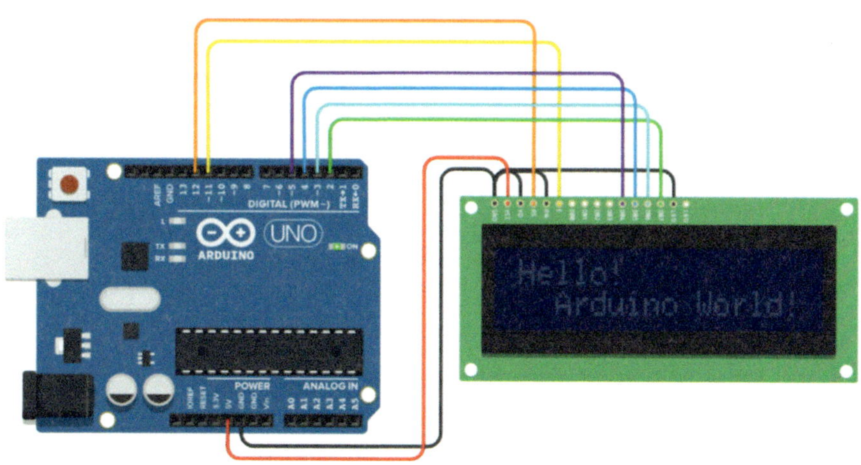


**[그림 9.10]** 시뮬레이션 결과

### (3) 블록 코드와 C++언어 코드 프로그램

틴커캐드에서 작성한 블록 코드 프로그램을 아두이노 C++언어 코드 프로그램으로 변화하면 그림 9.11과 같다.

아두이노 C++언어 코드의 가장 앞부분에 <LiquidCrystal.h> 라이브러리의 포함이 선언되어 있다.

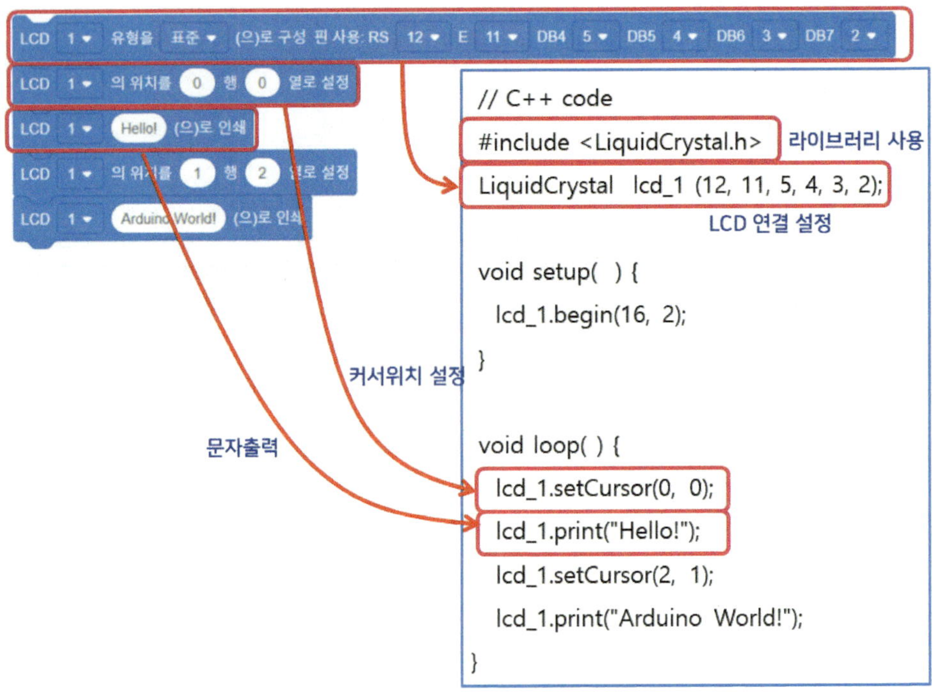


[그림 9.11] 틴커캐드 블록 코드와 아두니노 UNO C++언어 코드

## 9.3 I2C 문자 LCD의 활용

9.2절에서 사용한 표준형 문자 Character LCD는 아두이노 보드에서 사용하려면 연결해야 하는 핀이 굉장히 많다. 4비트 방식으로 사용한다 해도 데이터선 4개와 제어선 2개를 연결해야하고, 8비트 방식을 사용한다면 더 많은 신호선을 연결해야 한다.

I2C 방식의 문자 LCD 모듈을 사용하면, 편리하게 사용할 수 있다. I2C 방식은 간단하게 설명하면 클럭clock, SCL에 동기하여 직렬로 데이터SDA를 전송하는 방식으로 이루어져 있어서,

I2C 방식을 지원하는 전자부품이나 모듈들과 아두이노 보드와의 연결에서 클럭SCL과 직렬 데이터SDA만 연결하면 제어가 가능하다.

그림 9.12는 I2C 통신 모듈이 설치된 문자 LCD이다. 문자 LCD 앞부분의 16개의 제어 신호들을 I2C 통신 모듈에 연결하여 2개의 전원 핀과 SDA, SCL의 4개로 감소된 것을 알 수 있다.

**[그림 9.12]** I2C 통신 모듈이 설치된 문자 LCD

### (1) I2C 문자 LCD의 회로 구성

틴커캐드로 디자인 창에서 회로를 구성하기 위하여, 그림 9.3과 같이 구성요소에서 기본을 모두로 변경 선택하고 아래 부분으로 내려가면 LCD 16×2와 LCD 16×2(I2C)가 보인다. LCD 16×2(I2C)를 선택한다.

그림 9.13과 같이 LCD 16×2(I2C)를 틴커캐드로 디자인 창에 배치하고 선택하면, I2C LCD 유형과 I2C 통신에 사용될 주소를 지정할 수 있는 창이 나타난다.

I2C LCD 유형은 일반적으로 많이 사용되는 PCF8574기반을 선택하고 I2C 통신에 사용될 주소는 32를 선택한다.

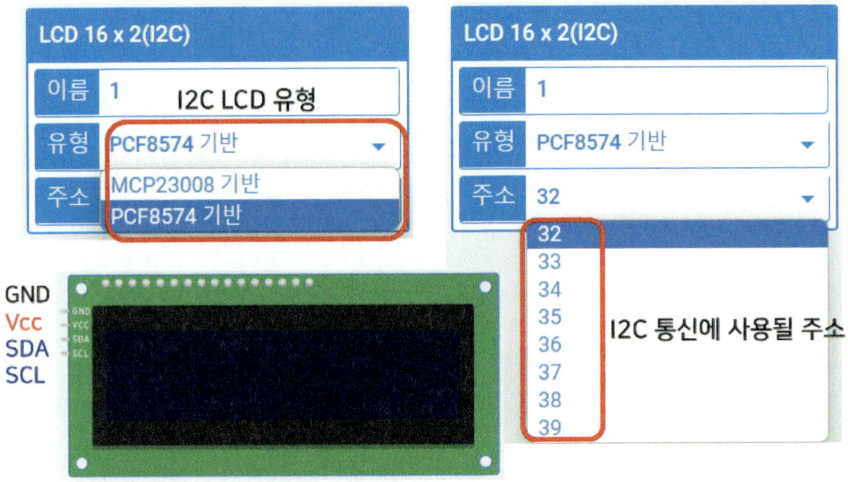


**[그림 9.13]** I2C LCD의 설정

한편, 아두이노 UNO의 SCL과 SDA 핀은 Reset 버튼 가장 오른쪽에 있는 핀들로 대부분 UNO 보드 부품면에 표시되어 있지 않고 뒷면에 표시되어 있다. 틴커캐드에서는 아두이노 UNO 보드에 마우스로 지시하면 그림 9.13과 같이 SCL과 SDA 핀의 이름이 나타난다.

**[그림 9.13]** 아두이노 UNO의 SCL과 SDA 핀

아두이노 UNO의 SCL과 SDA 핀과 I2C 문자 LCD의 SCL과 SDA 핀을 연결하여 그림 9.14와 같이 구성한다.

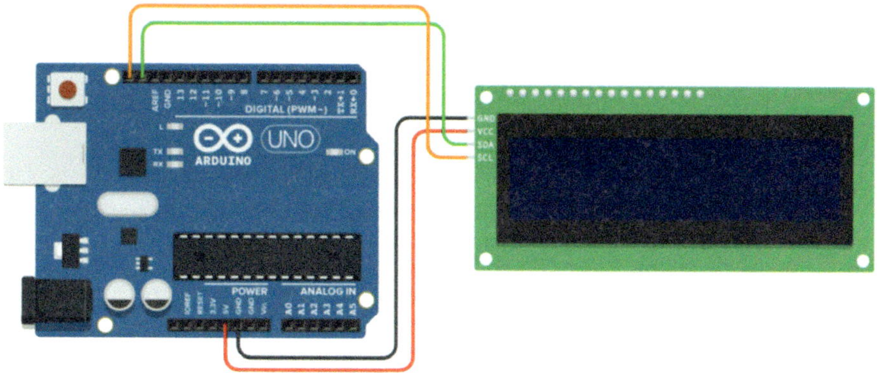

[그림 9.14] UNO와 I2C LCD 모듈 연결

### (2) 블록 코드 구성

앞의 9.2절과 같이 틴커캐드 디자인 창에서 [코드]를 선택하고, 블록과 출력을 선택하고 LCD 설정 블록 명령 [LCD 1 ▾ 유형을 I2C (MCP23008) ▾ (으)로 구성 주소 32 ▾ 사용]을 마우스로 드래그drag 하여 명령어 창에 배치한다.

그림 9.13에서 I2C 문자 LCD를 배치하면서 설정한 값과 일치되도록 LCD 설정 블록 명령 [LCD 1 ▾ 유형을 I2C (MCP23008) ▾ (으)로 구성 주소 32 ▾ 사용]을 그림 9.15와 같이 설정한다.

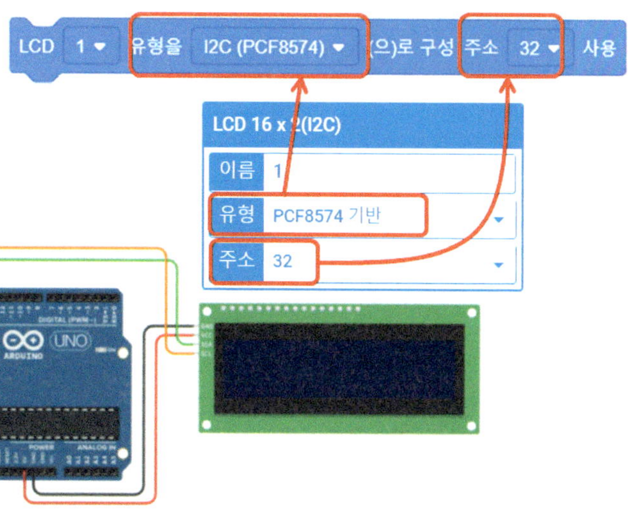


[그림 9.15] LCD 설정 블록 명령의 설정

9.2절과 동일하게 틴커캐드는 코드 작성 창에서 문자 LCD (0,0)의 위치에 Hello!를 출력하고, (2,1)의 위치에 Arduino World!라고 출력하기 위하여 블록 코드 프로그램을 구림 9.16과 같이 작성한다.

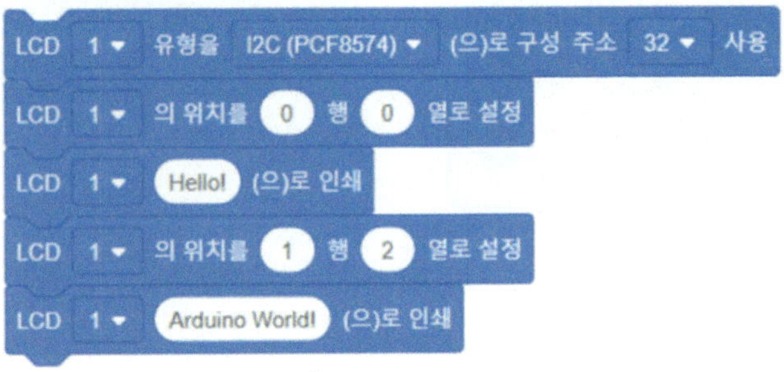


**[그림 9.16]** I2C LCD 출력을 위한 블록 코드 프로그램

틴커캐드에서 시뮬레이션하면 그림 9.17과 같이 나타난다.

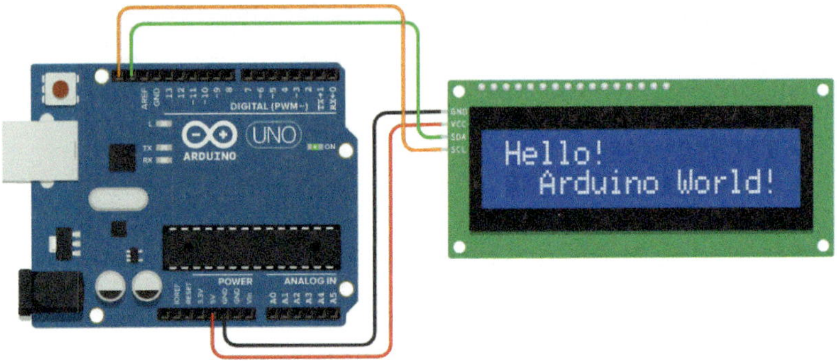


**[그림 9.17]** 시뮬레이션 결과

틴커캐드에서 LCD 출력 블록명령에는 그림 9.18과 같이 LCD에서 문자를 표시하면서 사용할 수 있는 다양한 기능들도 블록 코드로 제공한다.

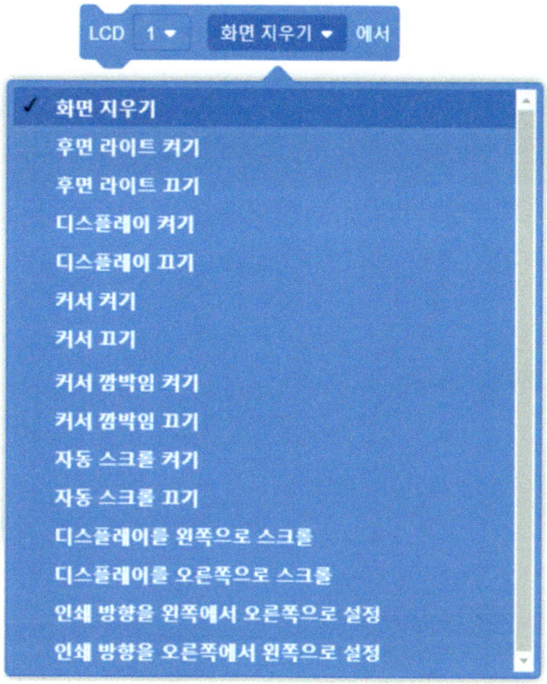


**[그림 9.18]** 시뮬레이션 결과

### (3) 블록 코드와 C++언어 코드 프로그램

틴커캐드에서 자성한 블록 코드 프로그램을 아두이노 C++언어 코드 프로그램으로 변화하면, 그림 9.19와 같다.

아두이노 C++언어 코드의 가장 앞부분에 <LiquidCrystal_I2C.h> 라이브러리의 포함이 선언되어 있다.

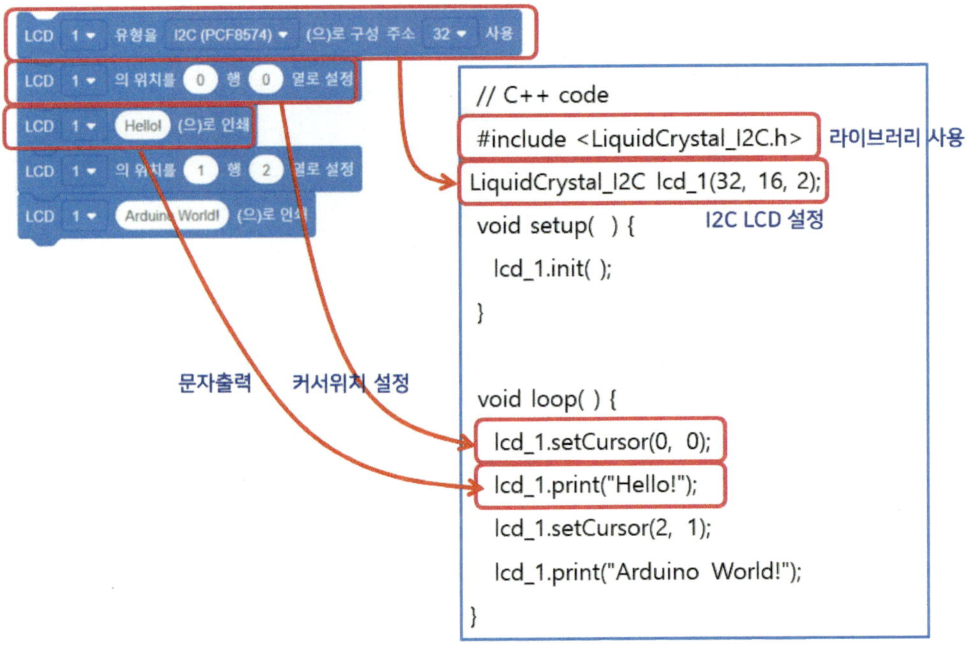


**[그림 9.19]** 틴커캐드 블록 코드와 아두이노 UNO C++언어 코드

아두이노 C++언어 코드에 사용된 〈LiquidCrystal_I2C.h〉 라이브러리는 9.2절에서 사용한 〈LiquidCrystal.h〉 라이브러리와 달리 아두이노 개발환경(IDE)에 기본으로 설치되어 있지 않다. 틴커캐드에서는 내부적으로 〈LiquidCrystal_I2C.h〉 라이브러리가 연동되어 있지만, 아두이노 보드에 실제로 회로를 구현하여 사용하려면, 아두이노 개발환경(IDE)에서 라이브러리를 검색하여 추가하여야 한다.

### (4) 〈LiquidCrystal_I2C.h〉 라이브러리 설치 방법

I2C 방식 LCD를 사용하기 위한 〈LiquidCrystal_I2C.h〉 라이브러리를 불러오기 위한 방법을 살펴보자.

아두이노 개발 환경에서 스케치를 누르고 거기에서 라이브러리 추가를 누르게 되면 그림 9.20과 같이 라이브러리 매니저가 나타난다.

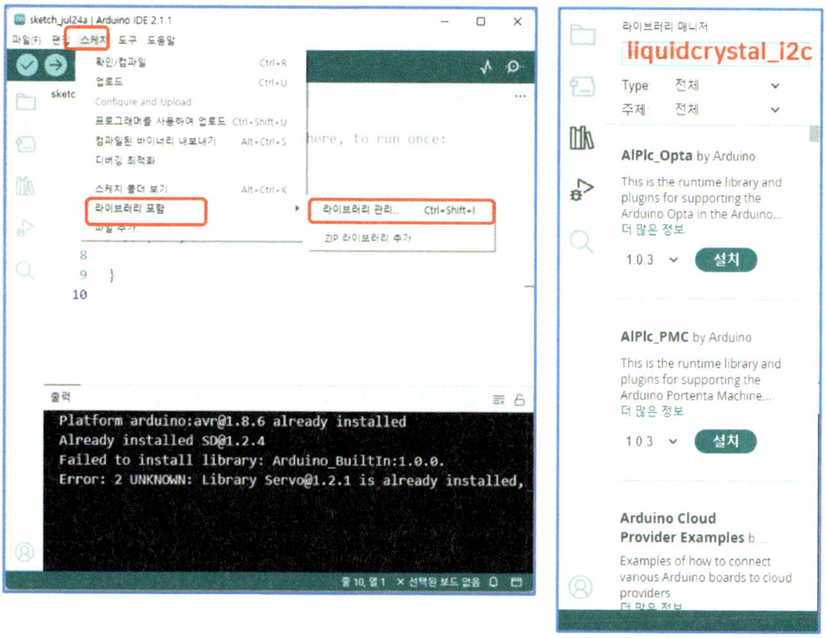


**[그림 9.20]** 아두이노 개발환경(IDE)의 라이브러리 매니저

라이브러리 매니저 부분에 'liquidcrystal_i2c'라고 입력하면, 관련된 여러 가지의 라이브러리가 나타난다. 그림 9.21과 같이 Frank de Brabander가 제공하는 LiquidCrystal I2C 라이브러리를 선택하여 설치한다.

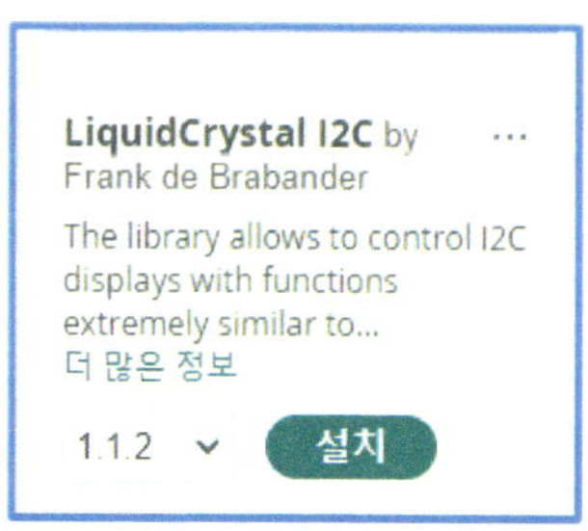


**[그림 9.21]** LiquidCrystal I2C 라이브러리 선택

또는 다음 URL 주소에서 압축파일을 다운받아 .zip 라이러리 추가로 직접 추가해도 된다.

https://www.makerguides.com/wp-content/uploads/2019/02/LiquidCrystal_I2C-master.zip

CHAPTER 10

# 센서 활용

6장에서 디지털 입력장치와 아날로그 입력 장치의 신호를 받아서 처리하는 방법을 스위치와 가변저항을 기준으로 설명하였다. 이장에서는 구체적인 디지털 센서와 아날로그 센서들을 배워보도록 하자.

## 10.1 터치 센서와 기울기Tilt 센서

6장에서 설명한 것처럼 디지털 센서는 기본 동작원리가 스위치와 동일하기 때문에 정전기를 활용한 터치 센서, 기울기 센서, PIR 센서들은 스위치를 다뤘던 코드에서 크게 다르지 않다. 터치 센서는 정전기를 이용한 스위치로 버튼 스위치와 사용법이 동일하다.

**버튼 스위치** **터치 스위치**

**[그림 10.1]** 버튼 스위치와 터치 스위치

틸트tilt 스위치라고 불리는 기울기 센서는 기울기를 감지하면 회로가 연결되어 전기를 흐르게 해주는 일종의 스위치 역할을 하는 소자이다.

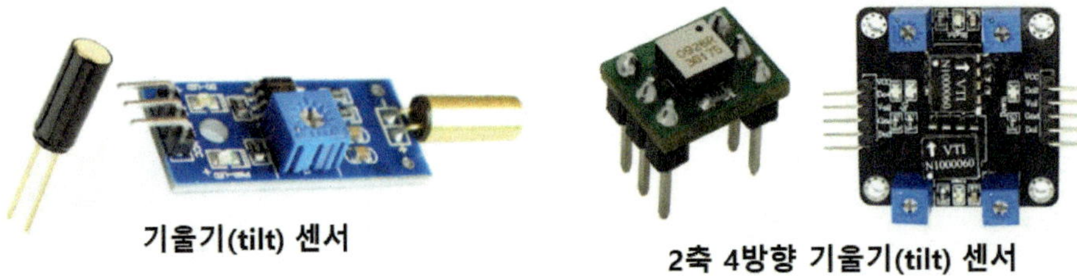


[그림 10.2] 기울기tilt 센서

기울기 센서는 기울기의 각도를 측정하는 것이 아니라 기울어졌는지 않았는지를 판별하는 센서로 물체의 평형을 유지하는데 사용된다. 대부분의 기울기 센서는 중력을 사용하여 물리적으로 전기적 신호를 개폐하는 방식이다. 2축 4방향 기울기 센서는 카메라 등과 같은 장치의 평면 상태의 평형을 유지하기 위하여 사용된다.

### (1) 기울기tilt 센서의 회로구성

틴커캐드에서 기울기 센서의 동작을 확인하기 위하여 그림 10.3과 같이 기울기 센서와 LED로 회로를 구성한다.

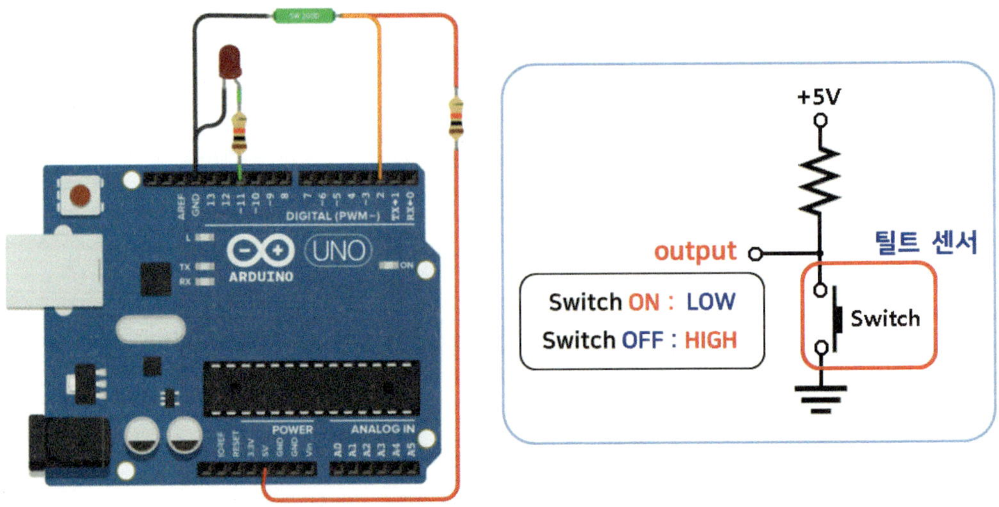


[그림 10.3] 기울기tilt 센서

그림 10.3과 같이 회로를 구성하면, 기울기 센서는 버튼 스위치를 음극 제어 방식에서 스위치가 눌리지 않았을 때 1HIGH의 정보를 출력하는 것 같이, 기울지지 않은 상태가 1HIGH의 정보를 출력한다.

### (2) 기울기 센서의 블록 코드 프로그램과 시뮬레이션

기울기 센서의 동작을 확인하기 위하여 기울어짐이 없으면 LED에 불을 켜고, 기울어진 상태가 되면 LED의 불이 꺼지도록 블록 코드 프로그램을 작성해 본다. 프로그램 구조는 6장에서 버튼 스위치의 동작을 확인하는데 사용한 것과 동일하다.

기울기 센서의 입력을 위한 변수와 판단 구조를 사용하여 그림 10.4와 같이 코딩한다.

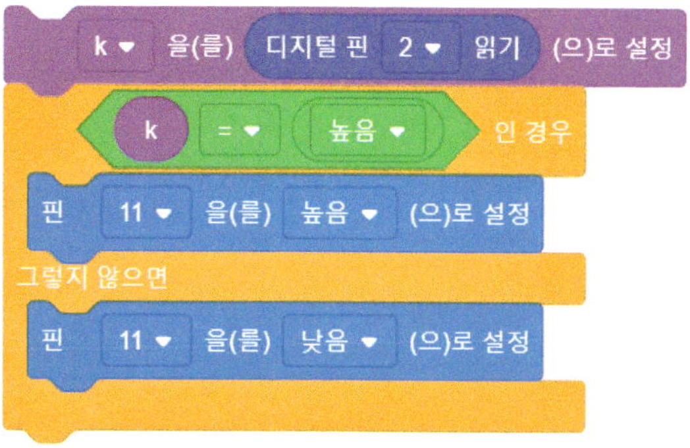


[그림 10.4] 기울기tilt 센서 구동 블록 코드

틴커캐드에서 작성한 프로그램에 대하여 시뮬레이션을 실행시키고, 마우스로 기울기 센서를 클릭하면, 그림 10.4와 같이 마우스를 사용하여 를 조정하면 기울어짐 없는 상태와 기울어짐을 선택할 수 있게 된다.

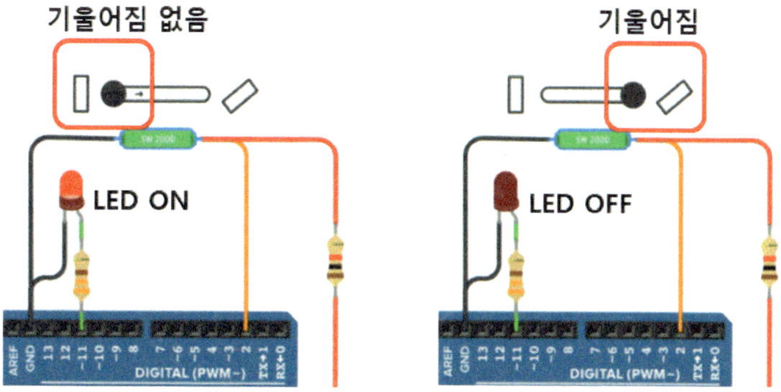


[그림 10.5] 기울기tilt 센서 시뮬레이션

## 10.2 PIR 센서

PIR 센서Passive Infrared sensor는 PID 센서Passive Infrared detector라고도 하는데, 적외선을 사용하여 물체가 방출하거나 물체에서 반사되는 적외선을 감지하는 방식으로 작동하며, 보안 감시 장비나 자동 조명등과 같은 장치에 사람 등의 움직임을 감지할 수 있다.

일반적인 IRInfrared sensor 센서는 적외선을 감지해서 열의 온도를 아날로그 현태로 측정할 수 있으나 수동이란 의미의 PPassive가 앞에 붙어 있는 PIR 센서는 사람나 동물의 체온을 감지하여, 감지된 상태에 따라 ON/OFF 정보만 제공하는 디지털 센서이다.

[그림 10.6] PIR 센서

건물의 현관이나 주방 등 야간이나 평소에는 어두운 공간에 사람을 감지해서 불을 자동으로 켜지게 하는 용도나 외부침입자를 감지하는 등에 사용할 수 있다.

### (1) PIR 센서의 회로 구성

PIR 센서는 여러 가지 타입이 있는데, 틴커캐드에서는 SE-10 형태의 센서를 사용해 볼 수 있다. SR501의 적절한 센서 측정 거리는 3~5m 정도이다.

틴커캐드에서 틸트 센서의 동작을 확인하기 위하여 그림 10.7과 같이 PIR 센서와 LED로 회로를 구성한다.

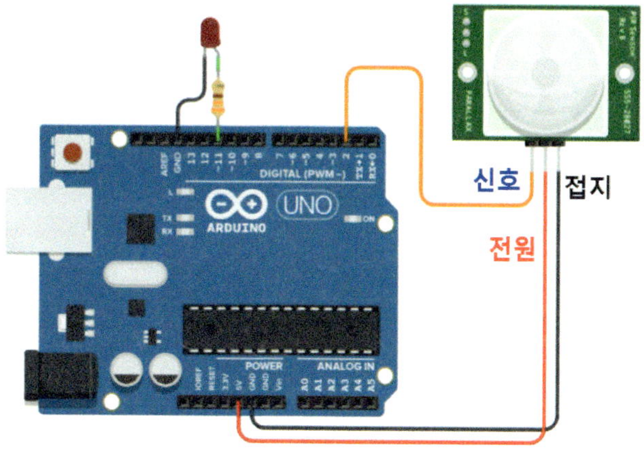


[그림 10.7] PIR 센서

그림 10.7과 같이 PIR 센서 회로를 구성하면, 앞의 기울기tilt 센서 동작처럼, 사람이나 동물의 체온이 감지되지 않으면 1HIGH의 정보를 출력한다.

### (2) PIR 센서의 블록 코드 프로그램과 시뮬레이션

PIR 센서의 동작을 확인하기 위하여 적외선에 의해 감지되면 LED에 불을 켜고, 감지되지 않으면 LED의 불이 꺼지도록 블록 코드 프로그램을 작성해 보다. 프로그램 구조는 앞의 틸트 센서에서 작성한 것과 동일하다.

PIR 센서의 입력을 위한 변수와 판단 구조를 사용하여 그림 10.4와 같이 코딩한다.

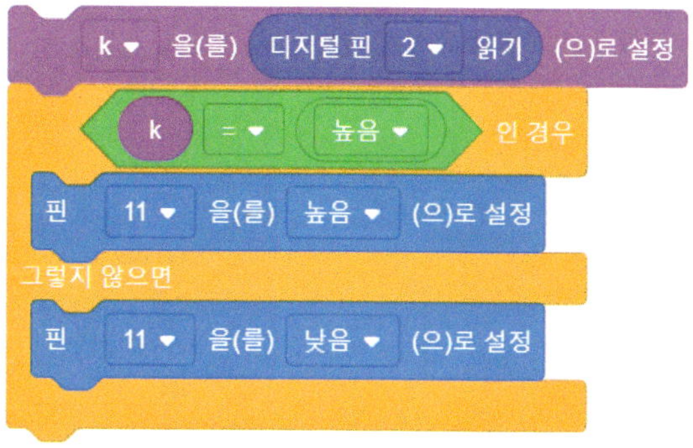


[그림 10.8] PIR 센서 구동 블록 코드

틴커캐드에서 작성한 프로그램에 대하여 시뮬레이션을 실행시키고, 마우스로 PIR 센서를 클릭하면, 그림 10.9와 같이 마우스를 사용하여 적외선 센서 감지 영역에 대하여 ●를 조정하면 감지되었는지 되지 않았는지를 확인할 수 있다.

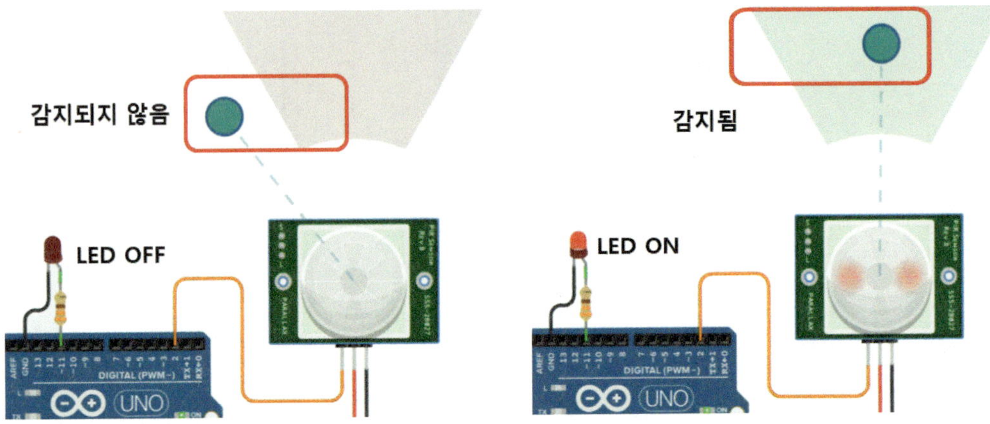


[그림 10.9] PIR 센서 시뮬레이션

### (3) 디지털 센서에서 사용된 프로그램

버튼 스위치, 터치 센서, 틸트 센서, PIR 센서의 제어에 사용된 블록 코드나 아두이노 C++언어 코드 프로그램은 모두 같다.

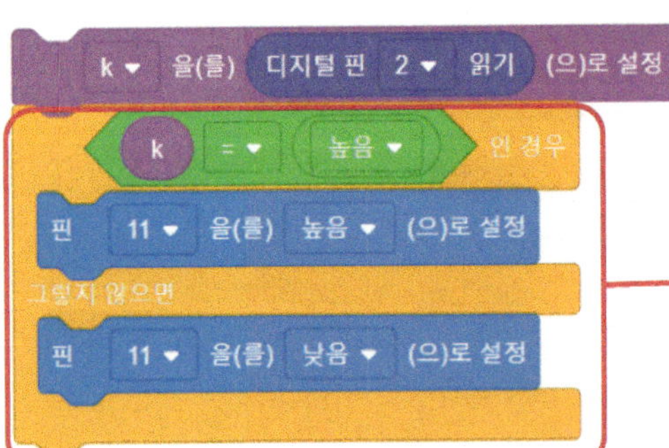


```
int k = 0;
void setup( ) {
  pinMode(2, INPUT);
  pinMode(11, OUTPUT);
}

void loop( ) {
  k = digitalRead(2);
  if ( k == HIGH) {
    digitalWrite(11, HIGH);
  } else {
    digitalWrite(11, LOW);
  }
}
```

[그림 10.10] 블록 코드와 C++언어 코드 프로그램

## 10.3 빛 감지CdS 센서

앞의 디지털 센서들은 구성회로나 프로그램 원리가 비슷하고 구현방법이 간단했다. 하지만 가장 종류가 많고 다양한 것은 아날로그 센서이며, 아날로그 센서 가운데 대표적인 빛 센서와 온도 센서이다.

디지털 센서들이 버튼 스위치 제어 구조를 가지고 있듯이, 이들 빛 센서나 온도 센서도 6장에서 설명한 것처럼 가변 저항의 제어 회로 구성이나 프로그램이 별로 다르지 않다.

[그림 10.11] CdS 센서

빛을 감지하는 센서 가운데 일반적으로 가장 저렴하고 가장 많이 사용되는 것이 그림 10.11과 같은 CdS(황화카드늄) 센서이다. 빛의 양을 측정하는 광센서로 포토레지스터photo-resistor 형태이며, 빛에 따라 저항 값이 변하며 빛을 받으면 내부 저항 값이 감소하며 빛이 없으면 내부 저항 값이 증가하는 특성을 갖는다. 가변저항이 조절되는 원리와 같다.

### (1) CdS 센서의 회로 구성

틴커캐드에서 CdS 센서의 동작을 확인하기 위하여 그림 10.12와 같이 CdS 센서의 정보를 아날로그 입력으로 받아 들여, PWM 방식으로 LED의 밝기를 조정하는 회로를 구성한다.

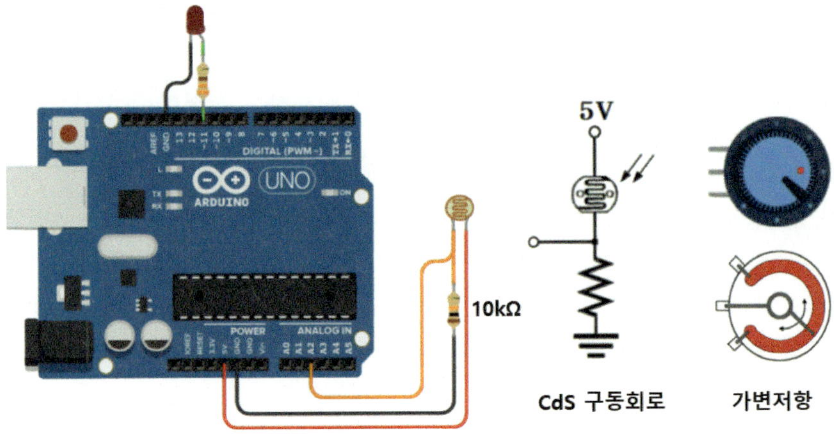


[그림 10.12] CdS 센서

CdS 센서의 구동회로는 그림 10.12처럼 가변저항으로 아날로그 입력을 받아들이는 회로를 구성과 같다. 가변저항에서 노브를 돌리면 저항 값이 변하여 +5V와 접지 사이의 전압 값이 출력되듯이 CdS 센서에 입력되는 빛의 양에 따라 +5V와 접지 사이의 전압 값이 출력된다.

CdS 센서 구동 회로의 저항이 클수록 센서의 감도 범위가 넓어지기 때문에 10kΩ의 저항을 사용한다.

### (2) CdS 센서의 블록 코드 프로그램과 시뮬레이션

그림 10.12의 CdS 센서에 의한 정보는 아날로그 입력으로 6장의 가변저항 제어에서 설명한 것처럼 0V~+5V 사이의 전압 갓이 0~1023의 숫자로 입력된다. 이것을 PWM 방식으로 LED에 나타내려면, 맵 변환을 해야 한다. 또한 LED의 밝기변화만으로는 정보의 변화를 판단하기 어렵기 때문에 시리얼 모니터에 입력된 센서 값을 표시한다.

CdS 센서 입력 값을 저장할 변수 s와 LED를 PWM으로 제어하기 위하여 맵map 명령으로 변환한 변수 pwm_s를 지정하고, 시리얼 모니터 출력 명령을 시용한다.

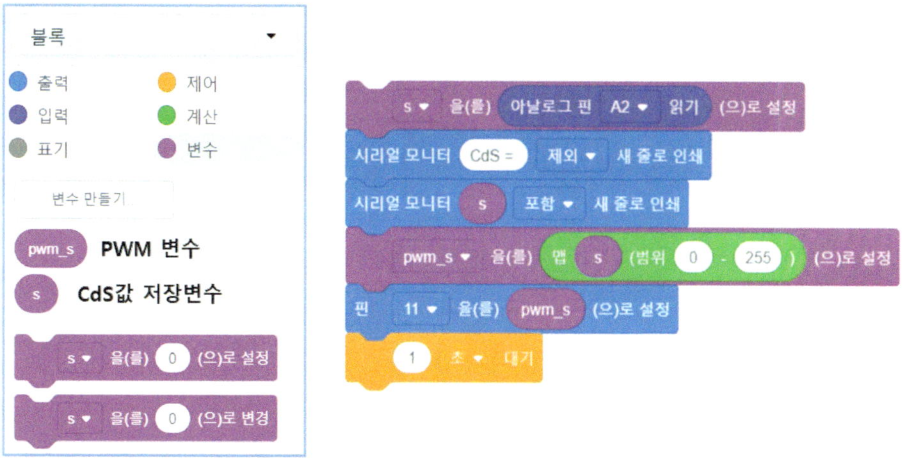


[그림 10.13] CdS 센서 구동 블록 코드

틴커캐드에서 작성한 프로그램에 대하여 시뮬레이션을 실행시키고, 마우스로 CdS 센서를 클릭하면, 그림 10.14와 같이 마우스를 사용하여 CdS 센서에 입력되는 빛의 밝기를 ●━━☼로 조정할 수 있다.

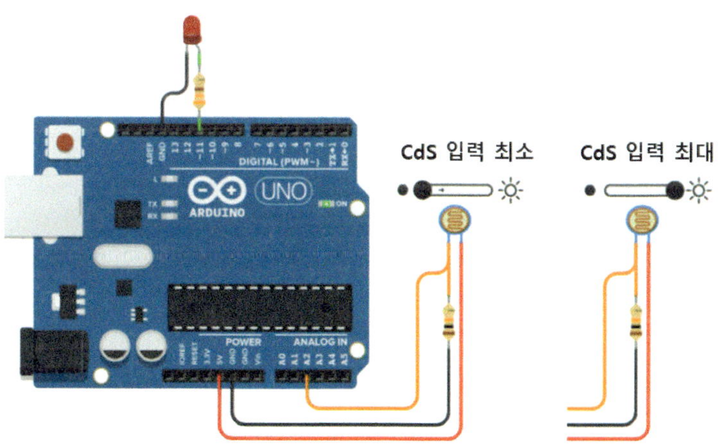


[그림 10.14] CdS 센서 시뮬레이션

LED의 밝기 변화로는 잘 구분하기 어렵지만, CdS 센서 구동 회로에 10kΩ의 저항을 사용하였을 때, 시리얼 모니터에 나타난 CdS 센서의 최소 밝기 값은 54이고, 최대 밝기 값은 974이다.

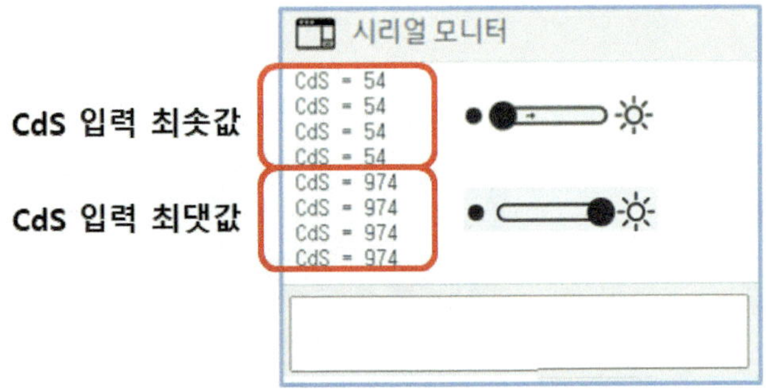


[그림 10.15] 시리얼 모니터에 나타난 CdS 센서값 변화

### (3) Cds 센서 구동에 사용된 프로그램

틴커캐드 블록 코드에 대한 아두이노 C++언어 코드 프로그램은 그림 10.16과 같다.

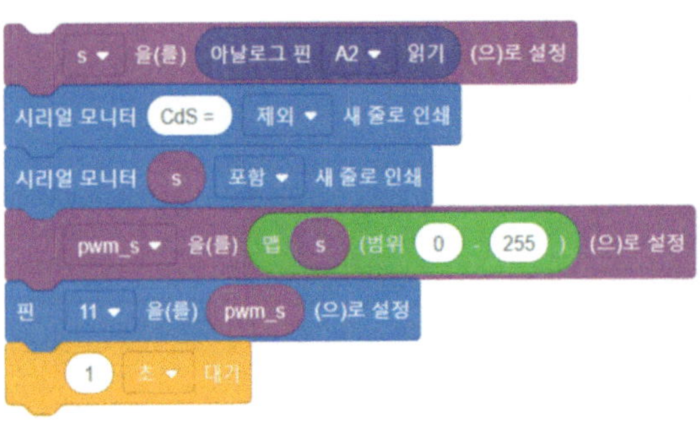


```
int s = 0;
int pwm_s = 0;
void setup( ) {
  Serial.begin(9600);
}

void loop( ) {
  s = analogRead(A2);
  Serial.print("CdS = ");
  Serial.println(s);
  pwm_s = map(s, 0, 1023, 0, 255);
  analogWrite(11, pwm_s);
  delay(1000);
}
```

[그림 10.16] 블록 코드와 C++언어 코드 프로그램

## 10.4 온도 센서

온도센서는 빛 감지 센서처럼, 입력된 온도에 따라 전도율이 변하여, 내부 저항 값이 달라지는데, 온도가 올라갈수록 전도율이 높아져 저항이 낮아지기 때문이다. 그러므로 온도센서도, 가변저항을 조절하여 얻어지는 아날로그 정보 형태가 비슷하다.

온도센서로 많이 사용되는 LM36는 1℃당 10mV의 전압을 온도에 비례하게 출력한다. 예를 들면 LM36의 측정전압이 0.25V라면, 현재 온도는 25℃이다.

[그림 10.17] 온도 센서

틴커캐드에서 제공하는 TMP36은 에어컨이나 보일러, 전기 밥솥 등 많은 곳에서 사용되어지고 있다. TMP36 온도 센서는 온도에 따른 전압의 변화량을 이용하여 온도를 측정하는 센서로 -40℃~120℃까지 측정이 가능하며 ±2% 정도의 오차를 갖는 센서이다.

온도 센서는 다른 아날로그 신호를 출력하는 가변저항이나 빛 센서와 달리 온도 값이라는 표준 값으로 표현되어야 한다.

TMP36 온도센서의 측정값은 5V 전원을 사용하는 아두이노 UNO 보드의 아날로그 입력 A0~A5를 통하여 입력된다면 다음 같은 변환식을 사용하여 온도(℃) 값으로 변환할 수 있다.

$$\text{온도}(℃) = \left(\left((\text{TMP36 측정값} - 20) \times \frac{5V}{1023}\right) - 0.4\right) \times 100$$

여기서, TMP36의 측정값에서 20을 빼주는 것과 변환 식에서 0.4를 빼주는 이유는 초깃값의 보정을 위한 것이고, 5V를 1023으로 나누는 것은 아두이노 UNO 보드의 전원이 5V이고 아날로그 입력에 의한 변환이 0~1023에서 이루어지기 때문이다. 또한 TMP36은 1℃당 10mV의 전압을 온도에 비례하게 출력되므로 100을 곱한다.

### (1) 온도 센서 TMP36의 회로 구성

틴커캐드에서 TMP36 온도센서의 동작을 확인하기 위하여 그림 10.18과 같이 온도센서의 정보를 아날로그 입력으로 받아 들여, 시리얼 모니터에 출력하는 회로를 구성한다.

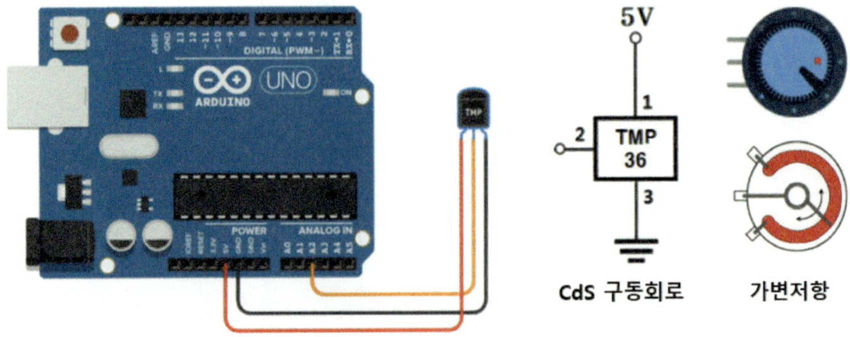


[그림 10.18] TMP36 온도센서 회로

### (2) TMP36 온도 센서의 블록 코드 프로그램과 시뮬레이션

CdS 센서 측정값을 PWM 방식으로 LED에 나타내기 위하여, 맵 변환을 한 것처럼, TMP36 온도센서 측정값을 온도(℃) 값으로 표현하기 위하여 앞의 변환식을 사용하고, 시리얼 모니터 출력 명령을 사용한다.

틴커캐드 블록 코딩에서 센서 값 s과 온도 값으로 변환하기 위한 변수를 설정하고, 다음 식과 같이 계산식을 만들어 사용한다.

$$온도(℃) = ((TMP36\ 측정값 - 20) \times 0.49) - 40$$

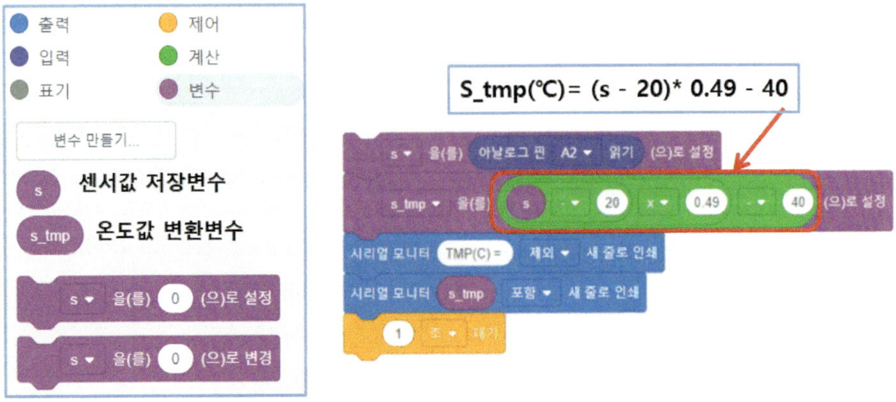


[그림 10.19] TMP36 온도센서 구동 블록 코드

틴커캐드에서 작성한 블록 코딩 프로그램에 대하여 시뮬레이션을 실행시키고, 마우스로 TMP36 온도센서를 클릭하면, 그림 10.20과 같이 마우스를 사용하여 TMP36 온도센서에 입력되는 온도의 범위를 로 조정할 수 있다.

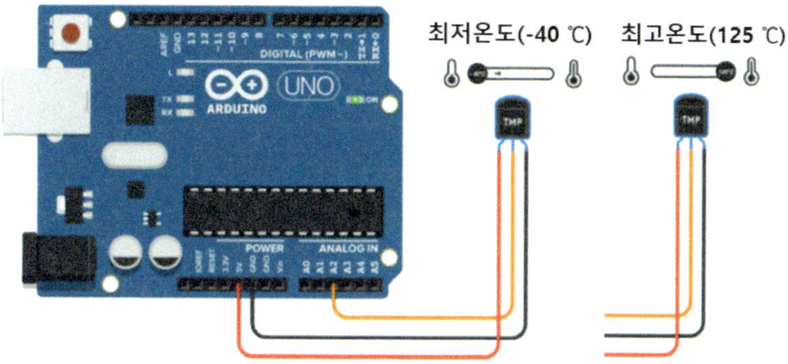


[그림 10.20] TMP36 온도센서 시뮬레이션

시리얼 모니터에 나타난 TMP36 온도센서의 최소 온도는 -40℃이고, 최대 온도는 125℃이다.

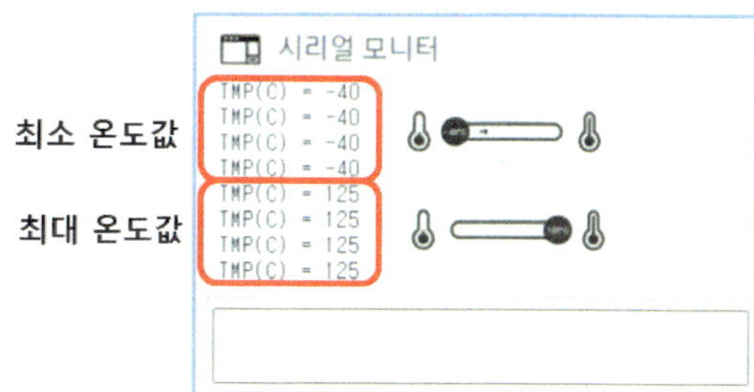


[그림 10.21] 시리얼 모니터에 나타난 TMP36 온도센서값 변화

## (3) 온도 표시 블록 명령

틴커캐드에는 그림 10.22와 같이 TMP36 온도센서를 아날로그 핀에 연결하고 온도로 표시해 주는 입력 블록 명령을 제공해 준다.

그림 10.19의 

을 사용한 블록 코딩 프로그램을 그림 10.23과 같이 

으로 변경하여 작성할 수 있다.

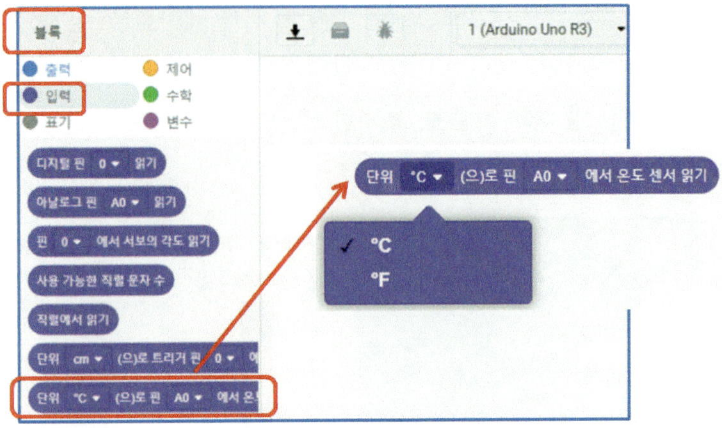


[그림 10.22] 온도표시 입력 블록 명령

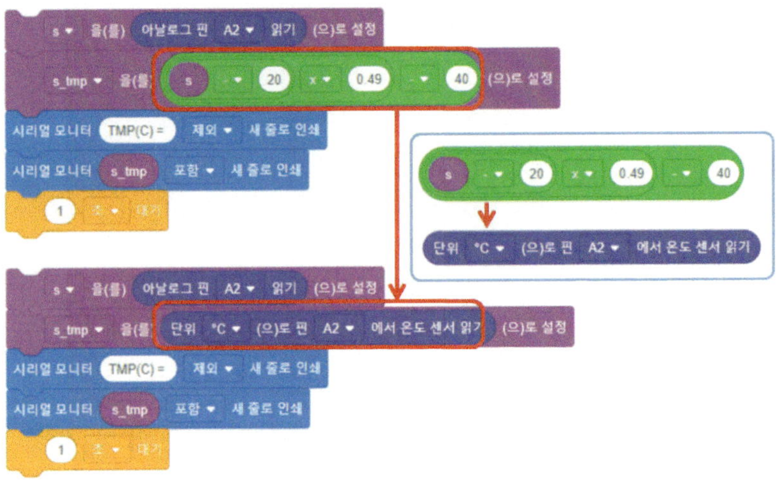


[그림 10.23] 온도표시 입력 블록 명령을 사용한 프로그램

### (3) 온도 센서 구동에 사용된 프로그램

틴커캐드 블록 코드에 대한 아두이노 C++언어 코드 프로그램은 그림 10.24와 같다.

```
int  s = 0;
int  s_tmp = 0;
void setup( ) {
  Serial.begin(9600);
}

void loop( ) {
 s = analogRead(A2);
 s_tmp = (-40 + 0.488155 * (analogRead(A2) - 20));
 Serial.print("TMP(C) = ");
 Serial.println(s_tmp);
 delay(1000);
}
```

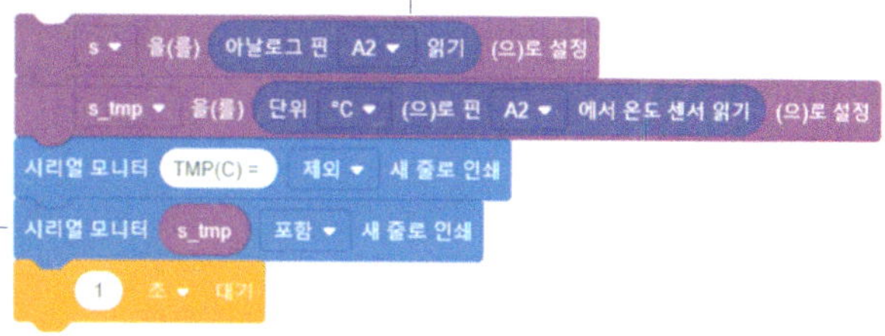


[그림 10.24] 블록 코드와 C++언어 코드 프로그램

### (4) TMP36 온도 센서와 I2C LCD 활용

TMP36 온도 센서의 측정결과를 8장에서 배운 I2C LCD에 표현하는 회로를 구성하면 그림 10.25(a)와 같다. 그림 10.24(b)는 브레드 보드를 사용한 회로 구성도이다.

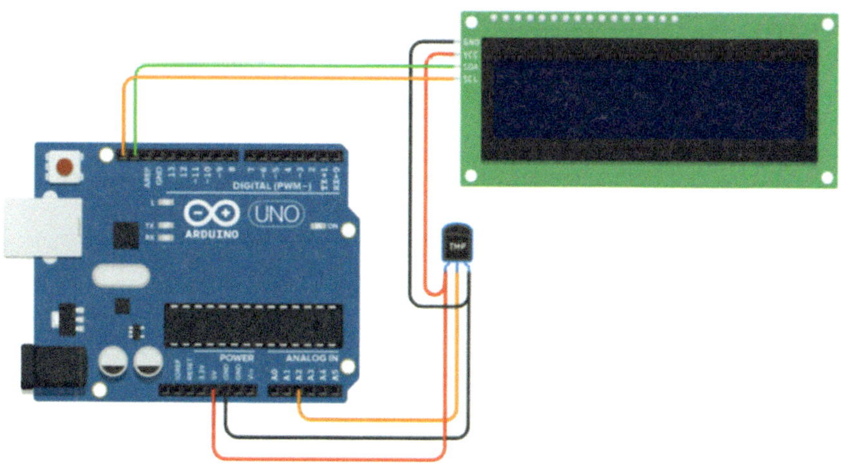

(a)

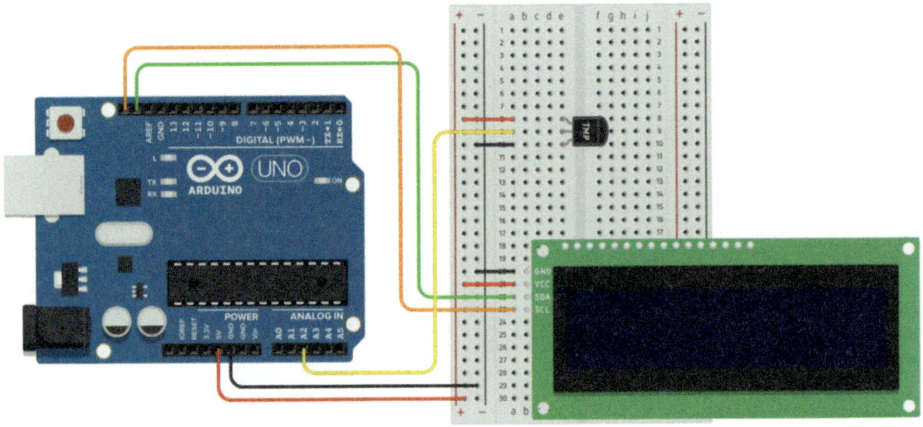


(b)

**[그림 10.25]** TMP36 온도 센서와 I2C LCD

그림 10.26과 같이 블록 코드 프로그램을 작정하여 실행시키면 그림 10.27과 같이 나타난다.

**[그림 10.26]** 블록 코드 프로그램

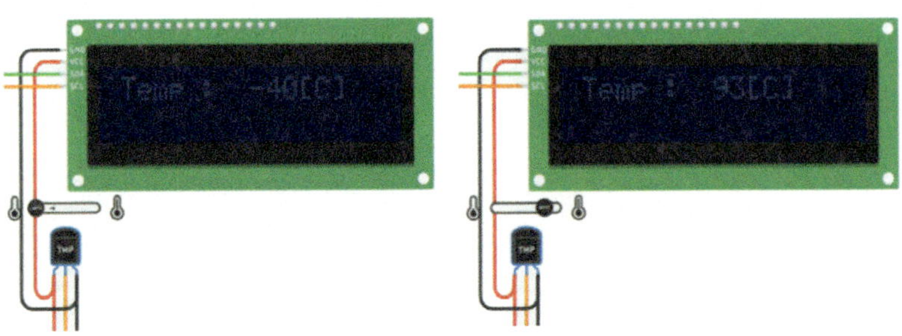


**[그림 10.27]** 시뮬레이션 결과

# 10.5 토양습도 센서

토양습도 센서는 틴커캐드에서 제공하는 센서 가운데 토양 내의 수분 함량에 따른 저항의 변화를 측정하는 센서이다. 화분과 같은 토양이 담긴 용기에 매립하여 토양의 수분량을 측정하는 센서로 수분 함량이 적어지면 저항 값이 커지고, 반대로 함량이 많아지면 저항 값이 작아지는 원리를 이용한다.

토양을 구성하는 입자의 크기 같은 다양성에 영향을 받으며, 토양 내 수분 함량이 매우 많을 때는 저항이 둔감하여 큰 오차 발생할 수 있다. 최근 수경 재배나 가정용 온실 등에 많이 활용되고 있는 센서이다.

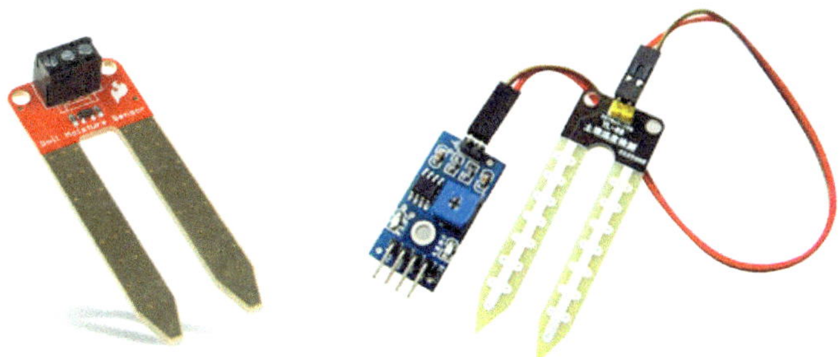

[그림 10.28] 토양 습도 센서(YL-69)

## (1) 토양 습도 센서의 회로 구성

틴커캐드에서 토양 습도 센서의 동작을 확인하기 위하여 그림 10.29와 같이 토양 습도 센서의 정보를 아날로그 입력으로 받아 들여, 시리얼 모니터에 출력하는 회로를 구성한다.

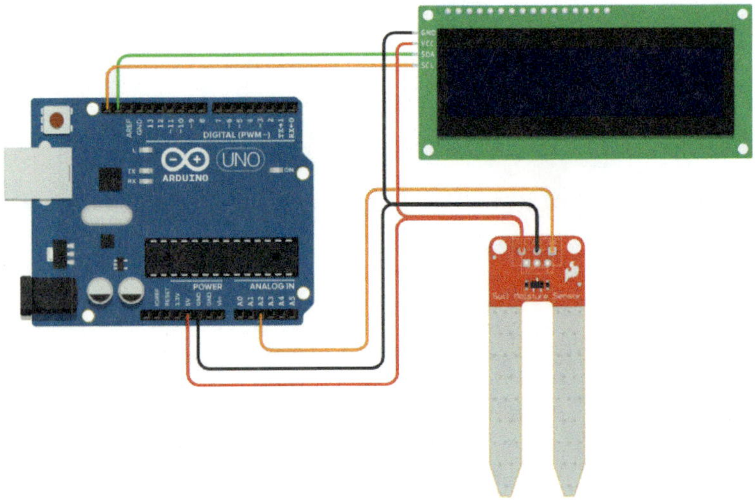


[그림 10.29] 토양 습도 센서 회로

## (2) 토양 습도 센서의 블록 코드 프로그램과 시뮬레이션

온도 센서 측정값을 온도 값으로 나타내기 위하여, 변환식을 한 것처럼, 토양 습도 센서 측정값을 백분율(%)로 표현하기 위하여, 그림 10.30과 같은 블록 코드 프로그램을 실행시키고, 마우스로 토양 습도 센서에 입력되는 습도의 범위를 로 조정하여 토양 습도 센서 측정값의 최댓값과 최솟값을 측정한다.

[그림 10.30] 최소-최대 습도 값을 측정하기 위한 블록 코드 프로그램

틴커캐드에서 작성한 블록 코딩 프로그램에 대하여 시뮬레이션을 실행시키고, 마우스로 토양 습도 센서를 클릭하면, 그림 10.31과 같이 마우스를 사용하여 토양 습도 센서에 입력되는 습도의 범위를 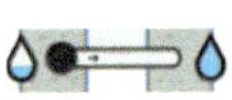로 조정할 수 있다.

CHAPTER 11

# 초음파 거리 센서 활용

6장과 7장, 10장에서 디지털 센서와 아날로그 센서들을 설명하였다. 이렇게 부품 개념의 디지털과 아날로그로 나눠지는 센서가 있는가 하면, 최근에는 디스플레이 장치 가운데  문자 LCD와 같이 모듈 제작되어 다양한 정보를 측정하기 위한 센서들도 많이 활용되고 있다.
6장에서 다룬 온도 센서와 습도센서를 하나의 모듈로 만든 온습도 센서 모듈도 있고, 미세먼지 센서, 모션 센서, 전류 센서 등이 있고, 거리를 측정할 수 있는 초음파 센서도 모듈로 되어있다.

## 11.1 초음파 거리 측정의 기본 개념

초음파 거리 센서의 원리는, 그림 11.1에 나타낸 것처럼, 초음파 펄스를 발생시켜, 물체나 장애물에 반사되어 오는 시간을 측정하여, 거리를 측정하는 방식이다.

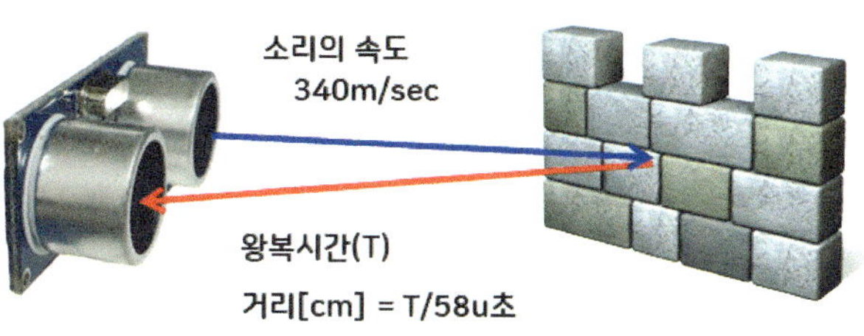


[그림 11.1] 초음파 거리 센서의 거리측정 원리

초음파 거리 센서는 약 3cm~5m 정도의 거리를 비교적 굉장히 정확하게 측정할 수 있다. 초음파 거리 센서는 크게 나눠서 아날로그 타입과 디지털 타입이 있는데, 일반적으로 사용되는 초음파 거리 센서는 디지털 타입의 Trig와 Echo 신호가 분리되어 있는 4핀 타입 모듈과 Trig와 Echo 신호 같이 사용하는 3핀 타입 모듈이 대분이다.

틴커캐드 회로는 그림 11.2와 같이 4핀 타입의 HC-SR04과 3핀 타입의 NT-TS60 모듈을 모두 제공하고 있다.

HC-SR04 모듈은 전원(Vcc, 접지)와 초음파 신호를 발생하는 Trig 핀과 반사된 신호를 수진하는 Echo으로 구성되어 있다. 반면에 NT-TS60 모듈은 전원(Vcc, 접지)와 SIG의 3핀으로 구성되어 있는데, SIG핀으로 트리거 신호펄스를 발생하고, 일정시간 후에 SIG핀으로 반사되는 에코신호를 수신하는 방식이다.

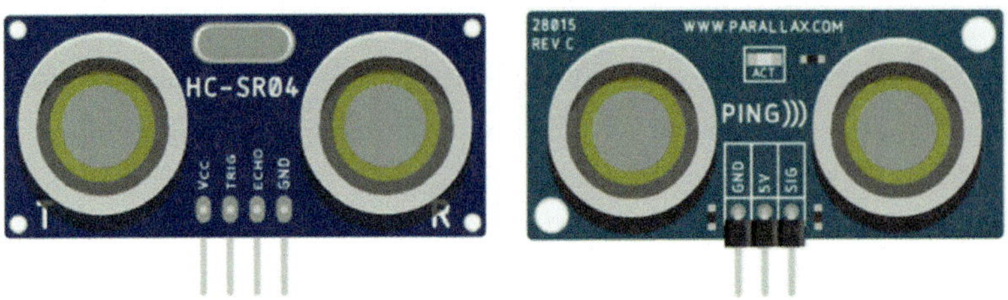


**[그림 11.2]** 초음파 거리 센서 모듈

## 11.2 초음파 거리 센서 HC-SR04를 이용한 거리 측정

초음파 거리 센서 HC-SR04를 이용하여 거리를 측정하는 회로를 구성하여 보자.

### (1) 초음파 거리 센서 HC-SR04의 회로 구성

틴커캐드로 디자인 창에서 회로를 구성하기 위하여, 그림 11.3과 같이 구성요소에서 기본을 모두로 변경 선택하고 아래 부분으로 내려가면 2개의 초음파 거리 센서가 보인다. 2번째의 4핀으로 구성된 초음파 센서를 선택한다.

[그림 11.3] 초음파 거리 센서 모듈 선택

아두이노 UNO의 디지털 핀 #8과 #7에 표 11.1과 같이 초음파 센서 HC-SR04의 Trig 핀과 Echo 핀을 각각 연결하고, UNO의 SDA와 SCL을 I2C LCD의 SDA와 SCL에 서로 연결하여 그림 11.4(a)를 구성한다. 그림 11.4(b)는 브레드 보드를 사용한 회로 구성도이다.

[표 11.1] UNO와 초음파 거리 센서와 I2C LCD 연결

| 아두이노 UNO | 부품 연결 | |
|---|---|---|
| 디지털 #8 | 초음파센서 HC-SR04 | Trig 연결 |
| 디지털 #7 | | Echo 연결 |
| SDA | I2C LCD | SDA |
| SCL | | SCL |

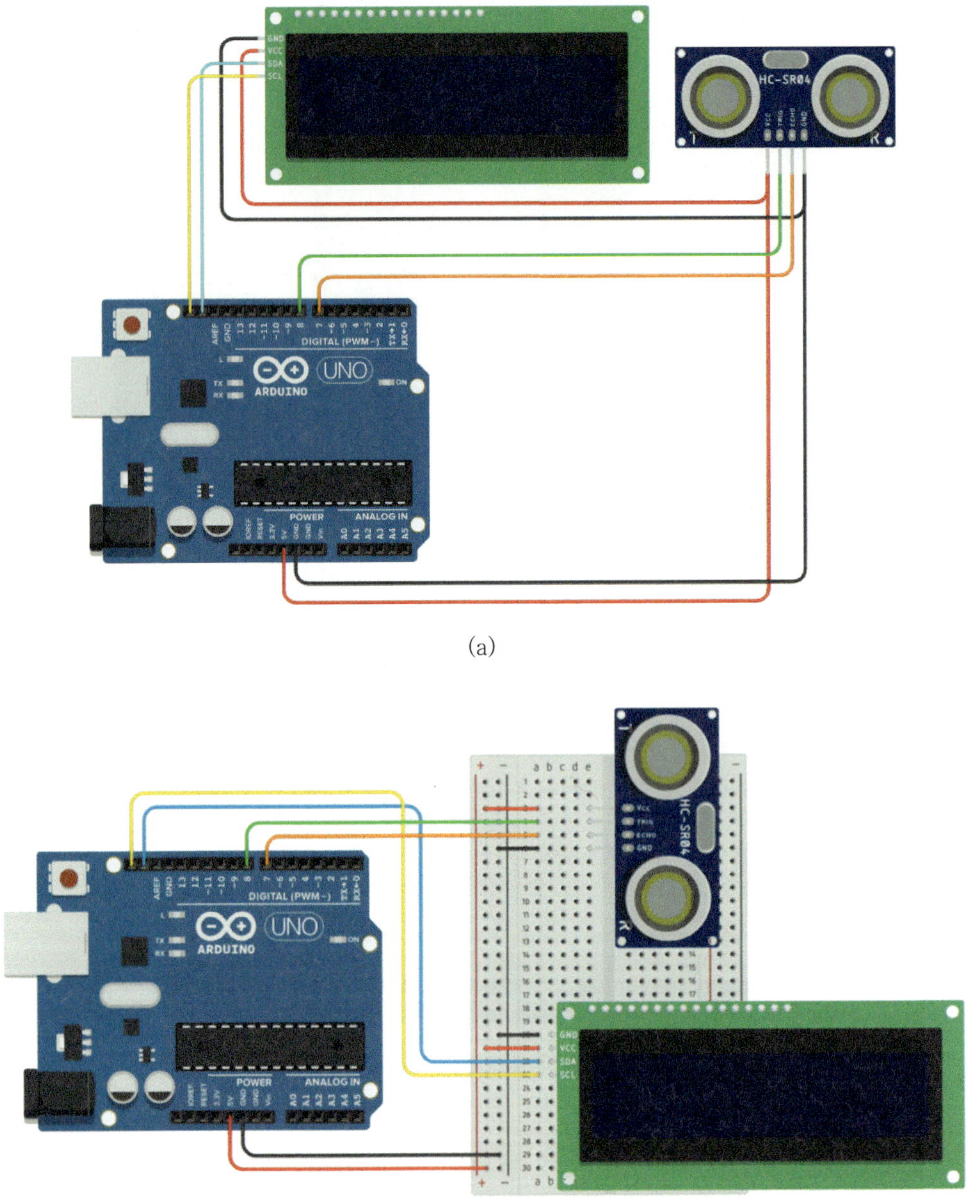


(a)

(b)

**[그림 11.4]** HC-SR04 초음파 거리 센서 모듈

## (2) 블록 코드 구성

틴커캐드 디자인 창에서 [코드]를 선택하고, 그림 8.5와 같이 [블록 ▾]과 ● 입력을 선택하고 [단위 cm ▾ (으)로 트리거 핀 0 ▾ 에코 핀 트리거와 동일 ▾ 에서 초음파 거리 센서 읽기]의 초음파 거리 센서 읽기 블록 명령을 마우스로 드래그(drag)하여 명령어 창에 배치한다.

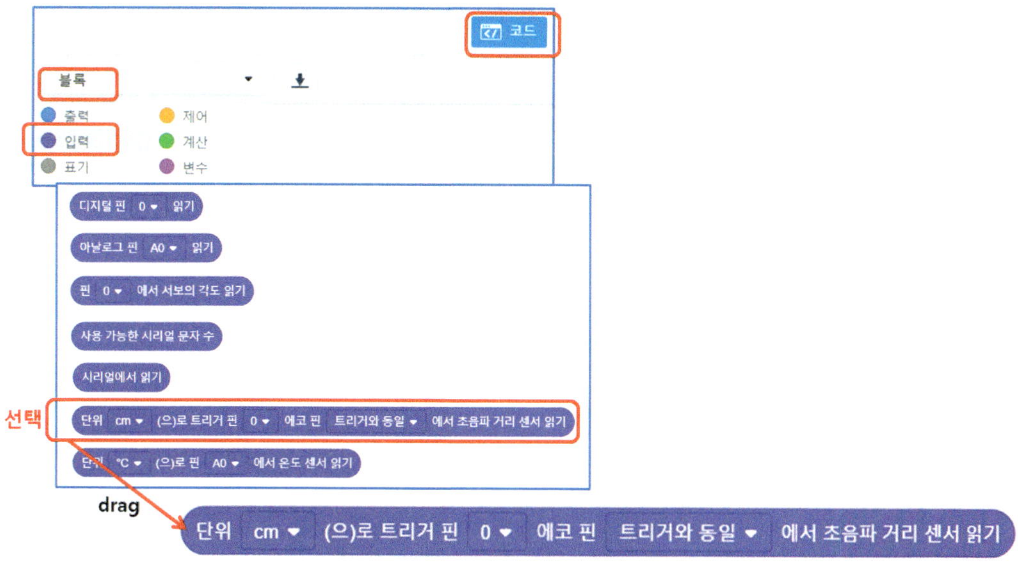


[그림 11.5] 초음파 거리 센서 읽기 블록 명령 선택

이 초음파 거리 센서 읽기 블록 명령에서 그림 11.6과 같이 아두이노 UNO에 연결된 Trig 핀과 Echo 핀을 설정한다.

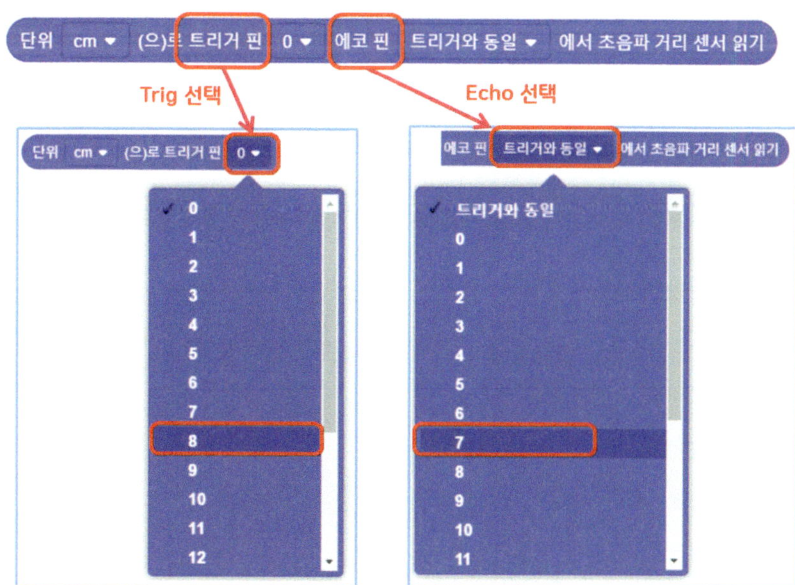


[그림 11.6] Trig 핀과 Echo 핀 설정

초음파 거리 센서 읽기 블록 명령에서 입력된 거리 정보를 저장할 변수 Ultra를 그림 11.7과 같이 설정한다.

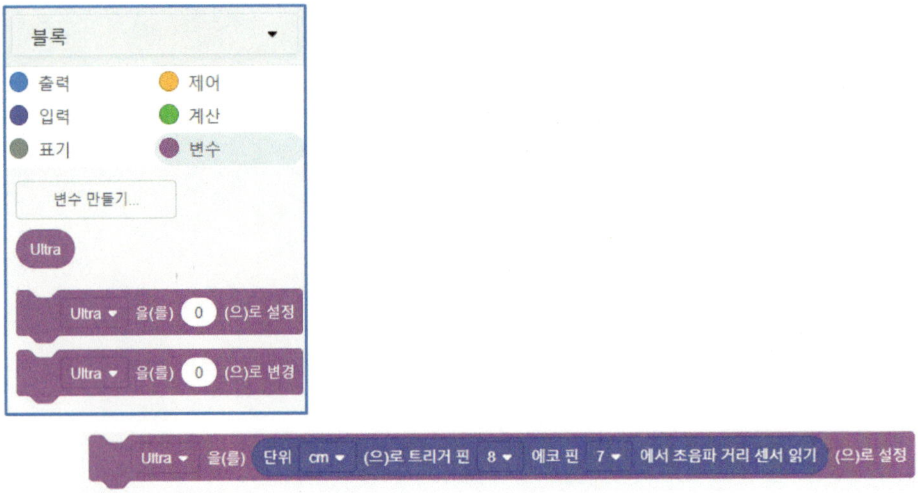


**[그림 11.7]** Ultra 변수 설정

초음파 거리 센서 읽기 블록 명령에서 입력된 거리 정보를 I2C LCD에 출력하도록 그림 11.8과 같이 블록 코드 프로그램을 작성한다.

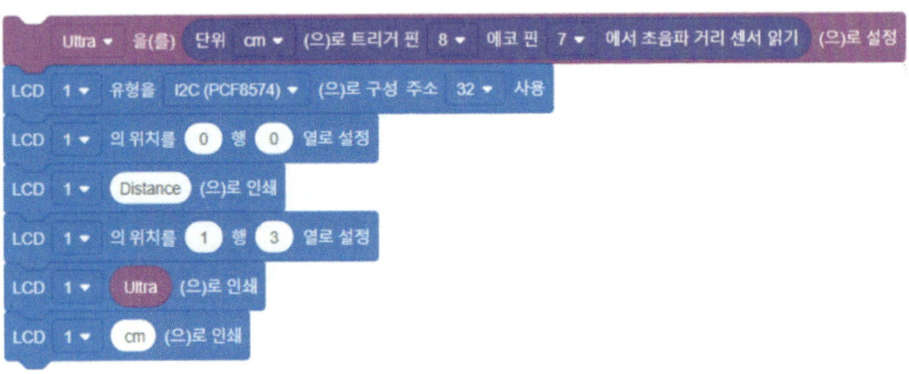


**[그림 11.8]** I2C LCD에 측정된 거리 출력

틴커캐드에서 작성한 프로그램에 대하여 시뮬레이션을 실행시키고, 마우스로 초음파 거리 센서 를 클릭하면, 그림 11.9와 같이 마우스를 사용하여 센서 감지 영역에 대하여 를 조정하면 거리를 측정할 수 있다.

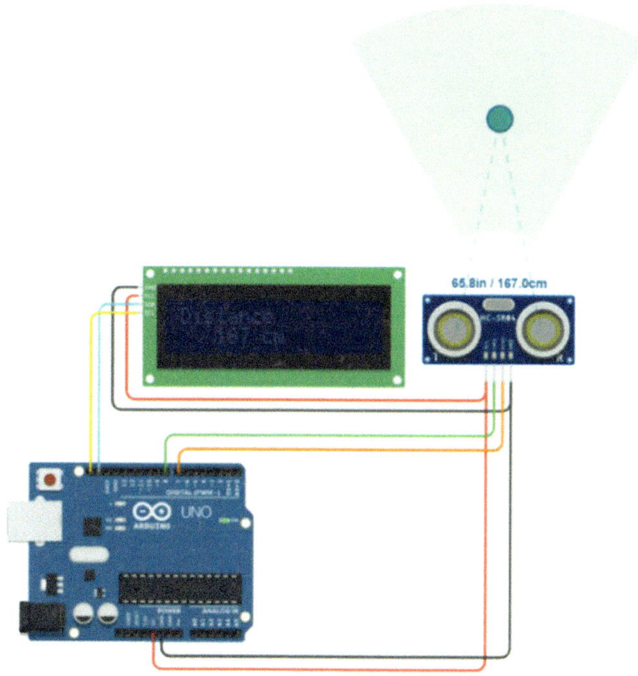


**[그림 11.9]** 거리 측정 시뮬레이션

### (3) 블록 코드에서 생성된 C++언어 프로그램

틴커캐드 블록 코드에 대한 아두이노 C++언어 코드 프로그램은 그림 11.10과 같다. 초음파 거리 센서로 거리를 측정하기 위하여 트리거 펄스를 발생시키고, 측정된 신호를 사용하여 거리를 계산하는 부분을 readUltrasonicDistance( )함수로 구성하고, Trig핀과 Echo핀을 각각 (8,7)로 메인 함수에서 호출하는 구조로 되어 있다.

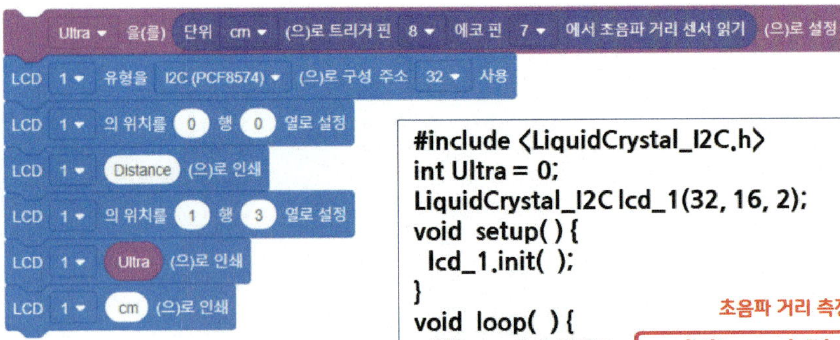


초음파 거리 측정 함수 호출

```
#include <LiquidCrystal_I2C.h>
int Ultra = 0;
LiquidCrystal_I2C lcd_1(32, 16, 2);
void setup( ) {
  lcd_1.init( );
}
void loop( ) {
  Ultra = 0.01723 * readUltrasonicDistance(8, 7);
  lcd_1.setCursor(0, 0);
  lcd_1.print("Distance");
  lcd_1.setCursor(3, 1);
  lcd_1.print(Ultra);
  lcd_1.print(" cm");
}
```

초음파 거리 측정 함수

```
long  readUltrasonicDistance(int triggerPin, int echoPin) {
   pinMode(triggerPin, OUTPUT);
   digitalWrite(triggerPin, LOW);
   delayMicroseconds(2);
   digitalWrite(triggerPin, HIGH);
   delayMicroseconds(10);
   digitalWrite(triggerPin, LOW);
   pinMode(echoPin, INPUT);
   return pulseIn(echoPin, HIGH);
}
```

[그림 11.10] 블록 코드와 C++언어 코드 프로그램

## 11.3 초음파 거리 센서 NT-TS60를 이용한 거리 측정

초음파 거리 센서 NT-TS60를 이용하여 거리를 측정하는 회로를 구성하여 보자.

### (1) 초음파 거리 센서 NT-TS60의 회로 구성

아두이노 UNO의 디지털 핀 #8에 표 11.2와 같이 초음파 거리 센서 NT-TS60의 Sig 핀을 연결하고, UNO의 SDA와 SCL을 I2C LCD의 SDA와 SCL에 서로 연결하여 그림 11.11을 구성한다.

**[표 11.2]** UNO와 초음파 센서와 I2C LCD 연결

| 아두이노 UNO | 부품 연결 | |
|---|---|---|
| 디지털 #8 | 초음파센서 NT-TS60 | Sig 연결 |
| SDA | I2C LCD | SDA |
| SCL | | SCL |

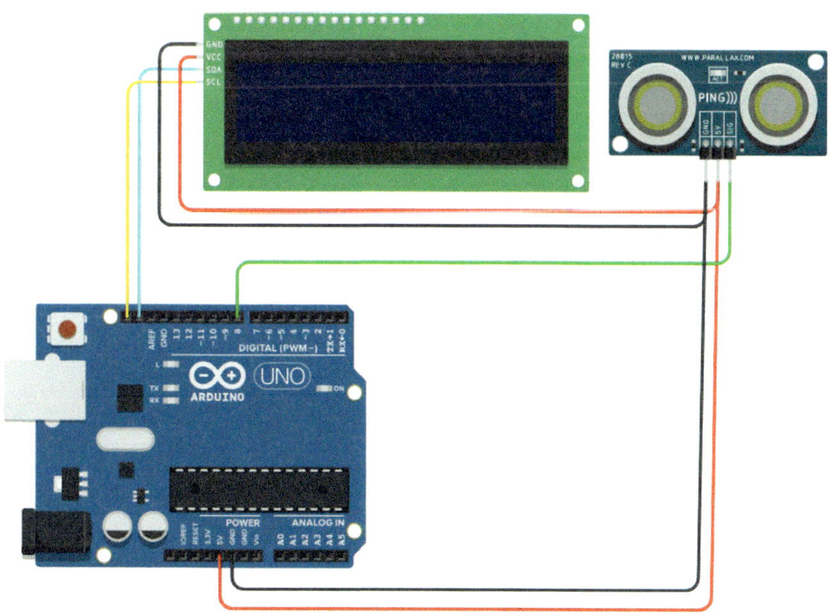


**[그림 11.11]** NT-TS60 초음파 거리 센서 모듈

### (2) 블록 코드 구성

이 초음파 거리 센서 읽기 블록 명령에서 그림 11.12와 같이 아두이노 UNO에 연결된 Trig 핀을 설정하고, Echo 핀은 트리거와 동일로 선택한다.

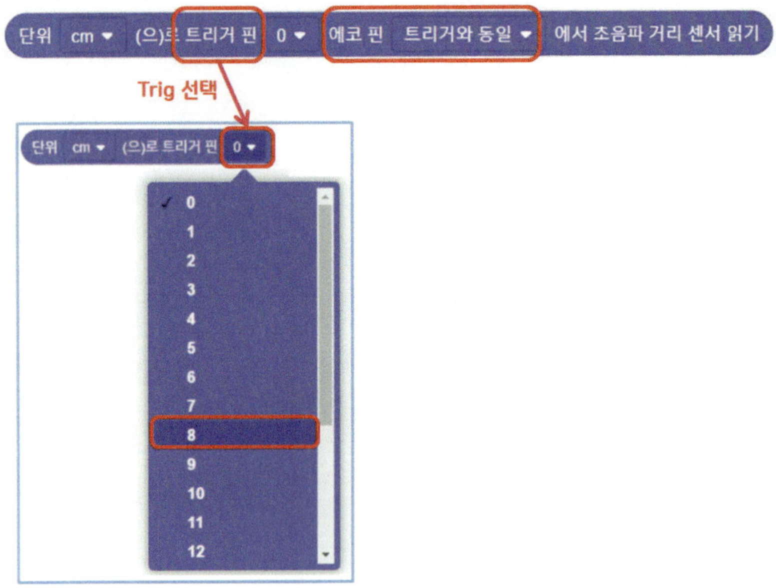


**[그림 11.12]** Trig 핀 설정

초음파 거리 센서 읽기 블록 명령에서 입력된 거리 정보를 저장할 변수 Ultra를 그림 11.13과 같이 설정한다.

**[그림 11.13]** Ultra 변수 설정

초음파 거리 센서 읽기 블록 명령에서 입력된 거리 정보를 I2C LCD에 출력하도록 그림 11.14와 같이 블록 코드 프로그램을 작성한다.

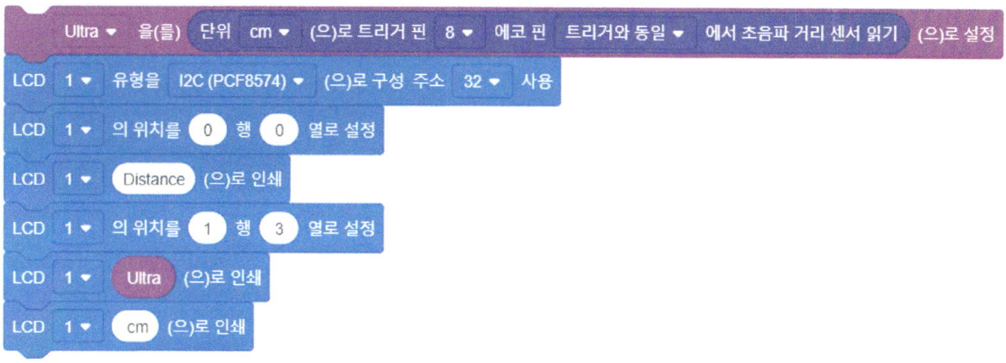


[그림 11.14] I2C LCD에 측정된 거리 출력

틴커캐드에서 작성한 프로그램에 대하여 시뮬레이션을 실행시키고, 마우스로 초음파 거리 센서 를 클릭하면, 그림 11.15와 같이 마우스를 사용하여 센서 감지 영역에 대하여 를 조정하면 거리를 측정할 수 있다.

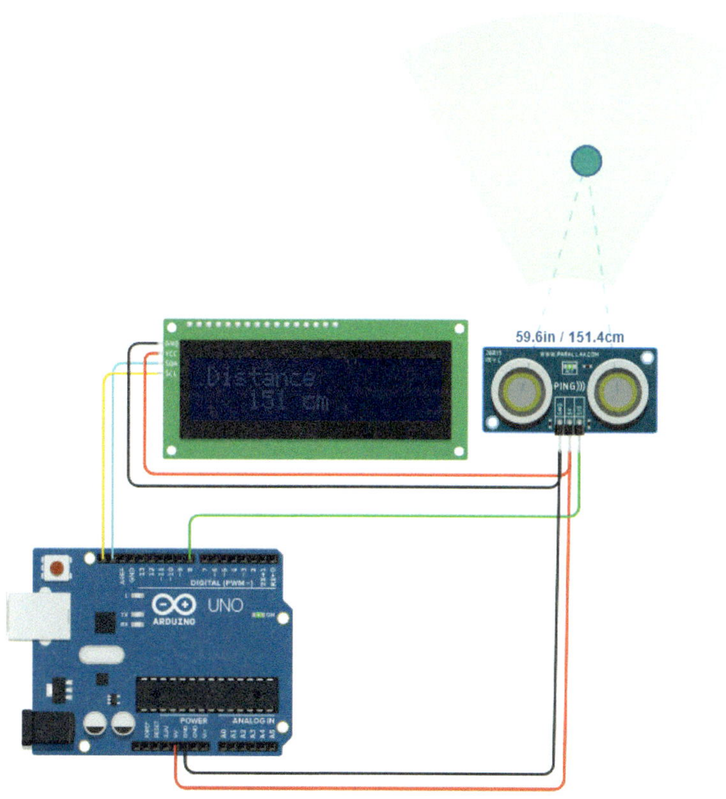


[그림 11.15] 거리 측정 시뮬레이션

### (3) 블록 코드에서 생성된 C++언어 프로그램

틴커캐드 블록 코드에 대한 아두이노 C++언어 코드 프로그램은 그림 11.16과 같다. 초음파 거리 센서로 거거리를 측정하기 위하여 트리거 펄스를 발생시키고, 측정된 신호를 사용하여 거리를 계산하는 부분을 readUltrasonicDistance( )함수로 구성하고, Trig핀과 Echo핀을 모두 (8,8)로 메인 함수에서 호출하는 구조로 되어 있다.

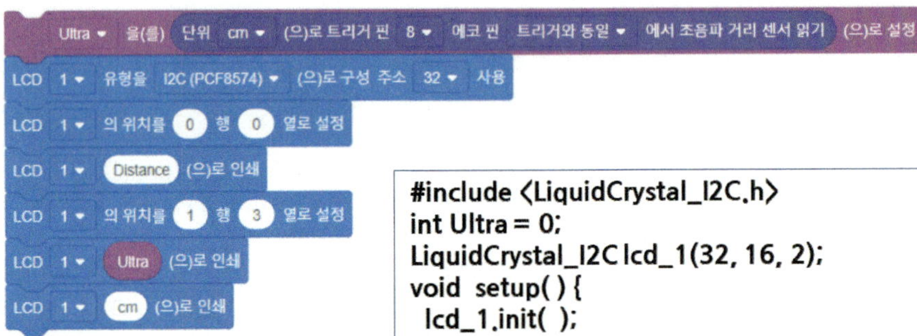


```
#include <LiquidCrystal_I2C.h>
int Ultra = 0;
LiquidCrystal_I2C lcd_1(32, 16, 2);
void setup( ) {
  lcd_1.init( );
}
void loop( ) {
  Ultra = 0.01723 * readUltrasonicDistance(8, 8);
  lcd_1.setCursor(0, 0);
  lcd_1.print("Distance");
  lcd_1.setCursor(3, 1);
  lcd_1.print(Ultra);
  lcd_1.print(" cm");
}
```

초음파 거리 측정 함수 호출

초음파 거리 측정 함수

```
long  readUltrasonicDistance(int triggerPin, int echoPin) {
  pinMode(triggerPin, OUTPUT);
  digitalWrite(triggerPin, LOW);
  delayMicroseconds(2);
  digitalWrite(triggerPin, HIGH);
  delayMicroseconds(10);
  digitalWrite(triggerPin, LOW);
  pinMode(echoPin, INPUT);
  return pulseIn(echoPin, HIGH);
}
```

[그림 11.16] 블록 코드와 C++언어 코드 프로그램

# CHAPTER 12 서보모터 활용하기

아두이노 UNO 보드로 움직이는 장치를 만들고 제어하려면 모터를 사용하여야 한다. 이 장에서는 아두이노 UNO 보드에서 서보모터servo motor, 직류모터DC motor, 릴레이를 제어할 수 있는 블록 명령의 사용방법을 학습한다.

## 12.1 DC 모터와 서보모터

일반적으로 물리적으로 움직이는 장치를 만들려면, 구동장치가 필요하다. 대표적인 것이 모터들이다. 스텝 모터와 서보 모터는 정확한 각도제어에 유리하여 각종 사무기기, 공장자동화 장치에 널리 사용되고 있다. 일반적으로 기계적인 이동량을 정밀하게 제어하는 곳에 스텝 모터가 많이 사용되고 있으며, 특히 펄스에 의해 디지털적으로 제어하는 것이 가능하므로 마이크로컨트롤러에서 사용하기에 적합한 모터이다. 서보모터는 서보제어 기능을 내장하여 속도가 빠르고 정밀한 제어와 큰 힘을 필요로 하는 로봇의 제어 등에 많이 사용 된다. 반면에 직류모터는 저렴하지만 정밀하게 제어하기 어렵고, 서보모터와 스테핑 모터는 정밀한 제어는 가능하지만 큰 힘을 내는 것이 어렵다. 직류모터는 연속적으로 회전 할 수 있어 바퀴와 같은 구동부를 만들기 편리하고, 서보 모터는 원하는 정확한 회전각도 위치로 회전시킬 수 있어 로봇 팔과 같은 장치를 만들 때에 편리하다.

틴커캐드에서는 그림 12.1과 같은 다양한 모터들을 사용해 볼 수 있다.

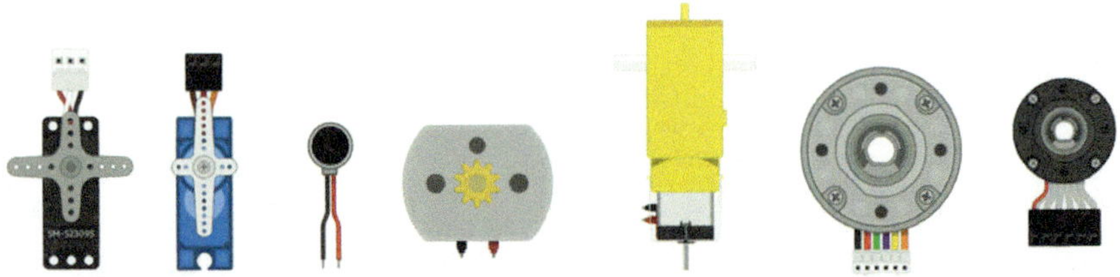


**[그림 12.1]** 틴커캐드에서 제공되는 다양한 모터

대부분의 모터는 직류모터의 원리로 만들어 지며, 직류모터에 기어나 서보장치 등이 추가되는 형태이다. 그러나 직류 모터는 별도의 구동장치를 추가해야 한다. 이장에서는 아두이노 보드에서 제어가 편리하며 틴커캐드에서 전용 블록 명령을 제공하는 서보모터를 먼저 다루어 보자.

## 12.2 서보모터 제어하기

서보모터는 현재 위치에 관계없이 설정된 위치로 이동하는 서보제어 기능이 내장된 DC모터이다. 서보모터의 동작 범위는 일반적으로 0~180°이다.

서보모터의 회전 각도는 현재 위치에 대하여 상대적으로 회전하는 것이 아니라 그림 9.1과 같이 처음 정해진 0°를 기준으로 회전한다.

서보모터 동작의 예를 사용하여 설명하여 보자. 기준각도 0°에서 90°위치로 이동시킨다면, 서보모터의 현재 위치에 관계없이 회전하여 90°위치로 이동한다. 즉 현재 위치가 0°라면 시계 방향으로 90°를 회전하고, 현재 위치가 120°라면 반시계 방향으로 회전하여 30 °위치로 이동한다.

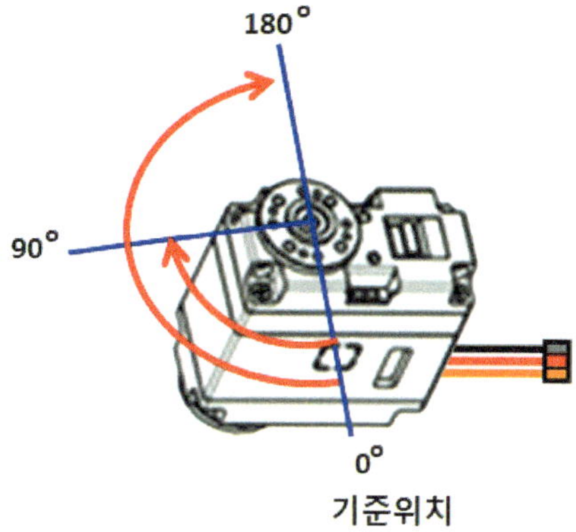


[그림 12.2] 서보모터의 회전

### (1) 아두이노 UNO 보드에 서보모터 연결하기

아두이노 UNO 보드에 서보모터를 그림 12.3과 같이 연결한다. 서보모터의 제어선은 일반적으로 전원을 공급하는 +(빨간색)와 -(검은색) 그리고 제어선(주황색)으로 되어 있다.

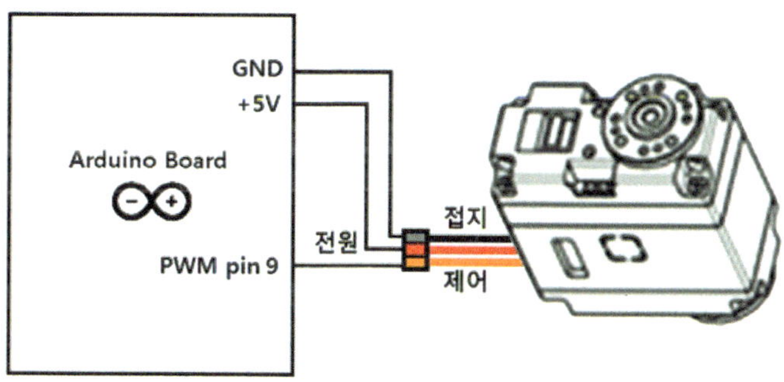


[그림 12.3] 아두이노 UNO 보드와 서보모터 연결

틴커캐드 디자인 창에서 그림 12.4와 같이 구성요소 기본에서 마이크로 서보를 선택하여 회로를 구성할 수 있다.

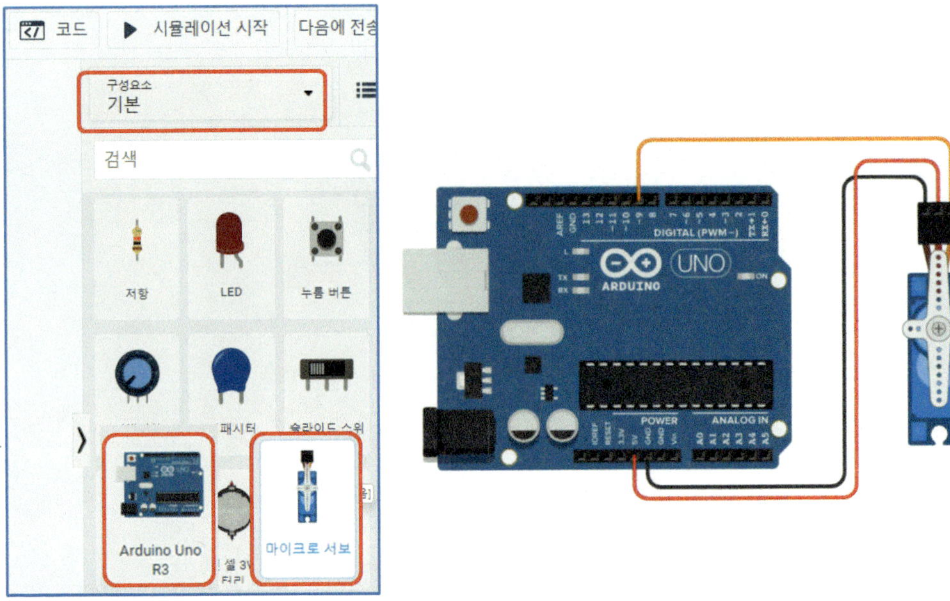


[그림 12.4] 틴커캐드에서 구현한 UNO와 서보모터 연결

## (2) 서보모터 제어 명령블록 명령

Tinkercad Arduino 창에서 코드 를 선택하고, 그림 12.5의 ①~⑤와 같이 블록 ▾ 과 ● 출력을 선택하고 서보모터 제어 블록 명령 핀 0 ▾ 에서 0 도로 서보 회전 을 마우스로 드래그drag하여 명령어 창에 배치한다. 배치한 서보모터 제어 출력 블록 명령에서 그림 12.5의 ⑥, ⑦ 같이 아두이노 보드의 핀 번호와 회전시킬 각도 값을 선택한다.

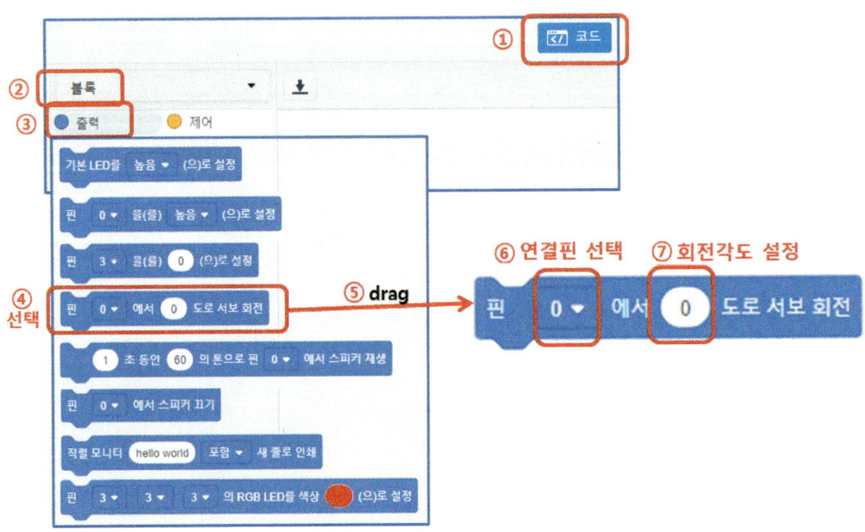


[그림 12.5] 서보모터 제어 명령블록

서보모터의 제어선을 아두이노 보드에 연결할 수 있는 핀은 디지털 핀 0~13번까지 14개와 A0~A5까지 6개가 선택 가능하고, 서보모터의 회전각도 값은 일반적으로 0~180°가 사용된다. 일반적으로 서보모터의 회전범위는 0~180°이지만, 사용목적에 따라 회전 범위가 45°, 90°, 135°등 다양하며, 연속 회전이 가능하도록 만들어진 서보모터도 있다.

또한, 서보모터 각도 읽기 블록 명령을 사용하면, 서보모터의 회적각도를 읽을 수 있다. 그림 12.6의 ①~⑤와 같이 블록과 출력을 선택하고 서보모터 각도 읽기 블록 명령 핀 0 에서 서보의 각도 읽기 을 마우스로 드래그drag하여 명령어 창에 배치하여 사용한다.

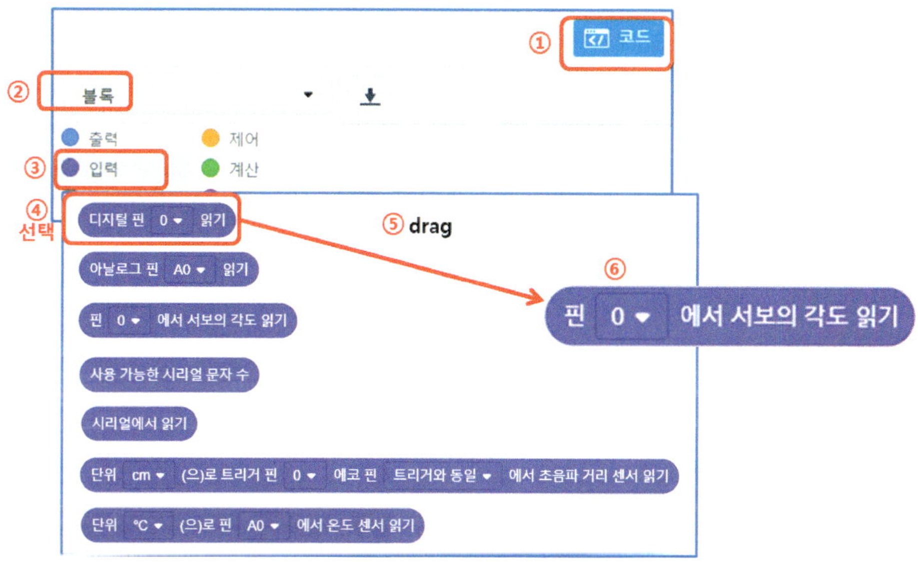


**[그림 12.6]** 서보모터 각도 읽기 명령블록

그림 12.4의 회로와 같이 서보모터가 아두이노 UNO 보드의 디지털 핀 #9에 연결되어 있고, 서보모터를 90°회전시키고, 그 회전 각도를 시리얼 모니터에 표시한다면, 블록 코드 프로그램은 그림 12.7과 같다.

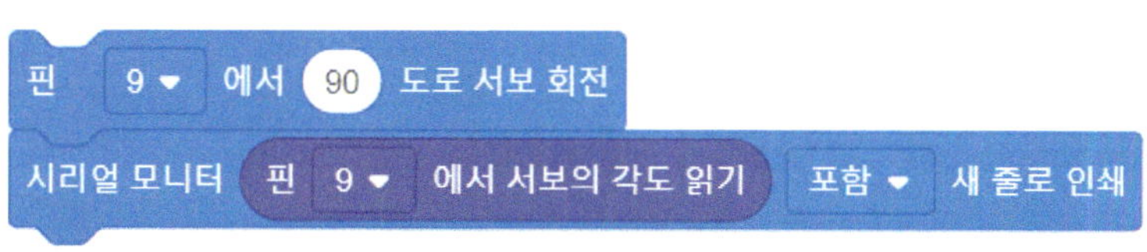


**[그림 12.7]** 서보모터 회전과 각도읽기 명령블록

### (3) 블록 코드와 C++언어 코드 프로그램

틴커캐드에서 작성한 블록 코드 프로그램을 아두이노 C++언어 코드 프로그램으로 변화하면, 그림 12.8과 같다.

아두이노 C++언어 코드의 가장 앞부분에 <Servo.h> 라이브러리의 포함이 선언되어 있다. 서보모터의 이름이 servo_9으로 자동 설정되어 있는데, 서버모터가 UNO 보드에 연결되는 핀의 번호가 붙어 여러 개의 서보모터를 사용할 때 구분하기 쉽게 되어 있다.

또한, 서보모터 제어 블록 명령 

에서 아두이노의 연결 핀을 선택하면, 아두이노 setup( )함수에 servo_9.attach(9);의 서보모터 연결핀 설정이 생성된다.

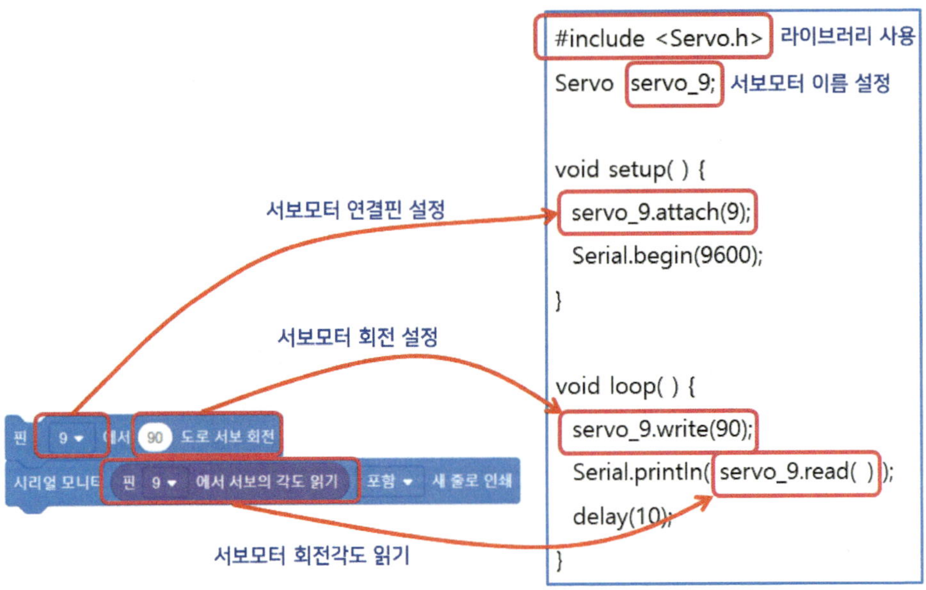


**[그림 12.8]** 틴커캐드 블록 코드와 아두이노 UNO C++언어 코드

## 12.3 가변저항으로 서보모터 제어하기

앞의 그림 12.3의 서보모터 회로에 그림 12.9와 같이 가변저항을 추가하여 하여, 가변저항으로 0~180°를 지정하고 서보모터를 제어하고 그 때의 위치 값을 시리얼 모니터에 나타내 보자.

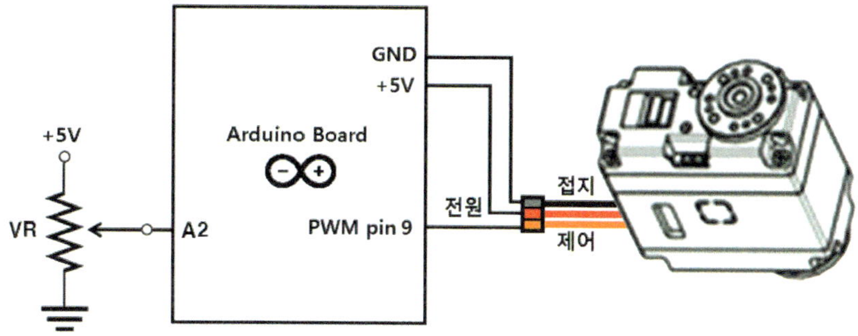


[그림 12.9] 서보모터 회전제어 명령블록

### (1) 틴커캐드 회로 구성

그림 12.9와 같이 서보모터의 제어선은 UNO의 디지털 핀 #9에 연결하고, 가변저항의 조정값은 UNO의 아날로그 입력 A2에 연결한다.

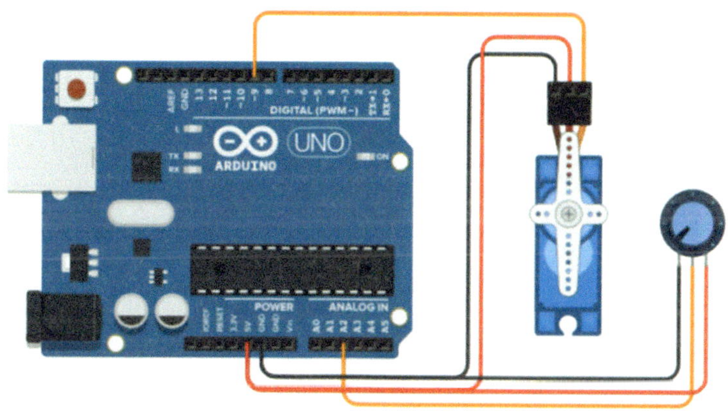


[그림 12.10] 틴커캐드로 구성된 서보모터 회전제어

### (2) 블록 프로그램 작성

아날로그 핀 A2에 연결된 가변저항의 값의 범위는 0~1023이므로 계산의 매핑 명령 맵 0 (범위 0 - 180 ) 을 사용하여 0~180으로 변화범위를 조정하여 사용하고, 시리얼 모니터에 서보모터가 회전한 값을 측정하여 나타내기 위하여 핀 0 ▾ 에서 서보의 각도 읽기 와 시리얼 모니터 hello world 포함 ▾ 새 줄로 인쇄 을 활용한다.

완성된 블록 프로그램은 그림 12.11과 같다.

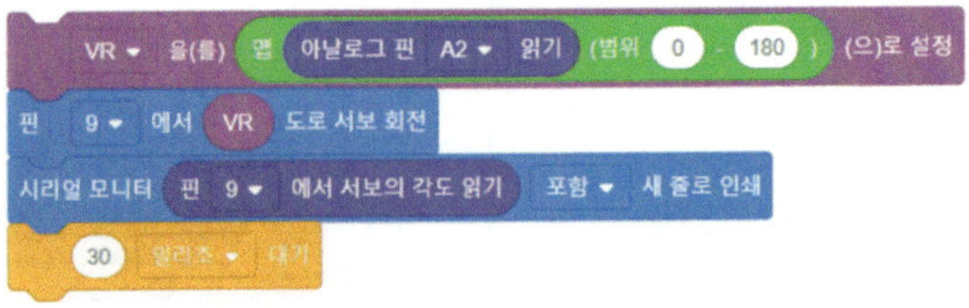


[그림 12.11] 가변저항을 사용한 서보모터의 0~180° 회전

틴커캐드에서 시뮬레이션을 실행시키고 가변저항의 볼륨을 마우스로 천천히 돌리면 서보모터가 회전하며, 그 값이 시리얼 모니터에 출력되는 것을 확인할 수 있다.

### (3) 블록 코드에서 생성된 C++언어 프로그램

틴커캐드 블록 코드에 대한 아두이노 C++언어 코드 프로그램은 그림 12.12와 같다.

```
#include <Servo.h>
int VR = 0;
Servo servo_9;
void setup( ) {
  pinMode(A2, INPUT);
  servo_9.attach(9);
  Serial.begin(9600);
}
void loop( ) {
  VR = map(analogRead(A2), 0, 1023, 0, 180);
  servo_9.write(VR);
  Serial.println(servo_9.read());
  delay(30);
}
```

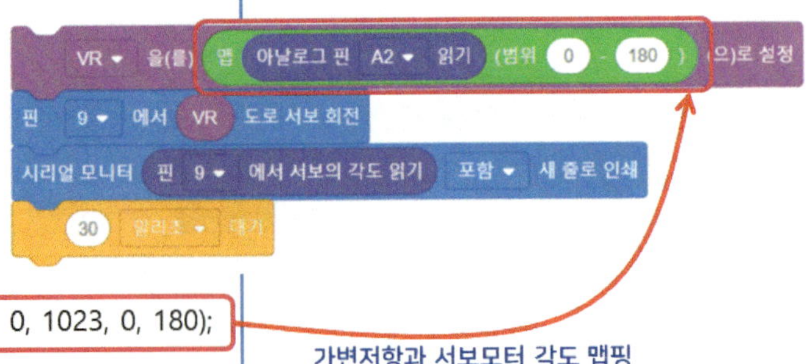


[그림 12.12] 블록 코드와 C++언어 코드 프로그램

한편 아두이노 UNO 보드는 여러 개의 서보모터를 연결하여 로봇 팔과 같이 서보모터가 여러 개 설치된 장치의 제어가 가능하다.

## 12.4 2개의 서보모터 제어하기

로봇 팔 제작 등을 위하여 2개 이상의 서보모터를 사용해야하는 경우를 살펴보자.
가변저항으로 서보모터를 제어하는 그림 12.10의 회로에 서보모터를 1개 더 추가하여 그림 12.13과 같이 구성한다.

첫 번째 서보모터는 디지털 핀 #9에 연결하고, 두 번째 서보모터는 디지털 핀 #10에 연결하고, 2개의 서보모터를 외부 입력으로 제어하기 위하여 그림 12.10과 같이 가변저항을 사용한다.

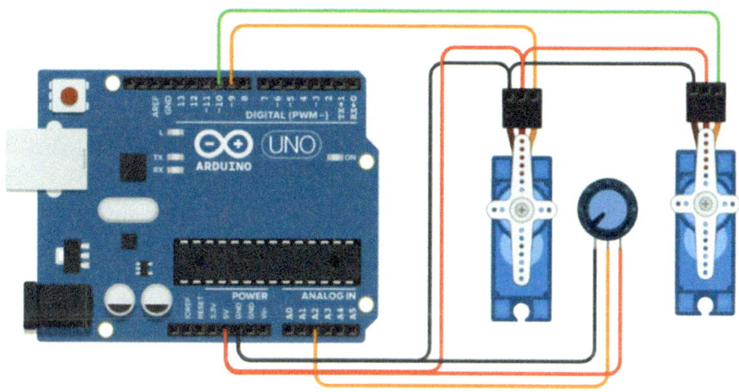


[그림 12.13] 틴커캐드로 구성된 2개의 서보모터 회전제어

가변저항에 조정에 따라 서로 반대방향으로 제어되도록, 디지털 핀 #9에 연결된 첫 번째 서보모터는 그림 12.11과 같이 가변저항의 매핑 값 VR 증가에 따라 0~180° 회전하고, 디지털 핀 #10에 연결된 두 번째 서보모터는 180−VR의 값으로 180~0° 회전하도록 구성하였다. 완성된 블록 프로그램은 그림 12.14과 같다.

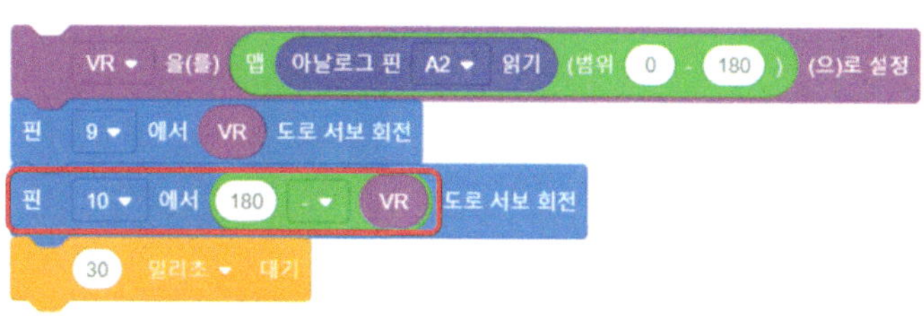


[그림 12.14] 가변저항을 사용한 2개의 서보모터 회전

틴커캐드에서 시뮬레이션을 실행시키고 가변저항의 볼륨을 마우스로 천천히 돌리면 2개의 서보모터가 서로 반대 방향으로 회전하는 것을 확인할 수 있다.

틴커캐드 블록 코드에 대한 아두이노 C++언어 코드 프로그램은 그림 12.15와 같다. 디지털 핀 #9에 연결된 첫 번째 서보모터는 servo_9으로 이름이 설정되고, 디지털 핀 #10에 연결된 첫 번째 서보모터는 servo_10으로 이름이 설정되어 있다. 또한 각각의 서보모터 이름에 따라 명령을 따로 정의되어 사용되는 것을 볼 수 있다.

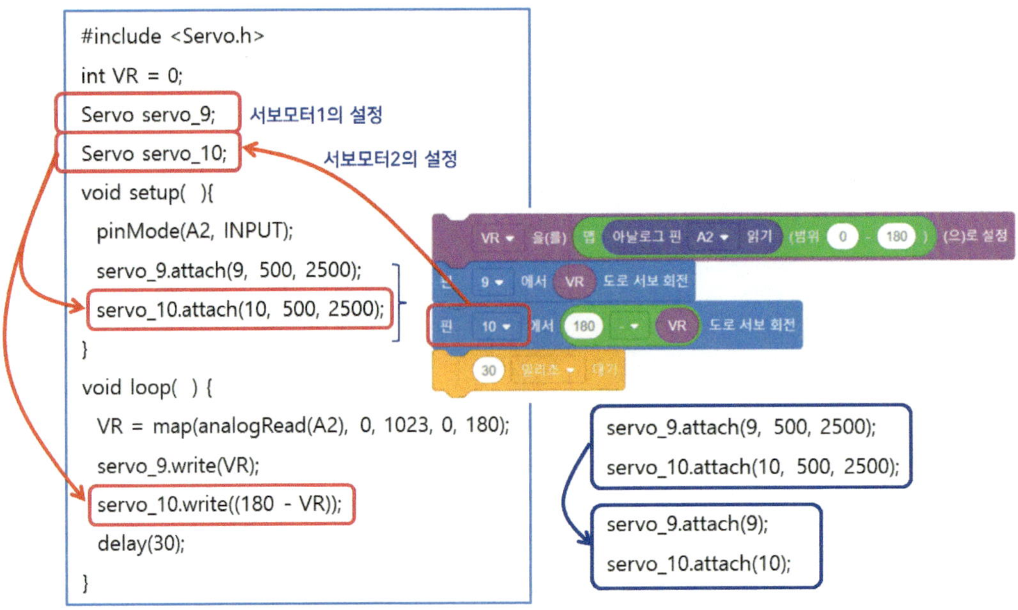


**[그림 12.15]** 블록 코드와 C++언어 코드 프로그램

그림 12.15의 틴커캐드 블록 코드에서 자동으로 변환된 아두이노 C++ 언어 코드에서 servo_9.attach(9, 500, 2500)와 servo_10.attach(10, 500, 2500)는 servo_9.attach(9)와 servo_10.attach(10)으로 작성해도 된다.

참고로 servo_9.attach(9, 500, 2500)에서 500과 2500은 선택사항으로 각각 서보모터의 최소(0도) 각도에 해당하는 펄스폭pulse width과 서보모터의 최대(180도) 각도에 해당하는 펄스폭을 의미한다.

한편 아두이노 UNO 보드는 여러 개의 서보모터를 연결하여 로봇 팔과 같이 서보모터가 여러 개 설치된 장치의 제어가 가능하다.

CHAPTER 13

# DC모터 활용하기

아두이노 UNO 보드로 움직이는 장치를 만들어 제어하려면 모터를 사용하여야 한다. 이 장에서는 아두이노 UNO 보드에서 직류모터DC motor, 릴레이RELAY를 제어할 수 있는 블록명령의 사용방법을 학습한다.

## 13.1 DC 모터와 서보모터

직류모터는 시계방향 회전과 반시계방향 회전만 고려하므로 모터를 제어하는 신호신은 전원을 공급하는 2개로 되어 있다. 그러므로 아두이노 보드에서 이 2개의 전원선으로 모터의 회전속도와 방향을 쉽게 제어하려면 별도의 직류모터 드라이버 모듈을 사용해야 한다. 반면 서보모터는 회전각도의 위치를 제어하기 때문에 2개의 전원선과 1개의 제어 신호선을 가지고 있다.

서보모터는 정밀한 제어 가능하도록 서보제어 기능을 내부에 가지고 있어서 일반적으로 가격이 비싸다. 반면에 직류모터는 비교적 저렴하여 쉽게 구할 수 있지만 회전을 제어하려면 앞에서 설명한 것처럼 구동 회로를 구성해주어야 한다.

또한, 서보모터와 다르게 직류모터는 아두이노 보드의 출력핀에 직접 연결하여 모터를 회전시킬 수 없다. 직류모터를 구동시킬 수 있는 전류가 부족하기 때문이다.

이러한 문제를 해결하기 위하여 일반적으로 아두이노 보드는 직류모터를 제어하기 위하여, 외부의 전원을 이용하여 직류 모터에 전류는 공급해주는 회로를 구성하거나 전용 모터구동 모듈을 사용하여 직류모터의 회전 속도의 빠르기와 회전방향을 제어하게 된다.

## 13.2 외부전원과 트랜지스터를 이용한 직류모터 제어

그림 13.1은 아두이노 UNO의 디지털 핀 #9의 제어신호로 외부전원으로 구동되는 직류모터를 제어하는 회로이다.

npn 트랜지스터는 외부전원(9V 건전지)를 아두이노 신호에 따라 on/off 스위칭하는 동작을 한다. 아두이노 디지털 핀 #9에서 높음HIGH신호를 주면, 트랜지스터는 외부전원(9V 건전지)로부터 직류모터에 전류를 흐르게 하고, 낮음LOW신호를 주면, 트랜지스터는 외부전원(9V 건전지)을 차단하여 직류모터에 전류를 흐르지 못하게 한다. 다만, 회로에는 전류를 제한하는 저항과 역전류를 방지하는 다이오드가 추가되어야 하지만 동작원리를 설명하기 위하여 생략하였다.

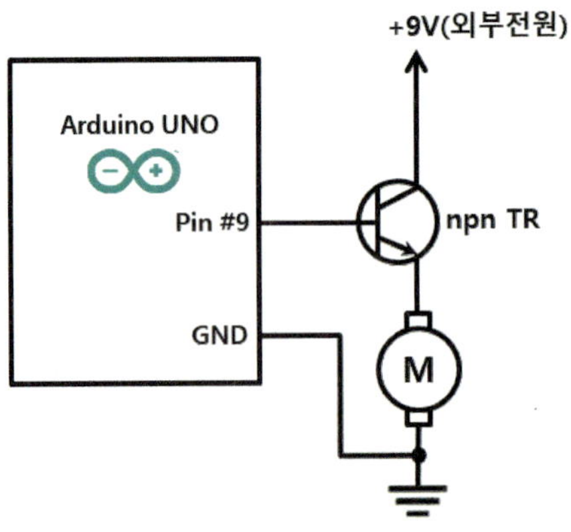


[그림 13.1] npn 트랜지스터를 이용한 외부전원 스위칭 회로

틴커캐드 디자인 창에서는 직류모터로 그림 13.2와 같이 2가지 부품을 제공해 주고 있다. DC 모터는 일반적인 직류 모터이고, 취미용 기어 모터는 저가용 DC모터에 기어를 연결하여 속도를 낮추는 대신 토크를 높인 장치이다.

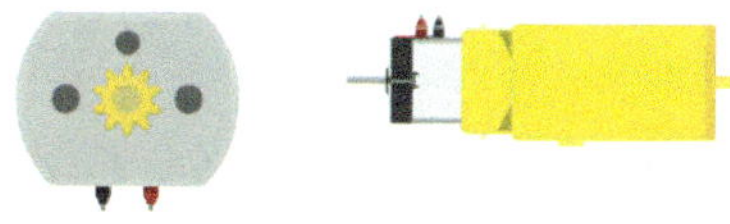


[그림 13.2] 틴커캐드의 직류모터

틴커캐드의 회로를 이용하여 회로를 구성하기 위하여, 외부전원을 스위칭하기 위한 트랜지스터는 틴커캐드에서 제공하는 그림 13.3과 같은 npn 트랜지스터를 사용한다. TIP 120은 npn 달링턴 트랜지스터로 용량이 큰 직류모터의 제어에 사용된다.

[그림 13.3] 전류 스위칭 트랜지스터

외부전원으로 9V 건전지와 트랜지스터를 사용한 DC 모터 구동회로는 그림 13.4와 같다.

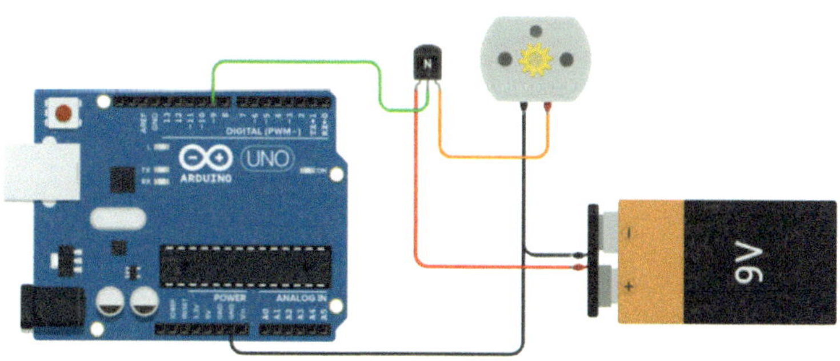


[그림 13.4] 트랜지스터와 외부전원

그림 13.4에서 아두이노 UNO 디지털 핀 #9에서 높음HIGH과 낮음LOW 신호를 발생시키기 위하여, 디지털 출력 블록 명령을 사용하고, 높음HIGH과 낮음LOW 신호의 변경 상이에는 시간 지연을 주어 그림 13.5와 같이 블록 코드 프로그램을 작성한다.

**[그림 13.5]** 트랜지스터의 제어 신호 발생 블록 코드 프로그램

틴커캐드에서 시뮬레이션 시키면, 그림 13.4의 직류모터가 회전하면 직류모터에 회전 8500 정도의 rpm값이 표시되고, 직류모터가 정지하면 0 rpm으로 그림 13.6과 같이 나타난다.

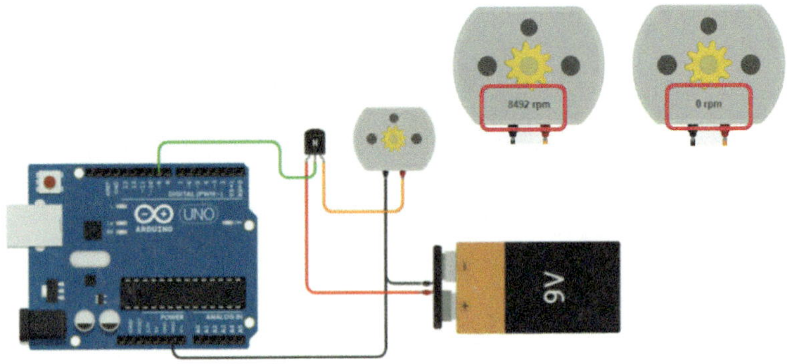


**[그림 13.6]** 시뮬레이션 결과

## 13.3 직류모터 제어를 위한 H 브리지 회로

서보모터는 정밀한 제어 가능하도록 서보제어 기능을 내부에 가지고 있어서 일반적으로 가격이 비싸다. 반면에 직류모터는 비교적 저렴하여 쉽게 구할 수 있지만 회전을 제어하려면 앞에서 설명한 것처럼 구동 회로를 구성해 주어야 한다.

### (1) H 브리지 회로

앞의 그림 13.1의 회로는 한 방향으로 모터를 회전시키거나 정지시키는 회로이다. 모터를 다양한 목적 따라 회전방향과 속도를 제어하려면, 양 방향으로 회전시키려면 외부 전원의 극성을 물리적으로 반대로 연결해줄 수 있는 구조와 속도를 조정하기 위한 회로 구성이 필요하다. 일반적으로 그림 13.7과 같은 직류모터 제어용 H 브리지 회로가 많이 사용된다.

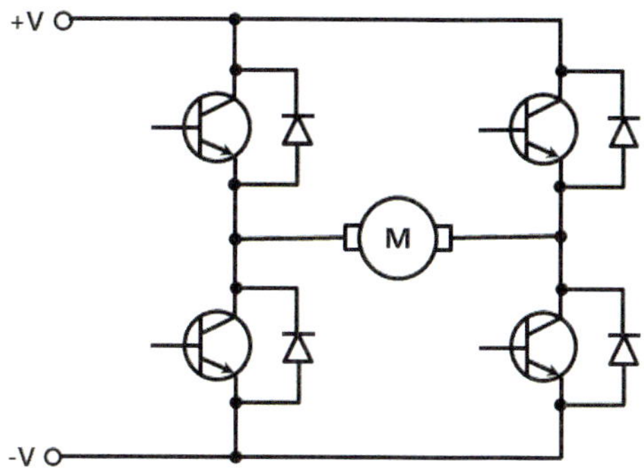


[그림 13.7] 직류모터 제어용 H 브리지 회로

그러나 4개의 트랜지스터나 FET와 4개의 다이오드를 구성하여 하나의 모터를 제어하기 위한 회로를 구성하는 것은 매우 번거롭고 어렵다.

소형 직류 모터의 제어를 위해서는 그림 13.8과 같은 전용 모터 구동 모듈을 사용한다.

[그림 13.8] 직류모터 제어용 모듈

### (2) L293D 활용

틴커캐드에서 아두이노를 위한 모터 제어 모듈은 제공되지 않지만 그림 13.9와 같은 2채널 H-브리지 모터 드라이버 IC인 L293D를 제공하고 있다.

L293D는 4.5V~36V의 외부전원을 사용할 수 있고, 내장된 4개의 채널은 각 600mA의 전류를 인가할 수 있다. 각 채널에 전류의 역류 방지하는 다이오드가 포함되어 있다.

직류모터 4개를 한 방향으로 제어하거나 2개의 직류모터를 양방향으로 제어할 수 있으며, PWM 방식으로 속도제어가 가능하다. 또는 스텝stepper 모터 제어용으로 사용할 수 있다.

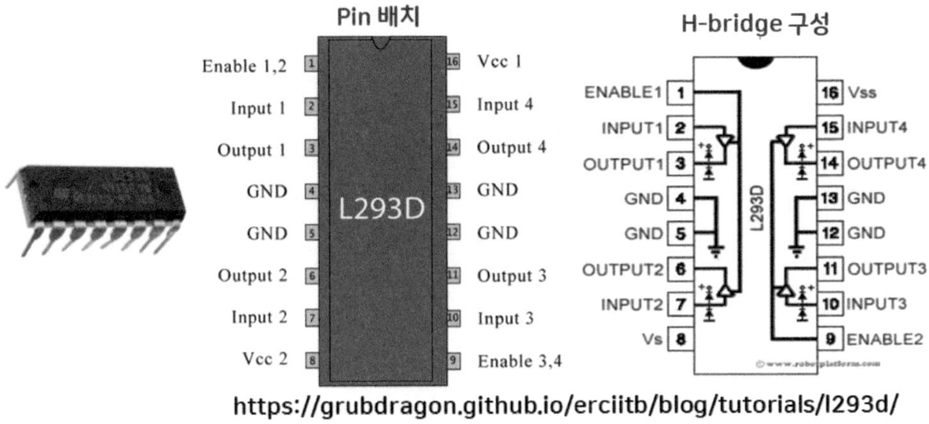


**[그림 13.9]** L293D

## (3) L293D과 아두이노의 연결 방법

L293D에는 2개의 전원 핀이 있는데, 핀 #16은 L293D의 전원으로 +5V를 연결하고, 핀 #8은 모터에 공급될 전원으로 외부전원을 사용할 경우에는 외부전원 +를 연결한다. 다른 핀들은 직류모터 A와 B를 양방향으로 제어하기 위한 연결방법은 그림 13.10에 나타낸 것과 같다.

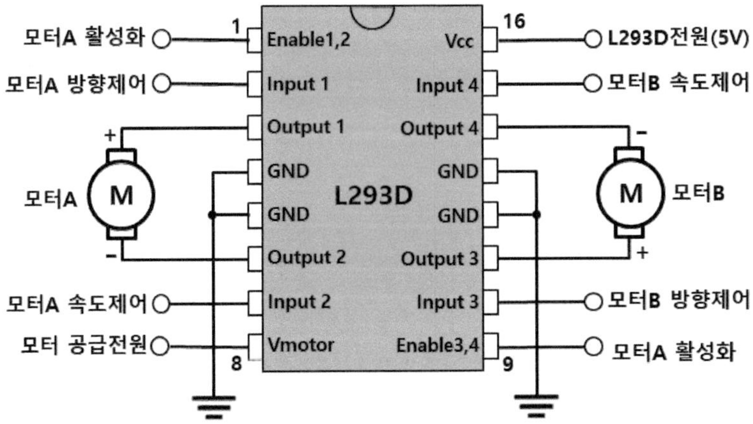


**[그림 13.10]** 2개의 직류모터 양방향 제어를 위한 L293D의 핀 연결

구체적인 활용을 위하여 아두이노 UNO에 L293D를 연결하고 2개의 직류모터를 외부에 9V 건전지를 연결하여 제어하는 방법을 설명하면 그림 13.11과 표 13.1과 같다.

UNO의 디지털 핀 #11가 높음HIGH신호를 출력하면 모터 A의 제어가 가능해지고, 낮음LOW신호를 출력하면 모터 A는 제어되지 않는다. 같은 방법으로 #12는 모터 B의 활성화를 제어한다.

#4와 #7은 각각 모터 A와 B의 회전방향을 제어하고, PWM 핀 #5와 #6은 각각 모터 A와 B의 속도를 제어한다.

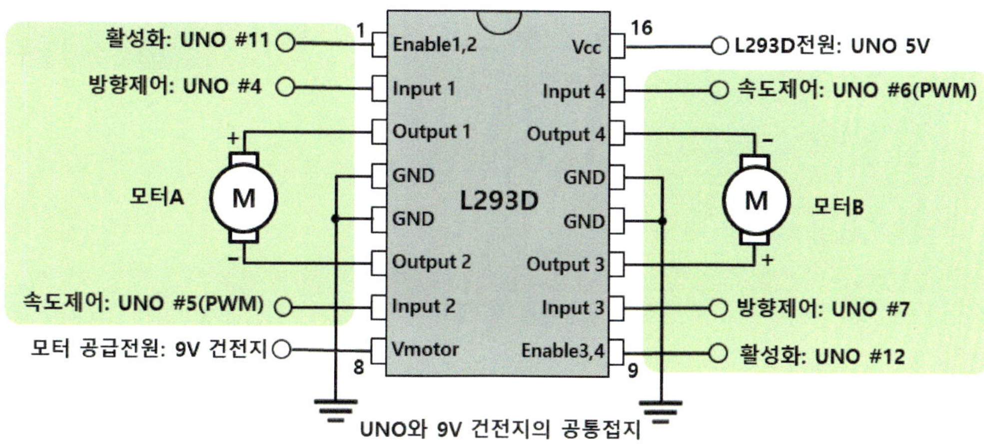


[그림 13.11] UNO와 L293D의 핀 연결

[표 13.1] UNO와 L293D의 핀 연결

| L293D | 연결된 핀 | 기능 | L293D | 연결된 핀 | 기능 |
|---|---|---|---|---|---|
| 1 | UNO 핀 #11 | 모터A 활성화 | 16 | UNO +5V | IC 전원 공급 |
| 2 | UNO 핀 #4 | 회전방향 제어 | 15 | UNO 핀 #6(PWM) | 회전속도 제어 |
| 3 | 모터A + | | 14 | 모터B - | |
| 4<br>5 | UNO와 건전지의 GND | 접지 | 13<br>12 | UNO와 건전지의 GND | 접지 |
| 6 | 모터A - | | 11 | 모터B + | |
| 7 | UNO 핀 #5(PWM) | 회전속도 제어 | 10 | UNO 핀 #7 | 회전방향 제어 |
| 8 | 9V 건전지 + | 외부전원 공급 | 9 | UNO 핀 #12 | 모터B 활성화 |

### (4) 틴커캐드에서 실험

틴커캐드의 회로에서 구현한 회로는 그림 13.12(a)와 같다. 그림 13.12(b)는 브레드 보드를 사용한 회로 구성도이다.

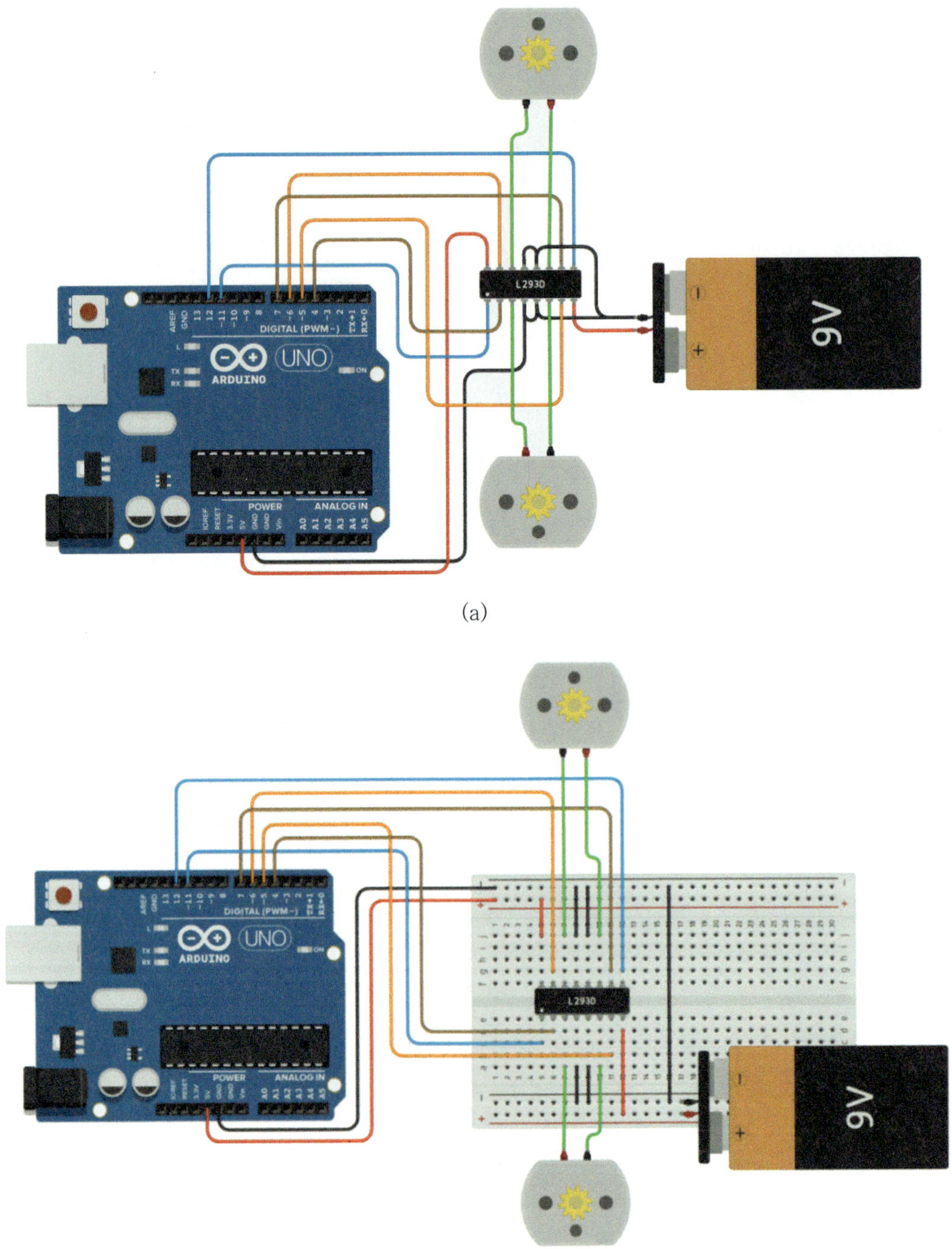


(a)

(b)

**[그림 13.12]** 틴커캐드로 구현한 회로

틴커캐드에서 구현한 회로의 동작 확인을 위하여 그림 13.13과 같이 모터 A와 모터 B를 따라 회전하는 블록 코딩을 작성하여 시뮬레이션하여 보면, 모터 A가 정회전CW와 역회전CCW

할 때는 모터 B는 동작하지 않고, 모터 B가 동작할 때는 모터 A가 동작하지 않는 것을 확인할 수 있다.

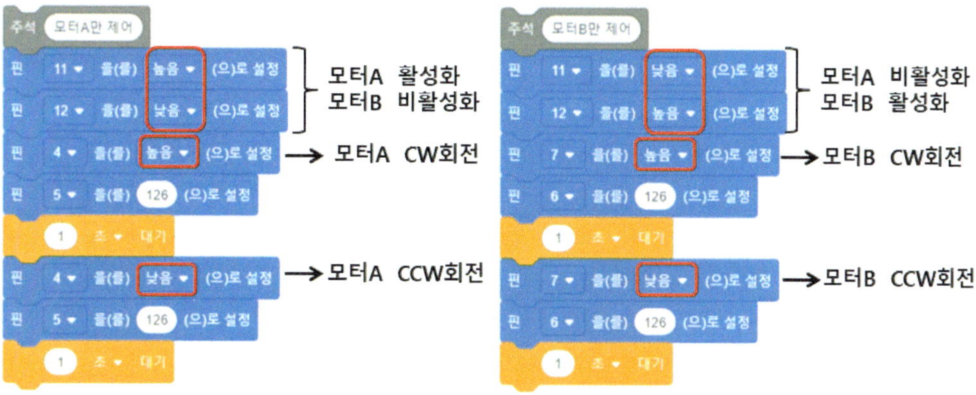


[그림 13.13] 틴커캐드로 구현한 블록 코드 프로그램

### (4) 취미용 기어 모터를 사용한 실험

틴커캐드의 회로에서 그림 13.12의 DC 모터 구동회로를 취미용 기어 모터로 변경하여 그림 13.13과 구현하고 그림 13.13의 블록 코드 프로그램으로 시뮬레이션하여도 동일한 결과를 확인할 수 있다.

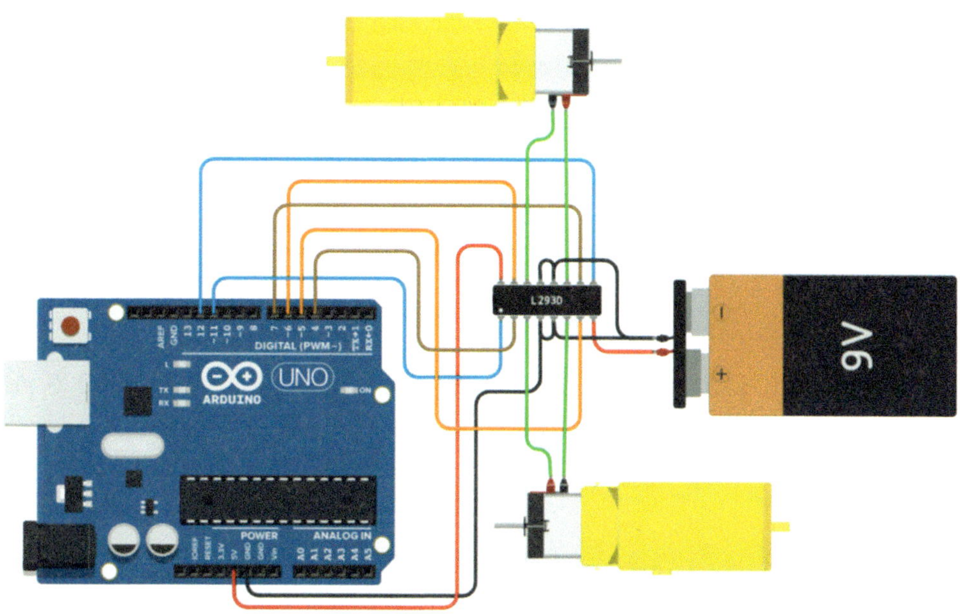


[그림 13.13] 취미용 기어 모터로 구현한 틴커캐드 회로

## 13.4 릴레이RELAY를 사용한 직류모터 제어

직류 모터를 제어하는 또 하나의 방법은 릴레이를 사용하는 것이다. 릴레이에 직류모터를 연결하고, 릴레이의 접점의 on-off를 아두이노 제어하여 직류모터를 제어하는 방식이다.

릴레이는 직류모터 뿐만 아니라 높은 전압이나 큰 전류를 공급하여 제어하기를 원하는 곳에 사용이 가능하다.

### (1) 릴레이의 동작 원리

릴레이에는 NCNormal Close와 NONormal Open의 2개의 핀이 있으며, 이 2개의 핀 중에 한 곳으로 POLE이 연결되면 다른 한 곳은 연결이 끊어지는 구조이다. POLE의 위치는 코일의 의하여 제어되며, 코일에 전류가 흐르지 않으면, POLE은 NC에 연결되어 있으며, 코일에 전류가 흐르면, POLE은 NO에 연결된다.

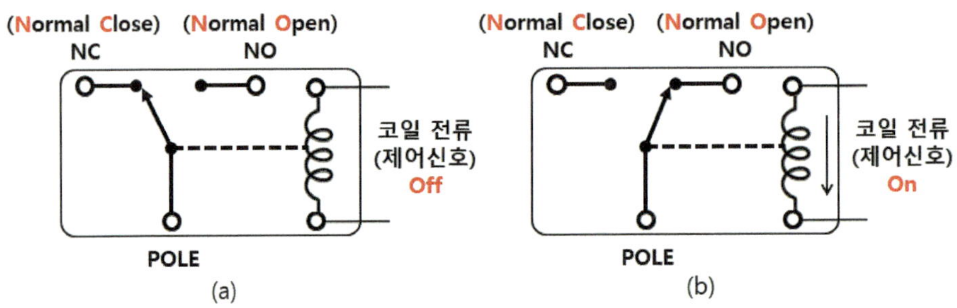


[그림 13.14] 릴레이의 동작 원리

### (2) 아두이노 UNO를 사용한 릴레이 제어

틴커캐드에서 UNO를 사용하여 릴레이를 제어하여 보자. 틴커캐드에서는 그림 13.15와 같은 2개의 릴레이 LU-5-R(SPDT)과 KS2E-M-DC5(DPDT)를 제공하는데, DPDT는 SPDT 릴레이가 2개 합쳐진 것으로 2개를 한 번에 제어가 가능하다.

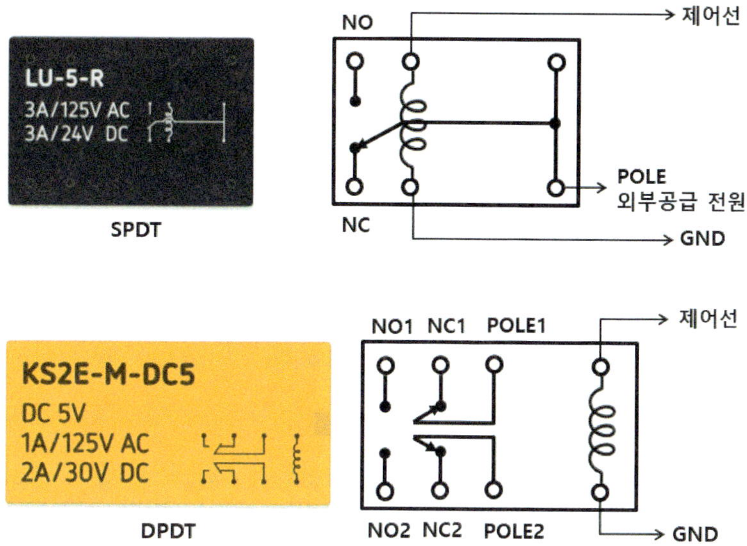


**[그림 13.15]** 틴커캐드의 릴레이

릴레이 LU-5-R(SPDT)에 9V 건전지를 연결하고, 코일의 제어선은 아두이노 UNO 디지털 핀 #7로 제어한다. 릴레이 동작의 확인을 위하여, 릴레이 NCNormal Close에는 직류모터를 연결하고, 릴레이 NONormal Open에는 전구를 연결한다. 틴커캐드의 회로에서 구현된 회루는 그림 13.16(a)와 같다. 그림 13.16(b)는 브레드 보드를 사용한 회로 구성도이다.

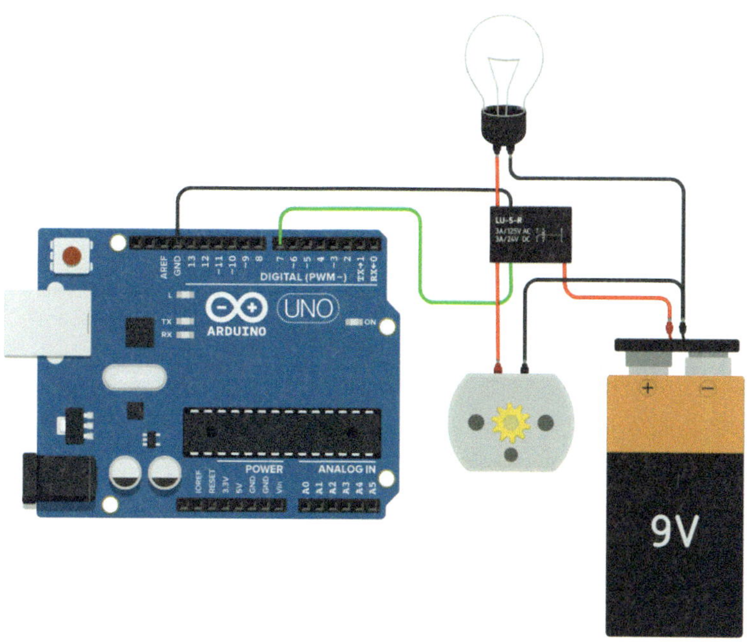


(a)

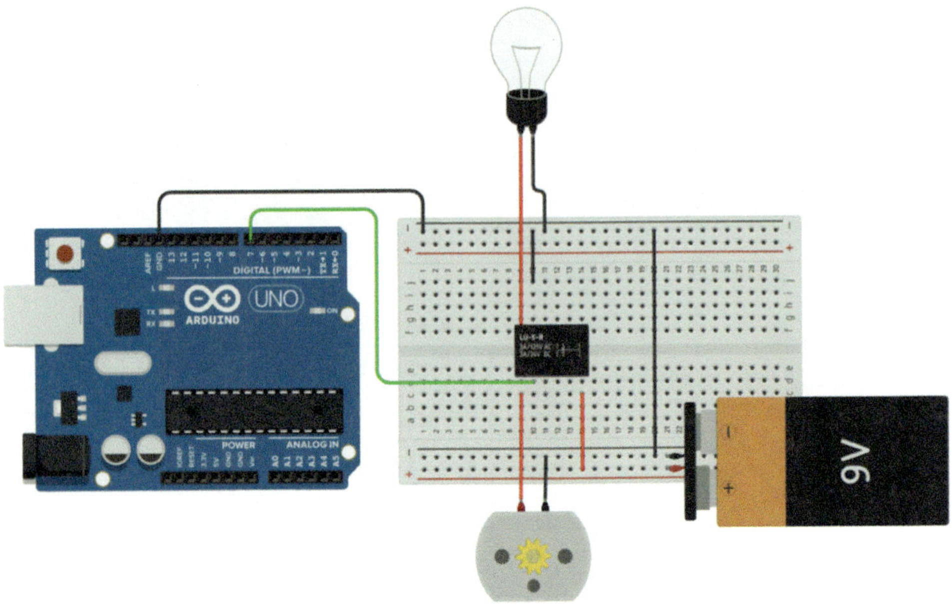


(b)

**[그림 13.16]** 틴커캐드로 구현된 릴레이 제어 회로

릴레이의 NCNormal Close와 NONormal Open 동작을 확인하기 위하여, UNO 디지털 핀 #7에 낮음LOW와 높음HIGH신호를 1초 간격으로 변화시키는 블록 코드 프로그램을 그림 13.17과 같이 작성한다.

**[그림 13.16]** 틴커캐드로 구현한 블록 코드 프로그램

틴커캐드에서 시뮬레이션 시키면, 그림 13.16의 회로에서 그림 13.17과 같이 UNO 디지털 핀 #7에 낮음LOW 신호에서 릴레이는 NC 상태가 되어 직류모터가 회전하고 전구에는 불이 꺼진 상태가 되고, UNO 디지털 핀 #7에 높음HIGH 신호에서 릴레이는 NO 상태가 되어 직류모터는 정지하고 전구는 불이 켜진다.

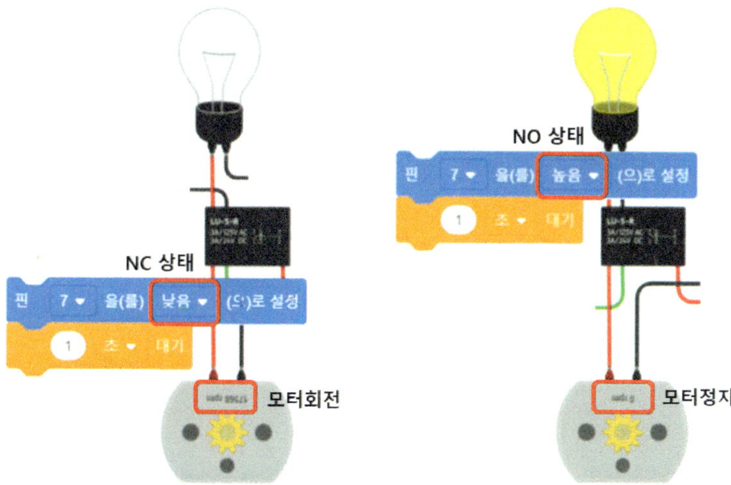


[그림 13.17] 틴커캐드로 시뮬레이션한 결과

CHAPTER 14

# 응용 회로 만들기

앞에서 설명한 LED, LCD, 세그먼트 등의 디스플레이 장치들과 피에조, 모터, 센서 등을 활용한 응용 회로를 만들어 보자.

## 14.1 초음파 센서와 LCD, 피에조

11장에서 배운 초음파 거리 센서로 거리를 측정하여 I2C LCD에 표시하고, 거리 측정값에 따라 측정된 거리가 50cm 이하이면 피에조로 '도'를, 50~150cm이면 '미'를, 150cm 이상이면 '솔'에 해당하는 소리를 발생시키는 장치를 만들어 보자.

### (1) 회로 구성

틴커캐드 디자인 창에서 아두이노 UNO의 디지털 핀 #8과 #7에 표 14.1과 같이 초음파 센서 HC-SR04의 Trig 핀과 Echo 핀을 각각 연결하고, UNO의 SDA와 SCL을 I2C LCD의 SDA와 SCL에 서로 연결하며, 피에조는 디지털 핀 #6에 연결하여 그림 14.1(a)와 같이 회로를 구성한다. 그림 14.1(b)는 브레드 보드를 사용한 회로 구성도이다.

[표 14.1] UNO에 초음파 센서, I2C LCD, 피에조 연결

| 아두이노 UNO | 부품 연결 | |
|---|---|---|
| 디지털 #8 | 초음파센서 HC-SR04 | Trig 연결 |
| 디지털 #7 | | Echo 연결 |
| 디지털 #6 | 피에조 | + |
| SDA | I2C LCD | SDA |
| SCL | | SCL |

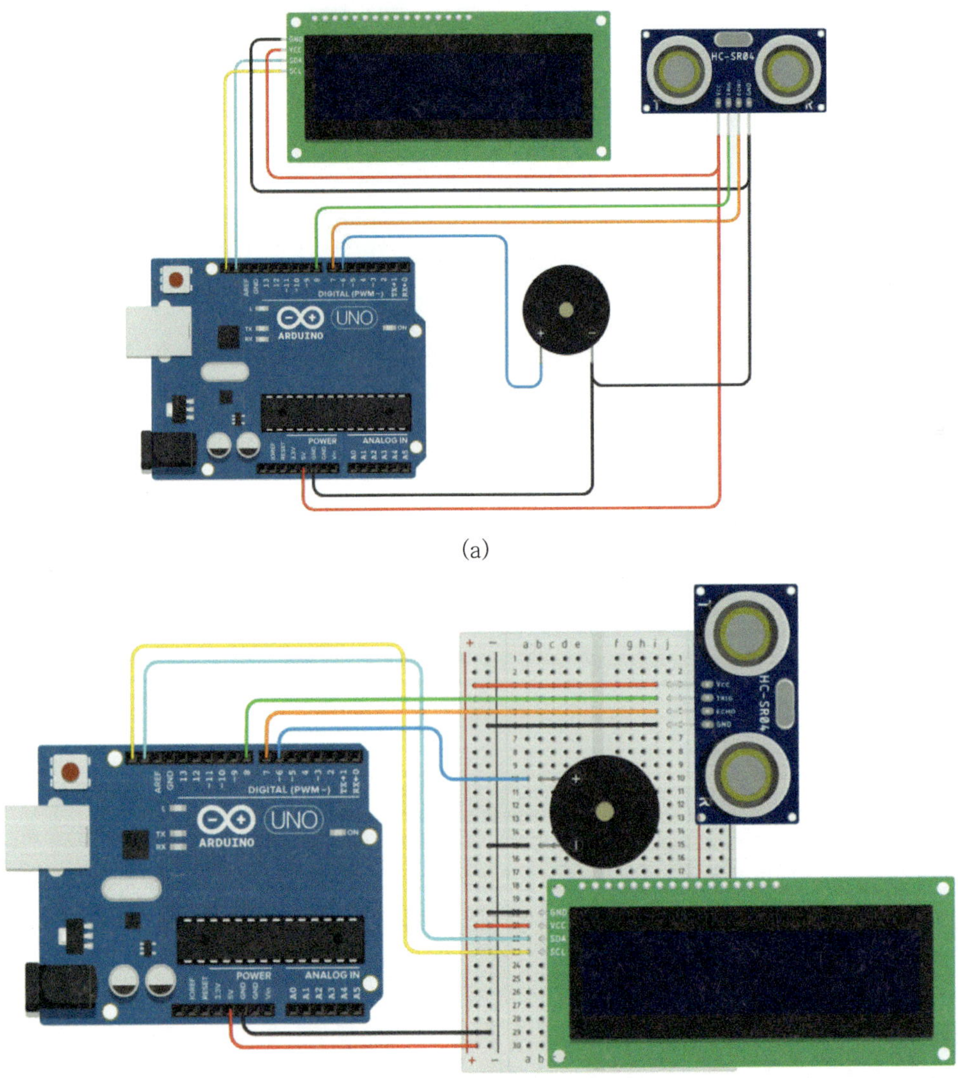

(a)

(b)

[그림 14.1] 초음파 거리 센서, I2C LCD, 피에조 구동 회로

### (2) 회로의 동작과 블록 코딩

HC-SR04 초음파 센서 모듈로 거리를 측정하여 I2C LCD 측정된 거리를 표시하고, 측정된 거리를 표시하는 틴커캐드 블록 코드는 그림 14.2와 같다(11.2절에서 참고).

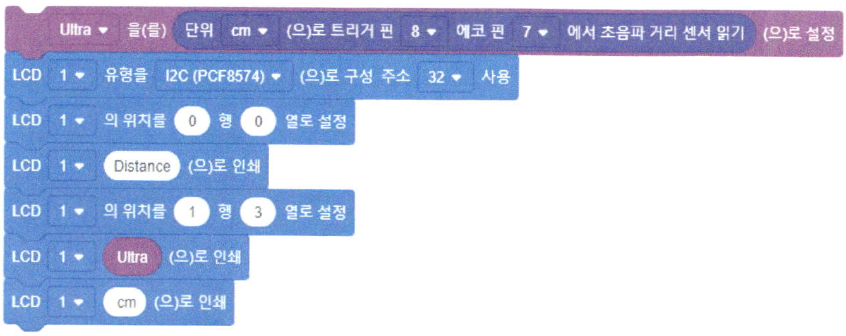


**[그림 14.2]** HC-SR04 초음파 센서 측정 거리의 I2C LCD 표시

그림 14.2에서 HC-SR04 초음파 거리 센서로 측정된 값이 저장된 변수 의 값을 50cm 이상, 50~150cm, 150cm 이상과 비교하여 판단하기 위하여 판단 블록 명령 과 산술비교 블록 명령 , 논리연산 블록 명령 을 사용하여 그림 14.3과 같이 거리에 따른 피에조 발생 블록 코드를 작성한다. 도, 미, 솔의 톤 값은 각각 48, 52, 55이다.

**[그림 14.3]** 거리 판단에 의한 피에조 소리 발생

완성된 블록 코드와 아두이노 C++언어 코드는 그림 14.4와 같다.

[그림 14.4] 완성된 블록 코드 프로그램

블록 코드 프로그램에 대한 아두이노 C++언어 코드는 그림 14.5와 같다.

```
#include <LiquidCrystal_I2C.h>
int Ultra = 0;

// 초음파센서 거리 측정 함수
long readUltraDistance(int triggerPin, int echoPin) {
  pinMode(triggerPin, OUTPUT);
  digitalWrite(triggerPin, LOW);
  delayMicroseconds(2);
  digitalWrite(triggerPin, HIGH);
  delayMicroseconds(10);
  digitalWrite(triggerPin, LOW);
  pinMode(echoPin, INPUT);
  return pulseIn(echoPin, HIGH);
}

LiquidCrystal_I2C  lcd_1(32, 16, 2);

void setup( ) {
  lcd_1.init( );
  pinMode(6, OUTPUT);
}
```

```
void loop( ) {
  // 측정거리 표시
  Ultra = 0.01723 * readUltraDistance(8, 7);
  lcd_1.setCursor(0, 0);
  lcd_1.print("Distance");
  lcd_1.setCursor(3, 1);
  lcd_1.print(Ultra);
  lcd_1.print(" cm");

  // 측정거리에 대한 소리 발생
  if (Ultra <= 50) {
    tone(6, 262, 1000);
  } else {
    if (Ultra > 50 && Ultra < 150) {
      tone(6, 330, 1000);
    } else {
      if (Ultra >= 150) {
        tone(6, 392, 1000);
      } else {
        noTone(6);
      }
    }
  }
}
```

[그림 14.5] 블록 코드에서 변환된 C++코드 프로그램

아두이노 C++코드 부분을 살펴보면, 초음파 센서의 트리거 펄스 발생과 수신에 따른 시간 측정 부분이 readUltraDistance( )라는 함수로 만들어 사용되고 있는 것을 볼 수 있다. 또한 다중 if-else 구조에 의하여 사용되는 '{'과 '}'가 복잡하게 구성되어 있어서 판단의 영역을 잘 구분해야 한다.

### (3) 시뮬레이션

틴커캐드에서 시뮬레이션을 실행하면, 마우스로 조정한 의 위치에 따라 초음파 거리 센서의 측정값이 LCD에 표시되고, 해당하는 거리에 따른 피에조 소리가 발생하는 것을 확인할 수 있다.

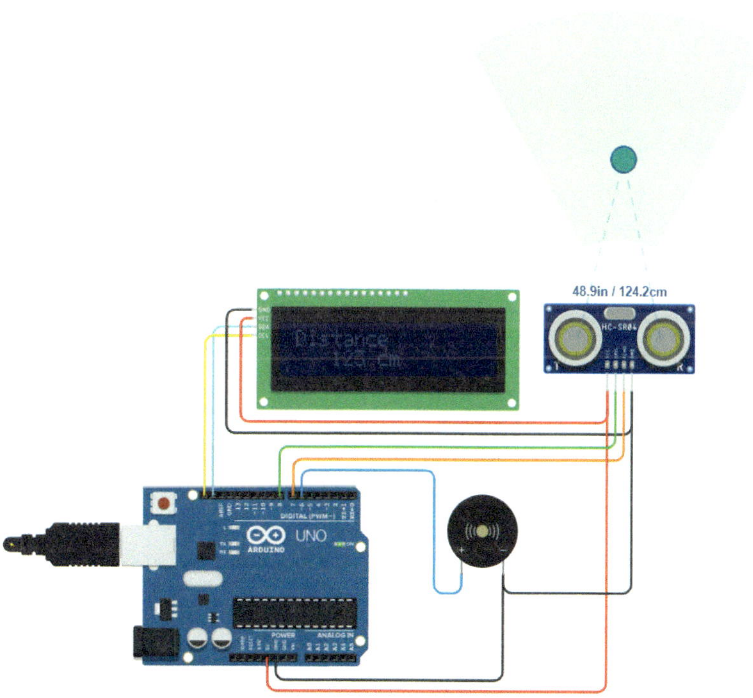


[그림 14.6] 시뮬레이션

## 14.2 토양습도 센서와 LCD, RGB LED, 서보모터

10장에서 배운 토양습도 센서로 습도를 측정하여 습도 상태에 따라 칼라RGB LED에 색상으로 나타내고, 워터 펌프의 노즐의 문을 서보 모터로 제어하는 장치를 만들어보자.

이것을 위하여 토양습도 센서로 습도를 측정하여 I2C LCD에 표시하고, 습도 상태가 30%이하, 30~70%, 70% 이상의 3가지 단계로 나누어 각 상태에 따라 칼라 LEDRGB LED의 색상을 빨강, 노랑, 파랑으로 표시하고, 서보 모터로 워터 펌프의 노즐의 창을 열어주는 각도를 180°, 90°, 0°로 제어한다.

### (1) 회로 구성

틴커캐드 디자인 창에서 아두이노 UNO의 아날로그 입력 핀 A2에 표 14.2과 같이 토양습도 센서를 연결하고, UNO의 SDA와 SCL을 I2C LCD의 SDA와 SCL에 서로 연결하며, 칼라 LED의 R, G, B 제어를 위하여 디지털 핀 #11, #9, #10에 연결한다. 또한 서보 모터는 디지털 핀 #5에 연결하여 그림 14.7(a)와 같이 회로를 구성한다. 그림 14.7(b)는 브레드 보드를 사용한 회로 구성도이다.

**[표 14.2]** UNO에 토양습도 센서 모듈, I2C LCD, 칼라 LED, 서보모터 연결

| 아두이노 UNO | 부품 연결 | |
|---|---|---|
| 아날로그 입력 A2 | 토양습도 센서 | Sig 핀 |
| 디지털 #11 | 칼라RGB LED | R 제어핀 |
| 디지털 #10 | | B 제어핀 |
| 디지털 #9 | | G 제어핀 |
| 디지털 #5 | 서보 모터 | Sig 핀 |
| SDA | I2C LCD | SDA |
| SCL | | SCL |

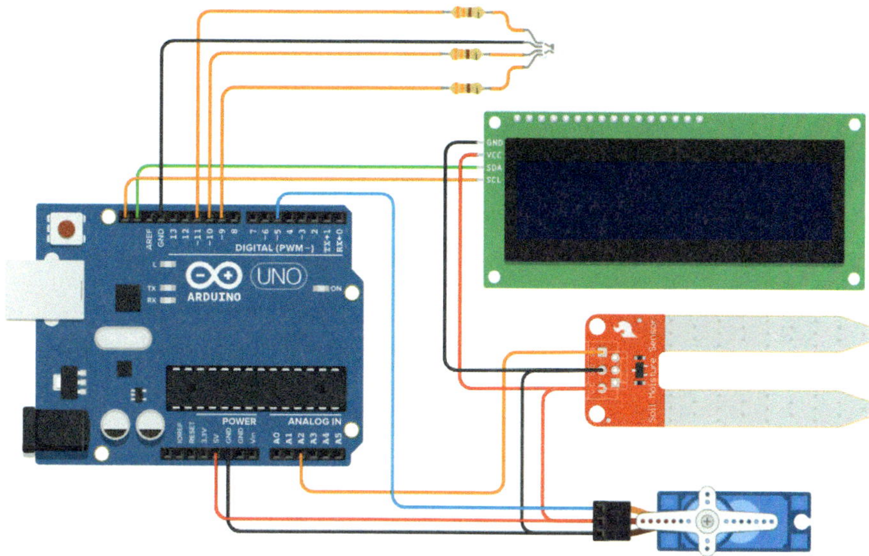


(a)

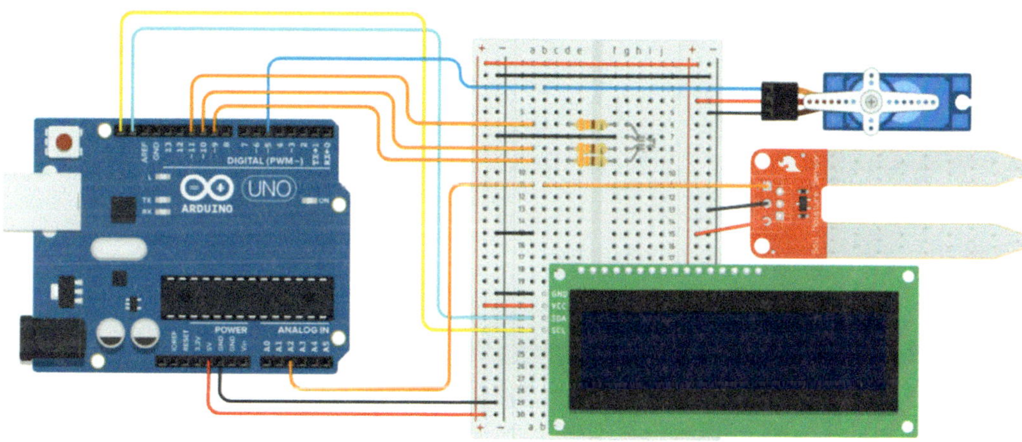


(b)

**[그림 14.7]** 토양습도 센서 모듈, I2C LCD, 칼라 LED, 서보모터 조합 회로

### (2) 회로의 동작과 블록 코딩

토양습도 센서로 습도를 측정하여 I2C LCD 측정된 거리를 표시하고, 측정된 거리를 표시하는 틴커캐드 블록 코드는 그림 14.8과 같다(10.5절에서 참고).

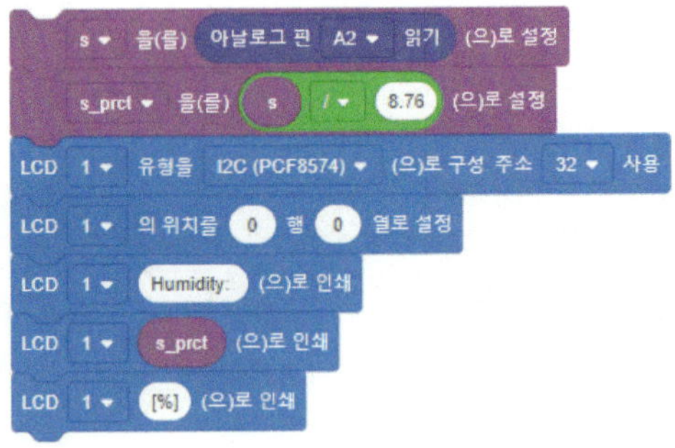


**[그림 14.8]** 토양습도 센서로 측정된 습도의 I2C LCD 표시

그림 14.8에서 토양습도 센서로 측정된 값이 저장된 변수 s_prct 의 값을 30 이하, 30~70, 70 이상과 비교하여 판단하기 위하여 판단 블록 명령 과 산술비교 블록 명령 , 논리연산 블록 명령 을 사용하여 그림 14.9와 같이 습도 상태에 따른 칼라 LED의 표시 색상과 서보모터 회전각도 제어 블록 코드를 작성한다.

**[표 14.3]** 습도 상태에 따른 칼라 LED 색상과 서보모터 회전각도

| 습도 상태 | 칼라 LED 색상 | 서보모터 회전각도 |
|---|---|---|
| 30% 이하 | 빨강 | 180 |
| 30~70% | 노랑 | 90 |
| 70% 이상 | 파랑 | 0 |

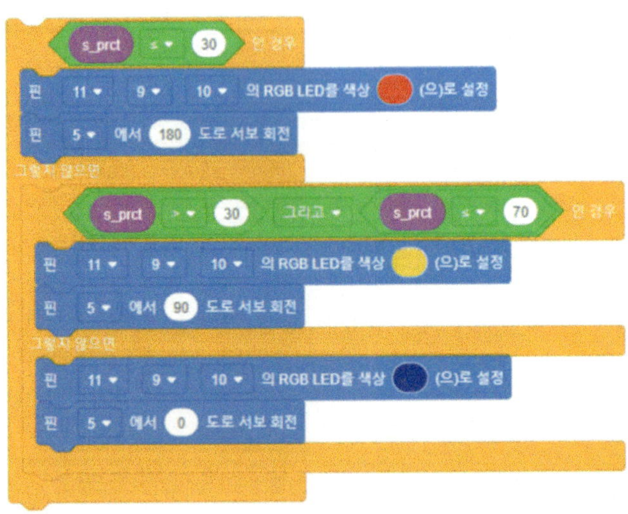


**[그림 14.9]** 습도 상태에 의한 칼라 LED와 서보모터 회전

완성된 블록 코드와 아두이노 C++언어 코드는 그림 14.10과 같다.

**[그림 14.10]** 완성된 블록 코드 프로그램

블록 코드 프로그램에 대한 아두이노 C++언어 코드는 그림 14.11과 같다.

```
#include <LiquidCrystal_I2C.h>
#include <Servo.h>

int s = 0;
int s_prct = 0;

LiquidCrystal_I2C  lcd_1(32, 16, 2);
Servo servo_5;

void setup( ) {
  pinMode(A2, INPUT);
  lcd_1.init();
  pinMode(11, OUTPUT);
  pinMode(9, OUTPUT);
  pinMode(10, OUTPUT);
  servo_5.attach(5);
}
```

```
void loop( ) {
 // 토양습도 측정
  s = analogRead(A2);
  s_prct = (s / 8.76);
  lcd_1.setCursor(0, 0);
  lcd_1.print("Humidity: ");
  lcd_1.print(s_prct);
  lcd_1.print("[%]");
```

```
// 상태 표시와 서보모터 제어
  if (s_prct <= 30) {
    analogWrite(11, 255);
    analogWrite(9, 0);
    analogWrite(10, 0);
    servo_5.write(180);
  } else {
    if (s_prct > 30 && s_prct <= 70) {
      analogWrite(11, 255);
      analogWrite(9, 204);
      analogWrite(10, 0);
      servo_5.write(90);
    } else {
      analogWrite(11, 51);
      analogWrite(9, 51);
      analogWrite(10, 255);
      servo_5.write(0);
    }
  }
  delay(2000);
  lcd_1.clear( );
}
```

**[그림 14.11]** 블록 코드에서 변환된 C코드 프로그램

### (3) 시뮬레이션

틴커캐드에서 시뮬레이션을 실행하면, 마우스로 조정한 의 위치에 따라 토양습도 센서의 측정값이 LCD에 표시되고, 해당하는 습도 상태에 따라 칼라 LED의 색상과 서보모터의 회전각도가 변하는 것을 확인할 수 있다.

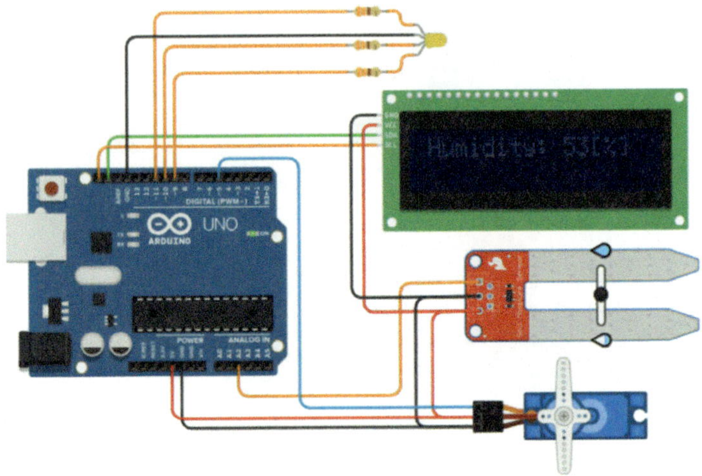


**[그림 14.12]** 시뮬레이션

## 14.3 장애물 회피 2휠 자동차

11.3절에서 배운 초음파 거리 센서와 13.3절에서 배운 직류모터를 활용하여, 장애물을 회피하여 이동하는 2휠wheel 자동차를 만들어 보자.

2개의 직류모터 M1과 M2를 그림 14.13과 같이 서로 대칭이 되도록 배치하여, M1 모터가 정회전CW하고 M2 모터가 역회전CCW하면, 2휠 자동차가 전진FF하도록 구성한다. 또한, 초음파 거리 센서 NT-TS60를 전진 방향으로 배치하여, 2휠 자동차가 전진하면서 앞에 있는 장애물과의 거리를 측정할 수 있도록 한다.

2휠 자동차가 전진하다가 장애물까지의 거리가 20cm 이하가 되면, 2휠 자동차는 2초간 후진하고 우회전하여 다시 전진하도록 하여 장애물을 우측으로 피해가도록 한다.

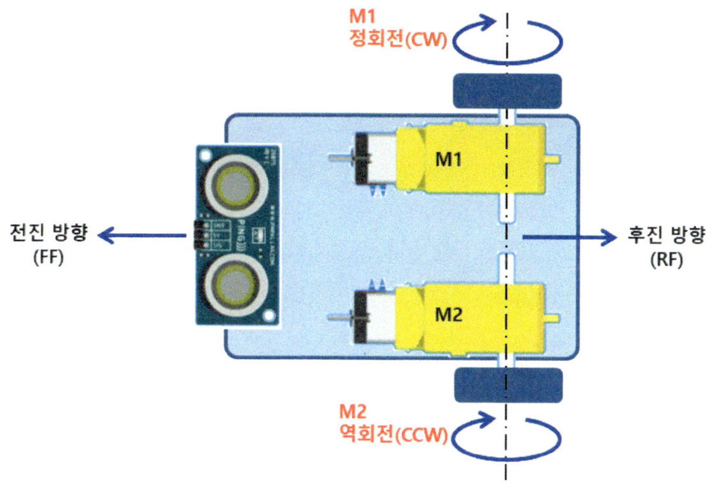


**[그림 14.13]** 2휠 자동차

### (1) 회로 구성

틴커캐드 디자인 창에서 아두이노 UNO의 디지털 핀 #8에 표 14.4와 같이 초음파 거리 센서 NT-TS60의 Sig핀을 연결하고, 2개의 직류모터는 13.3절에서 설명한 H-브리지 모터 드라이버 L293D를 사용하여 제어한다.

표 14.4와 그림 14.14와 같이 UNO에 L293D를 연결하고 2개의 직류모터를 외부에 9V 건전지를 연결하여 제어한다.

**[표 14.4]** UNO에 초음파 센서, L293D 연결

| 아두이노 UNO | 부품 연결 | |
|---|---|---|
| 디지털 #8 | 초음파센서(NT-TS60) | Sig |
| 디지털 #4 | H-브리지 모터 드라이버 L293D | 핀 #2 (M1 회전방향 제어) |
| 디지털 #5 | | 핀 #6 (M1 회전속도 제어) |
| 디지털 #6 | | 핀 #15 (M2 회전속도 제어) |
| 디지털 #7 | | 핀 #10 (M2 회전방향 제어) |
| 디지털 #11 | | 핀 #1 (M1 활성화) |
| 디지털 #12 | | 핀 #9 (M2 활성화) |

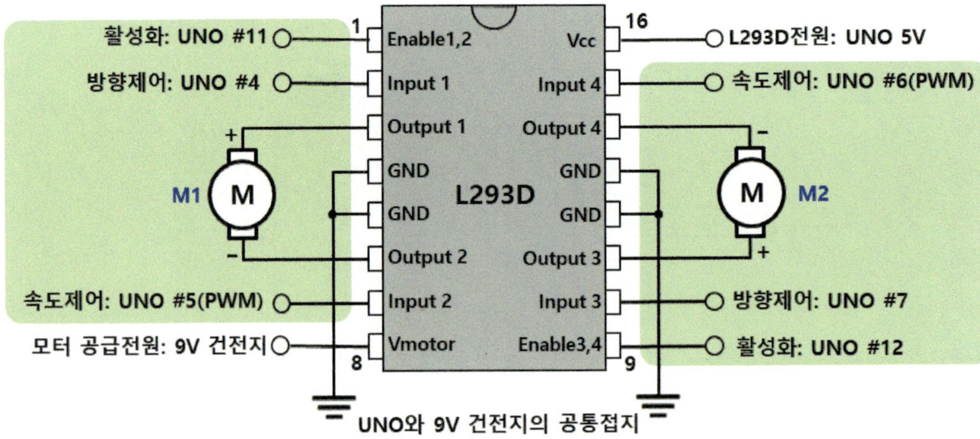


**[그림 14.14]** UNO와 L293D의 핀 연결

초음파 거리 센서 NT-TS60, L293D, H-브리지 모터 드라이버 L293D와 2개의 직류모터, 외부전원 9V 연결 회로는 그림 14.15(a)와 같다. 그림 14.15(b)는 브레드 보드를 사용한 회로 구성도이다.

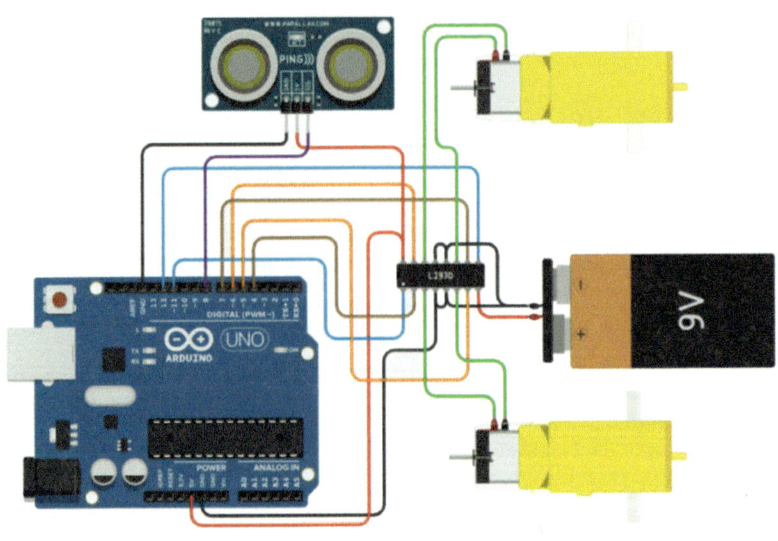


(a)

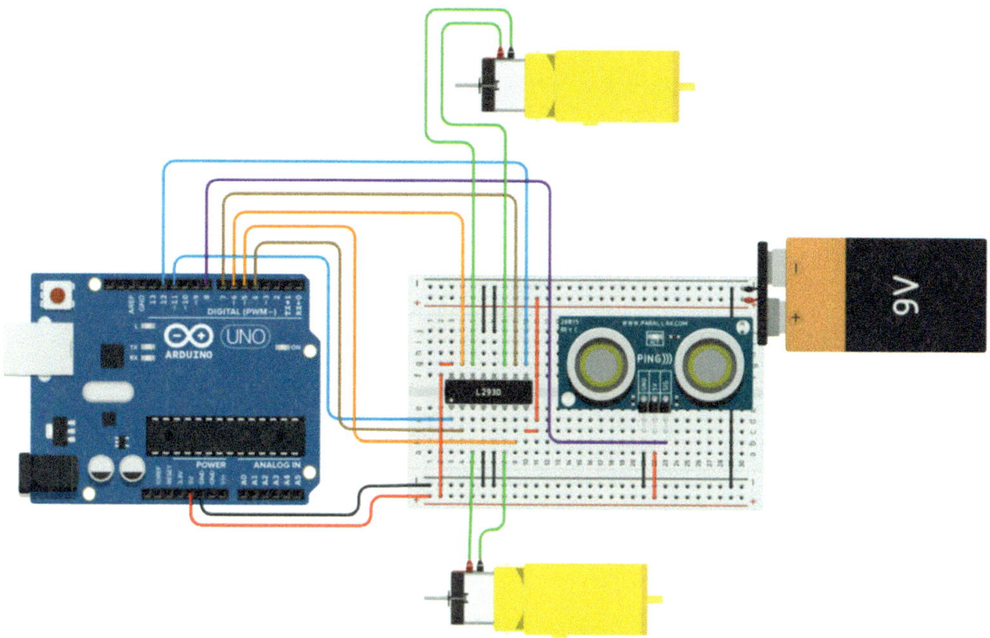


(b)

**[그림 14.15]** 초음파 거리 센서 NT-TS60, L293D, 직류모터와 외부전원 9V 연결 회로

## (2) 회로의 동작과 블록 코딩

그림 14.16과 같이 2개의 직류 모터를 제어하기 위하여 H-브리지 모터 드라이버 L293D의 2채널을 모두 활성화시키고, NT-TS60 초음파 거리 센서 모듈에서 측정한 거리 값Ultra을 시리얼 모니터에 표시하게 한다.

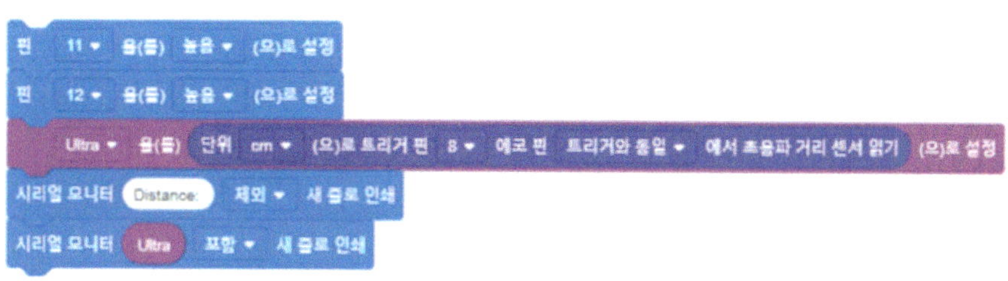


**[그림 14.16]** L293D 활성화와 초음파 거리 센서 측정

그림 14.16에서 NT-TS60 초음파 거리 센서로 측정된 값으로 장애물을 회피하기 위하여 판단 블록 명령 과 산술비교 블록 명령 을 사용하여 그림 14.17과 같이 거리에 2휠 자동차의 구동 블록 코드를 작성한다.

2휠 자동차가 전진하다가 초음파 거리 센서의 거리 측정값이 장애물까지 20cm 이하가 되면, 2휠 자동차는 2초간 후진하고 우회전하여 다시 전진하도록 하여 장애물을 우측으로 피해가도록 그림 14.17과 같이 구동 블록 코드를 작성한다.

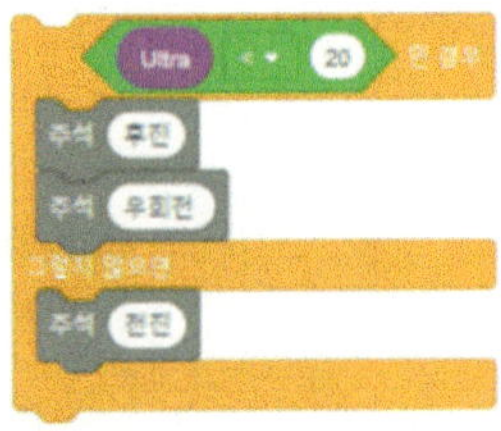


**[그림 14.17]** 장애물에 감지에 따른 2휠 자동차의 구동

2휠 자동차의 전진과 후진은 서로 반대가 되며, 2휠 자동차의 우회전을 위하여 2개의 직류모터는 같은 방향으로 1초간 회전시킨다.

우회전 시간이 2휠 자동차의 우회전되는 각도를 결정하기 때문에, 실제 2휠 자동차의 제작에서는 2개 직류모터의 같은 방향으로 회전하는 시간을 조정하여야 한다.

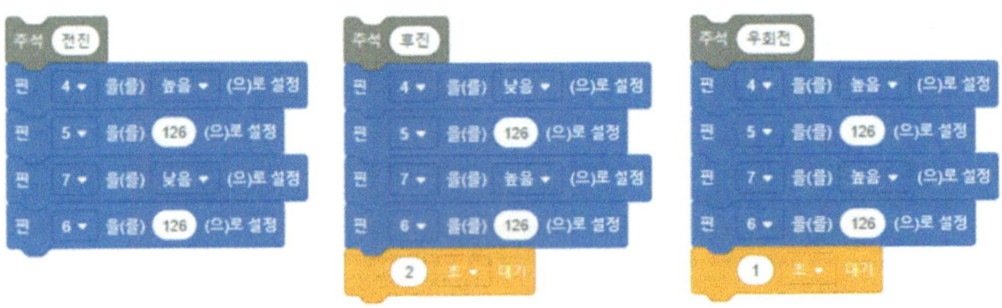


**[그림 14.18]** 2휠 자동차의 전진, 후진, 우회전 구동

완성된 블록 코드와 아두이노 C++언어 코드는 그림 14.19와 같다.

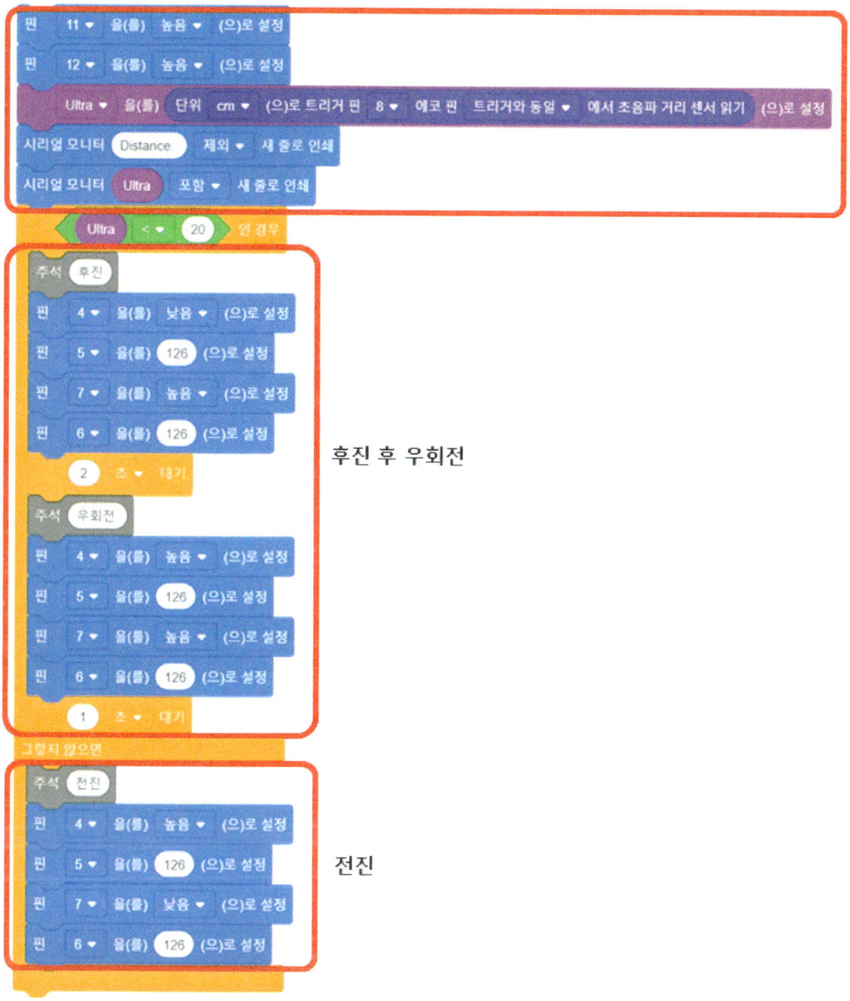


[그림 14.19] 완성된 블록 코드 프로그램

블록 코드 프로그램에 대한 아두이노 C++언어 코드는 그림 14.20과 같다.

```
int Ultra = 0;

// 초음파센서 거리 측정 함수
long readUltraDistance(int triggerPin, int echoPin) {
  pinMode(triggerPin, OUTPUT);
  digitalWrite(triggerPin, LOW);
  delayMicroseconds(2);
  digitalWrite(triggerPin, HIGH);
  delayMicroseconds(10);
  digitalWrite(triggerPin, LOW);
  pinMode(echoPin, INPUT);
  return pulseIn(echoPin, HIGH);
}

void setup( ) {
  Serial.begin(9600);
  pinMode(4, OUTPUT);
  pinMode(5, OUTPUT);
  pinMode(6, OUTPUT);
  pinMode(7, OUTPUT);
  pinMode(11, OUTPUT);
  pinMode(12, OUTPUT);
}
```

```
void loop( ) {
  digitalWrite(11, HIGH);
  digitalWrite(12, HIGH);
  Ultra = 0.01723 * readUltraDistance(8, 8);
  Serial.print("Distance: ");
  Serial.println(Ultra);
  if (Ultra < 20) {
    // 후진
    digitalWrite(4, LOW);
    analogWrite(5, 126);
    digitalWrite(7, HIGH);
    analogWrite(6, 126);
    delay(2000); // Wait for 2000 millisecond(s)
    // 우회전
    digitalWrite(4, HIGH);
    analogWrite(5, 126);
    digitalWrite(7, HIGH);
    analogWrite(6, 126);
    delay(1000); // Wait for 1000 millisecond(s)
  } else {
    // 전진
    digitalWrite(4, HIGH);
    analogWrite(5, 126);
    digitalWrite(7, LOW);
    analogWrite(6, 126);
  }
}
```

**[그림 14.20]** 블록 코드에서 변환된 C코드 프로그램

### (3) 시뮬레이션

틴커캐드에서 시뮬레이션을 실행하면, 마우스로 조정한 의 위치에 따라 초음파 거리 센서의 측정값이 시리 모니터에 표시되고, 장애물의 감지가 없으면, 전진을 위하여 2개의 모터가 서로 반대로 회전하고, 초음파 거리 센서에 의하여 장애물이 감지되면, 2개의 모터는 각각 전진 때의 회전방향과 반대로 1초간 회전하여 2휠 자동자차를 후진시킨 후 우회전하여 전진 방향의 장애물을 회피한다.

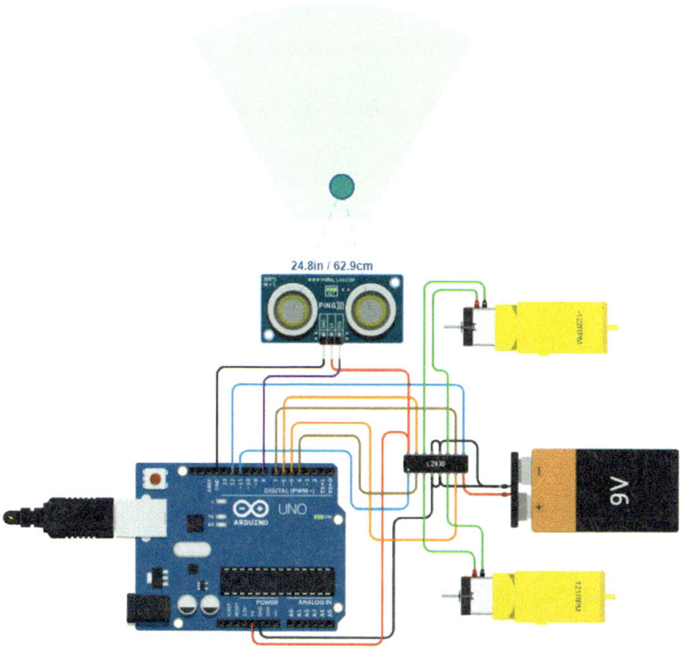

[그림 14.21] 시뮬레이션

CHAPTER 15

# 아두이노 C++언어 명령

틴커캐드 회로에서 제공하는 블록코드와 아두이노 C++언어 코드의 명령들을 비교하여 설명한다.

## 15.1 아두이노의 출력 명령

틴커캐드 회로에서 제공하는 출력 블록코드와 아두이노 C++언어 코드의 명령들을 중요한 기능을 중심으로 비교한다.

### (1) 명령 비교

틴커캐드 아두이노의 출력 블록코드에 대하여 생성되는 아두이노 C++언어 텍스트 명령은 그림 15.1과 같다.

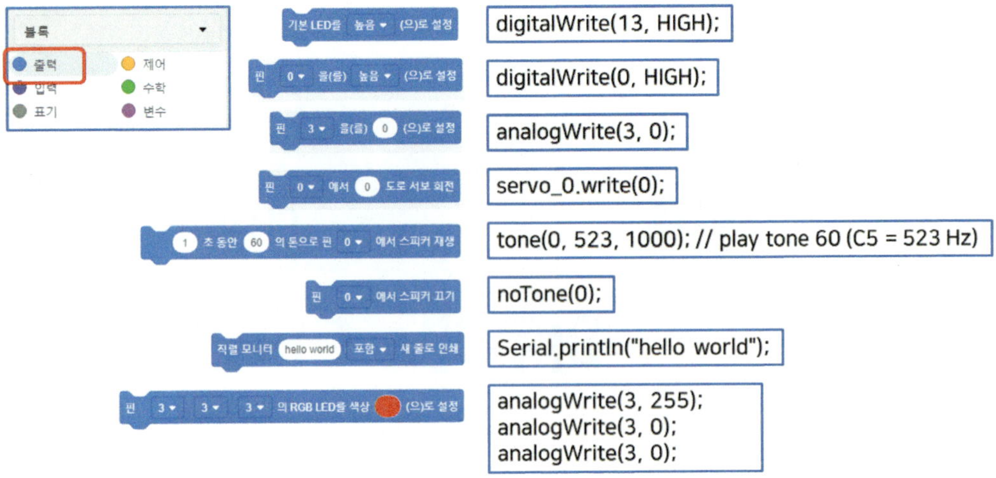


**[그림 15.1]** 출력 명령 비교

## (2) 디지털 출력 명령 비교

아두이노 보드의 디지털 핀 14개와 아날로그 입력 핀 6개는 디지털 신호의 입력용과 출력용 포트로 모두 사용할 수 있다. 그러므로 이들 포트로 디지털 신호를 출력하거나 입력하는 용도로 사용하려면, 먼저 사용하려는 포트를 입력으로 사용할 것인지 출력으로 사용할 것인지를 지정해 주어야만 한다.

그림 15.2의 디지털 핀 #0으로 높음HIGH을 출력하는 명령블록을 코딩 창에 끌어다 놓으면, 그림과 같이 아두이노 텍스트 코딩에서는, setup( )함수에 디지털 핀 #0을 출력모드로 선언하는 pinMode(0, OUTPUT)명령이 자동으로 생성된다.

디지털 출력을 내보내는 아두이노 C++언어 명령어는 digitalWrite(0, HIGH)이다.

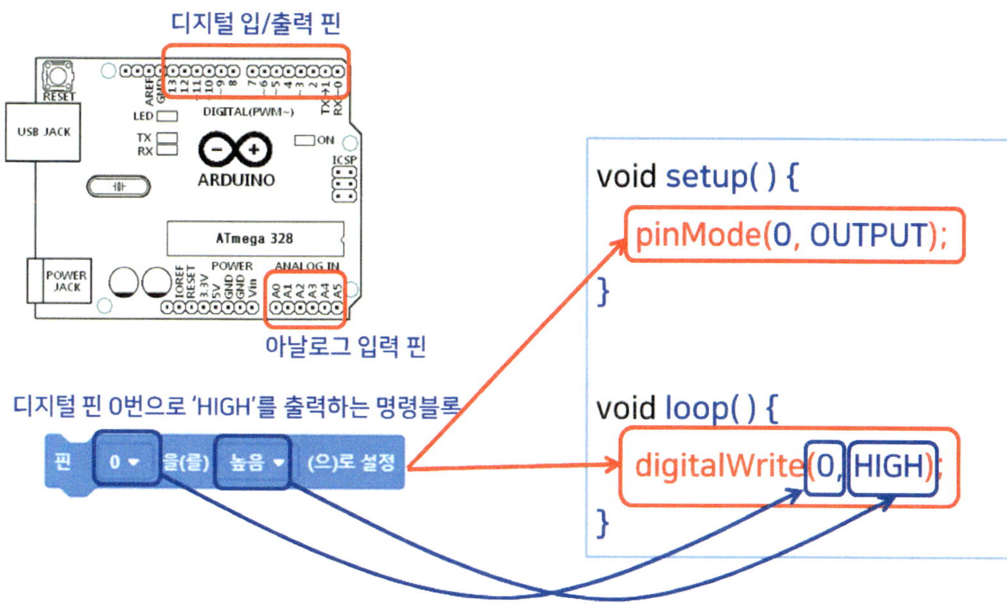


[그림 15.2] 디지털 출력 명령 비교

### (3) 아날로그 출력 명령 비교

아두이노 보드는 아날로그 출력을 위하여 6개의 PWM 출력핀을 사용할 수 있다.
그림 15.3의 PWM 핀 #3으로 0을 출력하는 명령블록을 코딩 창에 끌어다 놓으면, 아두이노 C++언어 프로그램은, 아날로그 출력을 내보내는 analogWrite(3,0)이 생성된다.

PWM핀으로 아날로그 출력을 사용할 경우에는 setup( )함수에서 pinMode 명령을 사용할 필요가 없다.

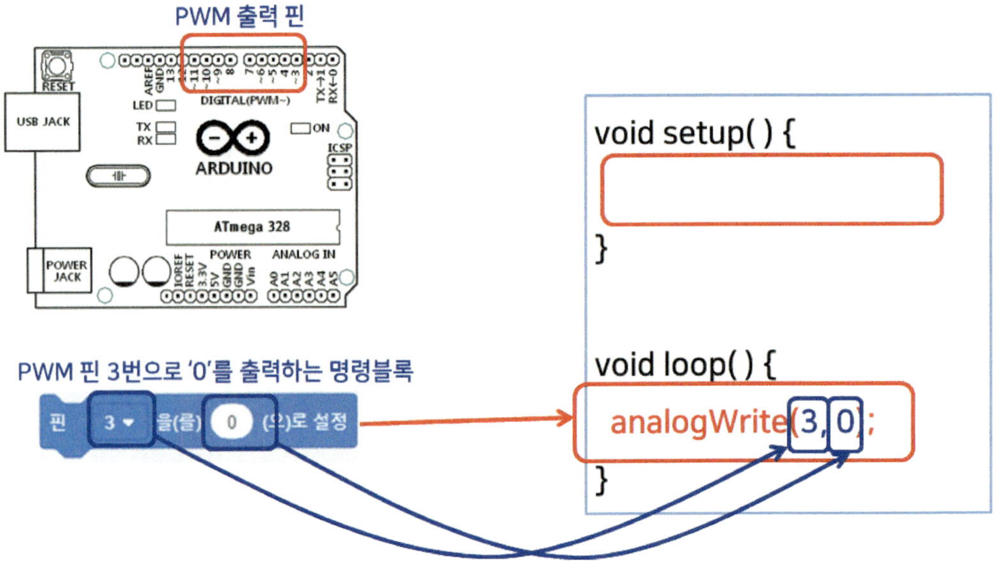


[그림 15.3] 아날로그 출력 명령 비교

## (4) 서보모터 제어 명령 비교

그림 15.4의 서보모터 제어하는 명령블록을 코딩 창에 끌어다 놓으면, 아두이노 C++언어 프로그램에는 #include <Servo.h>라는 서보모터 제어를 위한 라이브러리가 호출되어 포함된다.

그림 15.4와 같이 서보모터 제어를 위한 명칭으로 servo_0을 선언해 주고, setup( )함수에 servo_0를 위하여 아두이노 보드의 핀 #0을 서보모터 제어포트로 만드는 servo_0.attech(0)가 선언해 준다. 그러면 서보포트를 통한 각도제어 명령 servo_0.write( )가 생성된다.

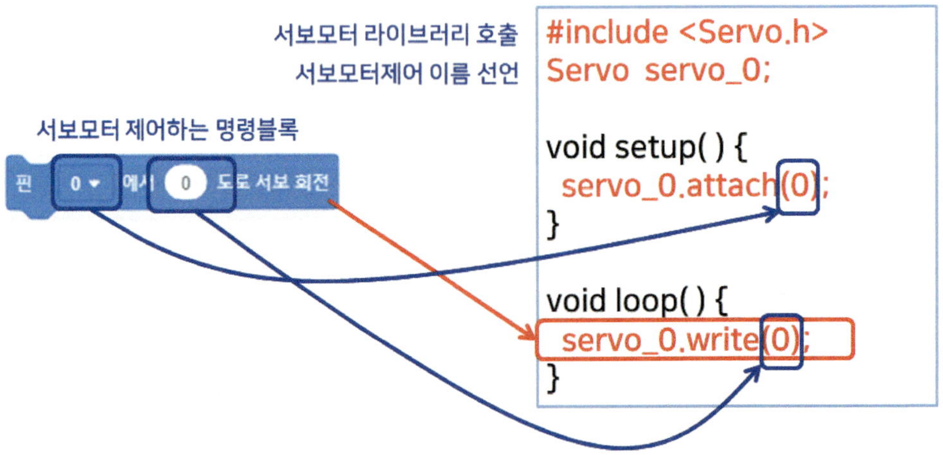


[그림 15.4] 서보모터 제어 출력 명령 비교

### (5) 시리얼 모니터 출력 명령 비교

아두이노 보드는 디지털 핀 #0(RX)과 #1(TX)을 사용하여 시리얼 통신을 한다. 그림 15.5의 시리얼 모니터로 출력을 내보내는 명령블록을 코딩 창에 끌어다 놓으면, 아두이노 C++언어 프로그램은 시리얼 통신을 위한 전송속도가 setup( )함수에 Serial.begin(9600)명령으로 설정된다.

시리얼 모니터에 출력을 내보내는 Serial.println( )명령이 생성된다.

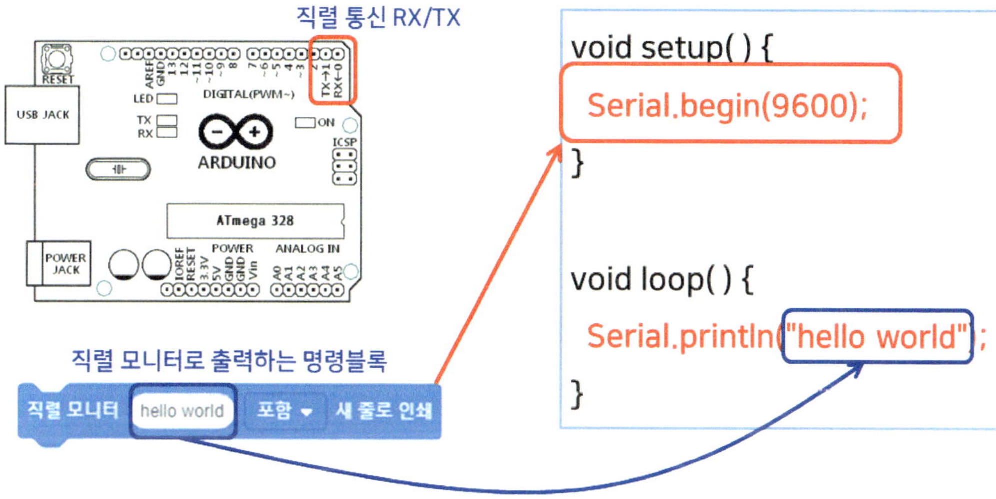


[그림 15.5] 시리얼 모니터 출력 명령 비교

## 15.2 아두이노의 입력 명령

틴커캐드 회로에서 제공하는 입력 블록코드와 아두이노 C++언어 코드의 명령들을 중요한 기능을 간단하게 비교한다.

### (1) 명령 비교

틴커캐드 아두이노의 입력 블록코드에 대하여 생성되는 아두이노 C++언어 텍스트 명령은 그림 15.6과 같다.

**[그림 15.6]** 입력 명령 비교

## (2) 디지털 입력 명령 비교

아두이노 보드의 디지털 핀 14개와 아날로그 입력 핀 6개는 디지털 신호의 입력용과 출력용 포트로 모두 사용할 수 있다.

그림 15.7의 디지털 핀 #0으로 입력을 받아들이는 명령블록을 코딩 창에 끌어다 놓으면, 그림과 같이 아두이노 텍스트 코딩에서는, setup( )함수에 디지털 핀 #0을 입력모드로 선언하는 pinMode(0, INPUT)명령이 자동으로 생성된다.

디지털 입력을 내보내는 아두이노 C++언어 명령어는 digitalRead(0)이다.

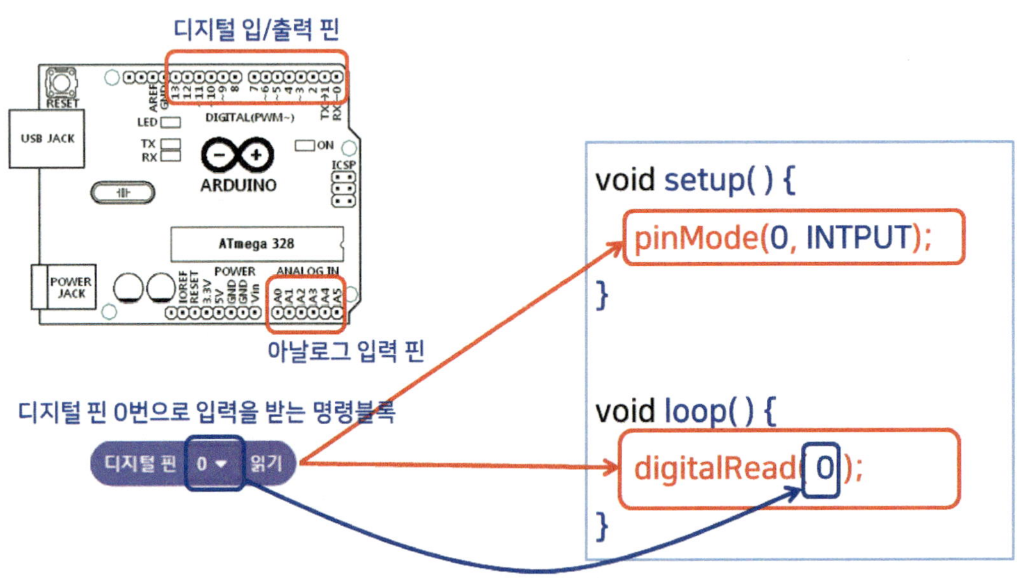


**[그림 15.7]** 디지털 입력 명령 비교

### (3) 아날로그 입력 명령 비교

아두이노 보드는 아날로그 입력을 받기 위하여, 6개의 아날로그 입력핀을 사용할 수 있다. 그림 15.8의 아날로그 입력핀 A0로 입력받는 명령블록을 코딩창에 끌어다 놓으면, 아두이노 C++언어 프로그램은, 아날로그 입력을 받아들이는 analogRead(A0)가 생성된다. 아날로그 입력을 사용할 경우에는, setup( )함수에서 pinMode 명령을 사용할 필요가 없다.

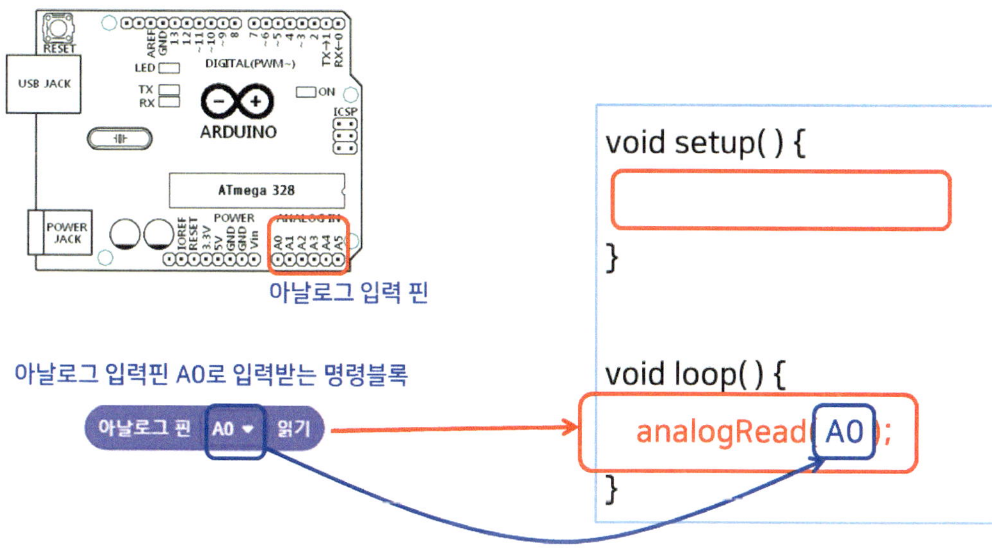


[그림 15.8] 아날로그 입력 명령 비교

### (4) 시리얼 모니터 입력 명령 비교

아두이노 보드는 디지털 핀 #0(RX)과 #1(TX)을 사용하여 시리얼 통신을 한다. 그림 15.9의 시리얼 모니터로 입력을 받아들이는 명령블록을 코딩 창에 끌어다 놓으면, 아두이노 C++언어 프로그램은 시리얼 통신을 위한 전송속도가 setup( )함수에 Serial.begin(9600)명령으로 설정된다.

시리얼 모니터에 출력을 내보내는 Serial.read( )명령이 생성된다.

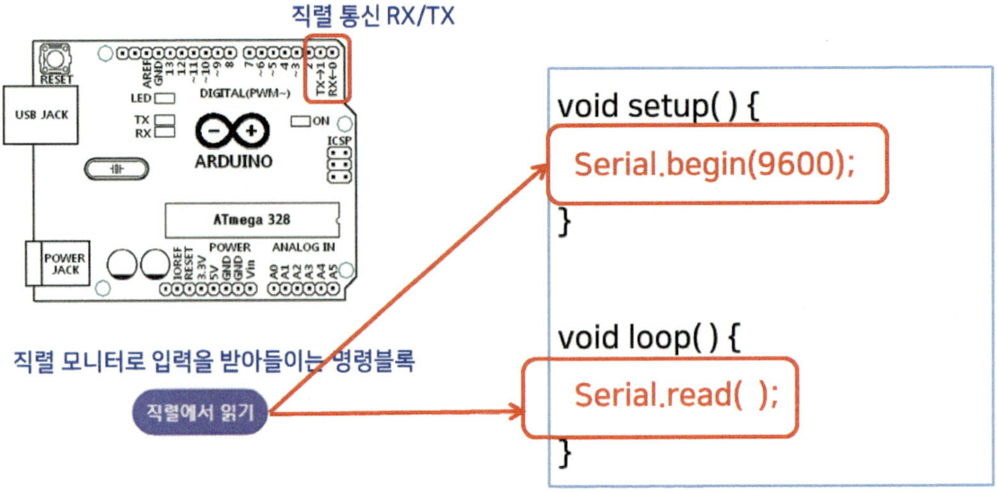


[그림 15.9] 시리얼 모니터 입력 명령 비교

## 15.3 아두이노의 제어 명령

틴커캐드 회로에서 제공하는 제어명령 블록 코드와 아두이노 C++언어 코드의 명령들을 중요한 기능을 중심으로 비교한다.

### (1) 명령 비교

틴커캐드 아두이노의 제어명령 블록코드에 대하여 생성되는 아두이노 C++언어 텍스트 명령은 그림 15.10과 같다.

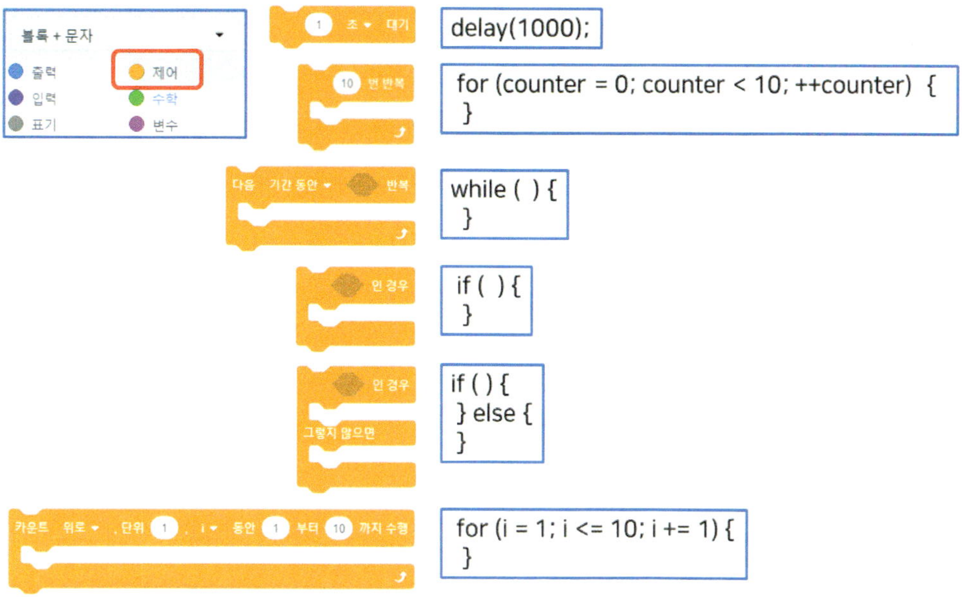


[그림 15.10] 제어명령 명령 비교

## (2) 시간지연 명령 비교

그림 15.11의 시간 지연 명령블록을 코딩 창에 끌어다 놓으면, 그림과 같이 아두이노 텍스트 코딩에서는 시간지연 명령인 delay( ) 함수가 생성된다. delay( ) 함수의 시간 단위는 msec이다.

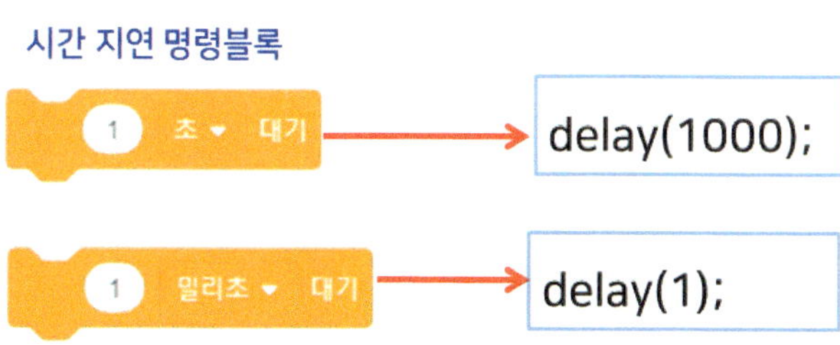


[그림 15.11] 시간 지연 명령 비교

## (3) 판단 제어문 비교

판단 제어 명령블록을 코딩 창에 끌어다 놓으면, 그림 15.12와 같이 아두이노 텍스트 코딩에서는 if-else 함수 구조가 생성된다.

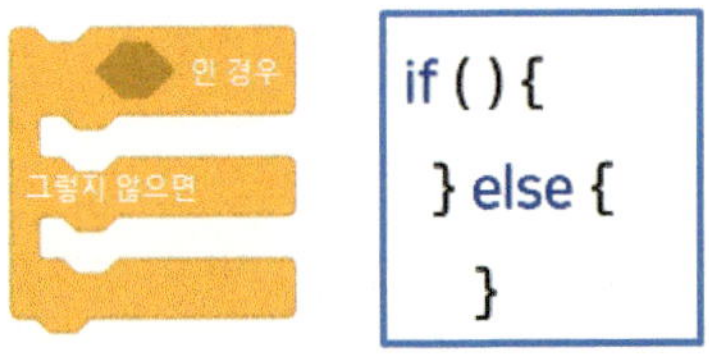


[그림 15.12] 판단 제어 명령 비교

그림 15.13은 그림 15.12의 예로 변수 k<1이면, 디지털 핀 #10에 높음HIGH을 출력하고, 그렇지 않으면, 디지털 핀 #10번에 낮음LOW을 출력하는 구조를 보여준다.

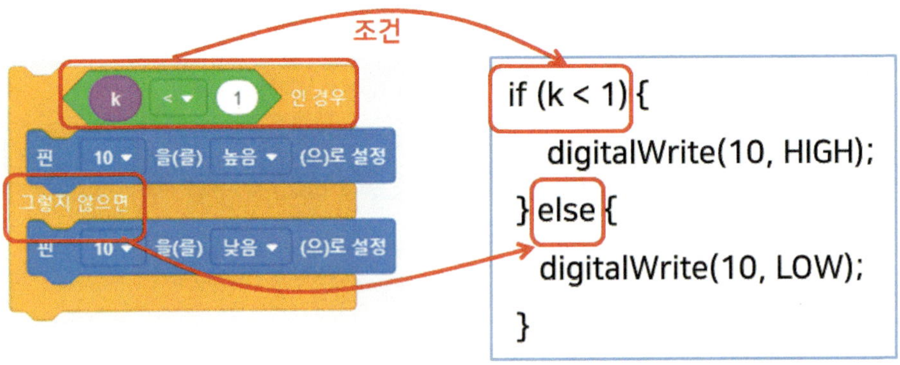


[그림 15.13] 판단 제어 명령의 예

### (4) 반복 제어문 비교

반복 제어 명령블록을 코딩 창에 끌어다 놓으면, 그림 15.14와 같이 아두이노 텍스트 코딩에서는 for( ) 함수 구조가 생성된다.

[그림 15.14] 반복 제어문 명령 비교

그림 15.15는 그림 15.14의 예로 변수 k의 초깃값을 1로 시작해서, k≤10이 같으면, 디지털 핀 #10에 높음HIGH을 출력하고, k값을 1씩 증가시키며 반복하는 구조이다.

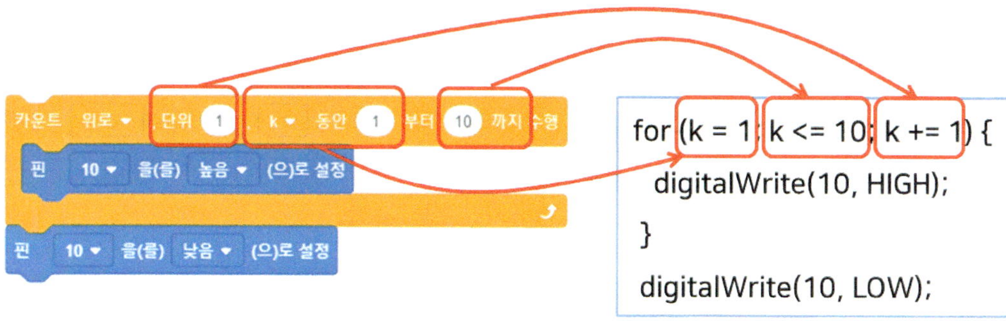


[그림 15.15] 반복 제어 명령문의 예

# CHAPTER 16
# 아두이노 C++언어 코딩

틴커캐드 아두이노에서 제공하는 블록명령들을 사용한 프로그래밍 과정은 직관적이고 쉽다. 아두이노의 기능들이 미리 블록 명령으로 만들어져 있어서 원하는 기능을 선택하기 쉽고, 명령블록을 찾아서 마우스로 코딩 창에 끌어다 놓고drag & drop 결합하기만 하면 프로그램이 완성되기 때문이다. 반면에 틴커캐드의 블록 명령들은 구글에서 제공되는 Adublockly보다는 블록 명령들이 다양하지 않아서 함수를 구현하거나 배열 등과 같은 기능을 사용할 수 없다.
이 장에서는 틴커캐드의 코딩 창에서 블록 명령이 아닌 아두이노 C++언어로 코딩하는 과정을 통하여, 앞에서 구현한 예제들을 블록 코딩에서 사용하지 못했던 함수 구현, 배열 사용 등을 설명한다.

## 16.1 아두이노 C++언어의 함수 활용

프로그램 코딩과정에서 자주 반복되거나 기능을 구현하는 과정이 길거나 복잡하면 그 기능을 함수로 만들어 호출하면 편리하다.

### (1) 복잡한 부분의 함수 처리

11장에서 초음파 거리 센서의 Trig와 Echo 핀을 사용하여 거리를 측정하는 틴커캐드의 블록 명령 [단위 cm ▾ (으)로 트리거 핀 7 ▾ 에코 핀 8 ▾ 에서 초음파 거리 센서 읽기]이 아두이노 C++언어 코드 프로그램으로 변환된 것을 살펴보자.

그림 16.1과 같이 초음파 거리 측정 함수의 호출과 초음파 거리 측정 함수 부분으로 C++언어 코드가 생성되어 나타난다. 즉, 다른 틴커캐드 블록 명령들과 다르게 초음파 거리 측정 함수 readUltrasonicDistance( )를 만들어 호출하는 방식으로 변환된다.

초음파 거리 측정 함수 readUltrasonicDistance( )는 Trig와 Echo를 사용하여 초음파 신호를 발생시키고 수신하여 거리 계산하는 과정을 코딩으로 구현한 것으로 이 과정을 잘 이해하지 못해도 예제 프로그램 등으로 미리 만들어진 코드부분을 그대로 사용할 수 있다.

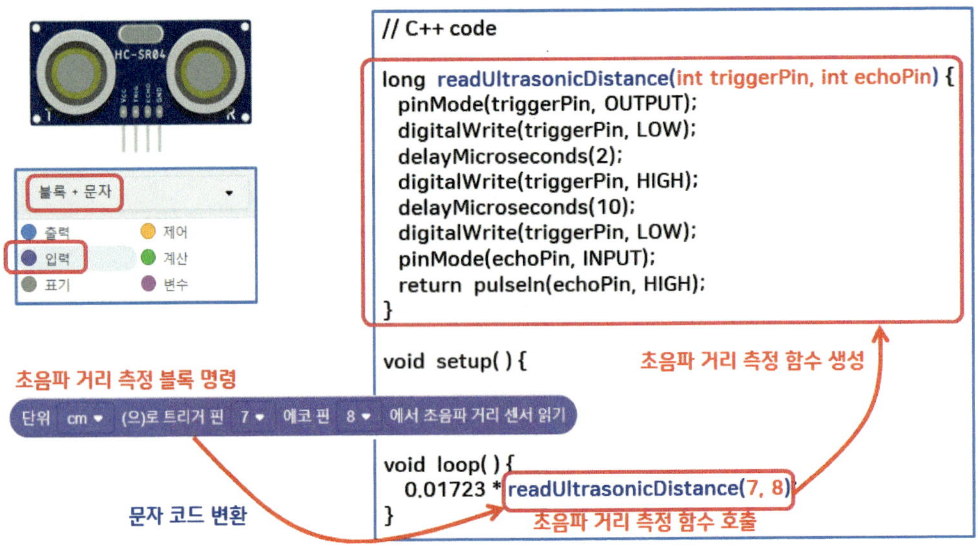


**[그림 16.1]** 초음파 거리 센서의 블록 명령과 아두이노 C++언어 명령

## (2) 반복되는 부분의 함수 처리

5.1절의 그림 16.2(그림 5.2)와 같은 회로에서 그림 16.3(그림 5.3)과 같이 4개의 LED를 왼쪽에서 오른쪽으로, 순차적으로 ON-OFF하는 제어하는 방법을 살펴보자.

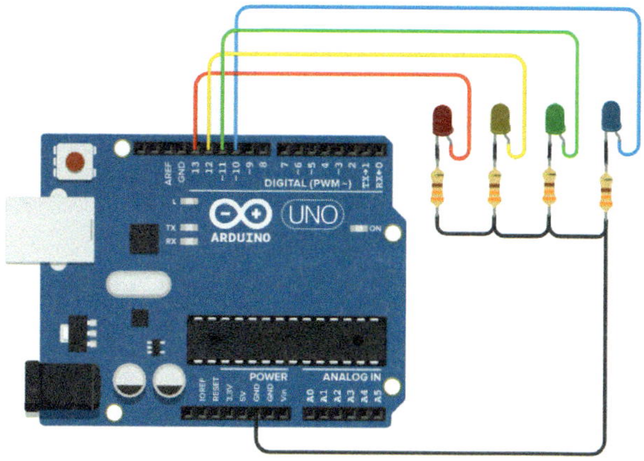

**[그림 16.2]** (그림 5.2) 틴커캐드 회로 설계

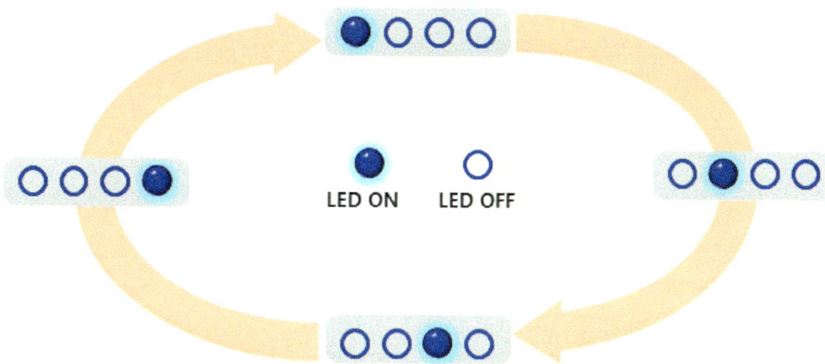


**[그림 16.3]** (그림 5.3) 4개의 LED 제어의 순차 동작

틴커캐드에서 블록 코드로 작성한 프로그램은 그림 16.4(그림 5.4)와 같이 1개의 LED를 ON-OFF하는 제어 블록 코드를 그대로 복사하여, 아두이노 보드의 디지털 핀 번호만 변경하면, 간단하게 완성할 수 있었다.

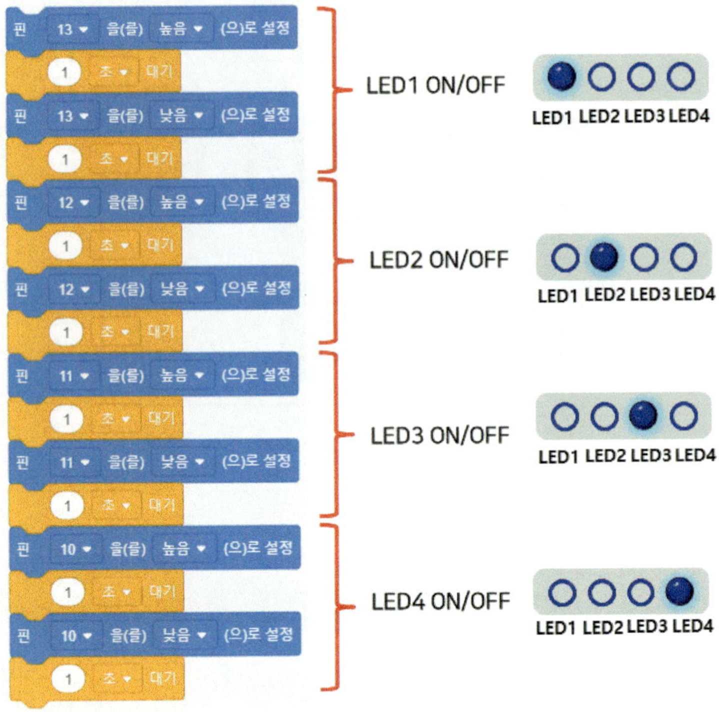


**[그림 16.4]** (그림 5.4) 4개의 LED 제어 블록 코딩

그림 16.5의 틴커캐드에서의 블록 코드 부분과 아두이노 C++언어 코드 부분이 모두 핀 번호만 바뀌어 반복되는 구조이다.

```
digitalWrite(13, HIGH);
delay(1000);
digitalWrite(13, LOW);
delay(1000);
```

**[그림 16.5]** 반복되는 코드 부분

그림 16.5의 반복되는 코드를 그림 16.6과 같이 LEDonoff( )함수로 만들고 변화되는 아두이노의 핀 번호를 변수 k로 설정한다.

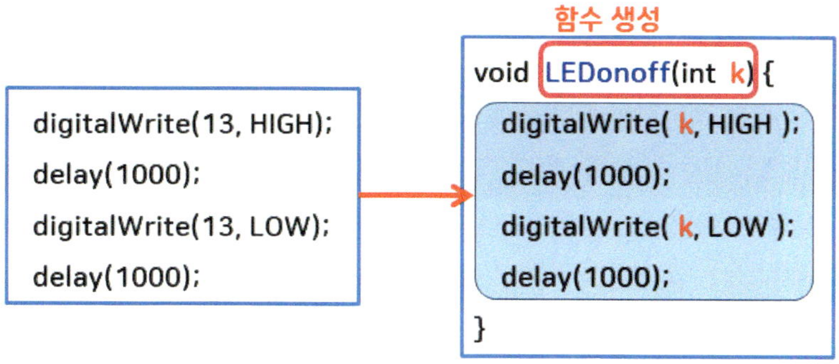


[그림 16.6] 반복되는 부분을 함수로 생성

그림 16.7(c)의 loop( )함수에서 LEDonoff(int k)함수를 호출하면서 k값에 UNO의 디지털 핀 #13, #12, #11, #10을 순차적으로 대입하면, 틴커캐드 블록 코드에서 자동 변환된 아두이노 C코드 (b)와 동일하게 동작하게 된다.

4개 이상의 LED를 같은 기능으로 제어한다면, 반복되는 부분을 함수로 구현하여 사용하는 것이 편리하다.

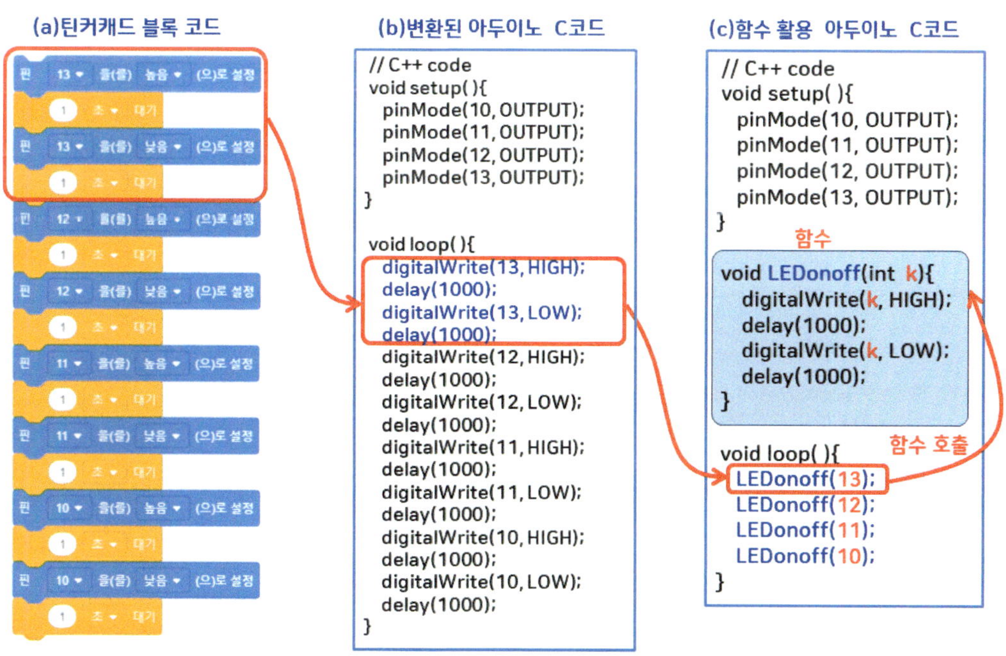


[그림 16.7] 함수를 사용한 아두이노 C++언어 코드

## 16.2 C++언어의 함수와 반복명령 for( )의 활용

16.1절의 4개 LED를 제어하는 아두이노 C++언어 프로그램을 한 번 더 살펴보면, 여전히 반복되는 부분이 있는 것을 알 수 있다. 그림 16.7(c)에서 setup( )함수 속의 pinMode( )와 loop( )함수 속의 LEDonoff( ) 함수부분에서 그림 16.8과 같이 아두이노 UNO의 디지털 핀 값 #10, #11, #12, #13만 순서적으로 바뀌는 것을 볼 수 있다.

setup( )

```
pinMode(10, OUTPUT);
pinMode(11, OUTPUT);
pinMode(12, OUTPUT);
pinMode(13, OUTPUT);
```

loop( )

```
LEDonoff(13);
LEDonoff(12);
LEDonoff(11);
LEDonoff(10);
```

**[그림 16.8]** 반복되는 코드

이렇게 일정한 규칙을 가지고 변화되는 그림 16.8의 코드 부분을 그림 16.9와 같이 반복명령 for( )문을 사용하면 간단하게 만들 수 있게 된다.

그림 16.8에서 for( )문의 구성을 위하여 변수 p의 초깃값, 조건값, 변화규칙을 그림 16.9와 같이 적용한다.

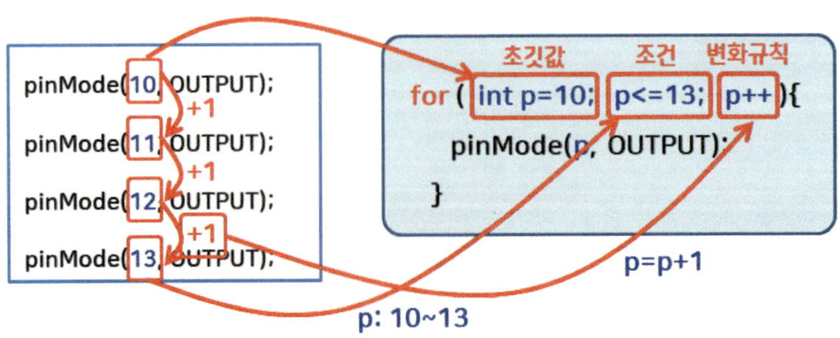


**[그림 16.9]** 반복명령 for( )의 구성

반복되는 부분을 최소화 하며, 그림 16.7의 프로그램은 그림 16.10과 같이 더 간단해진다.

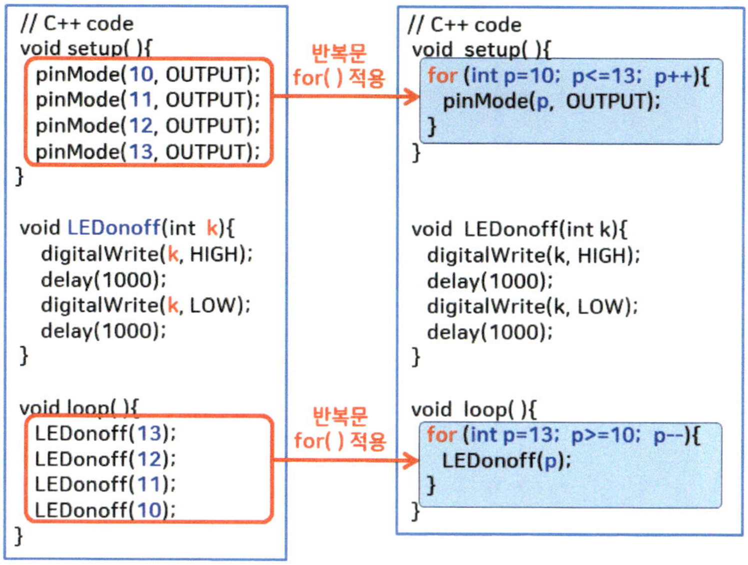


**[그림 16.10]** 반복명령 for( ) 활용한 아두이노 C++언어 코드

## 16.3 아두이노 C++언어의 배열 활용

16.2절에서 for( )문을 활용하려면, 아두이노 핀의 변화가 일정한 규칙을 가지고 있어야 활용이 가능하다. 예를 들면 4개 LED 제어를 위하여 연결되는 아두이노 UNO 핀이 #5, #8, #7, #12와 같이 순서에 일정한 규칙이 없다면 for( )문을 적용할 수 없다.

이러한 문제를 해결하기 위한 방법으로 배열을 활용하는 방법을 소개한다.
그림 16.11과 같이 UNO 핀 #5, #8, #7, #12를 배열 ledPin[4]에 배정한다.

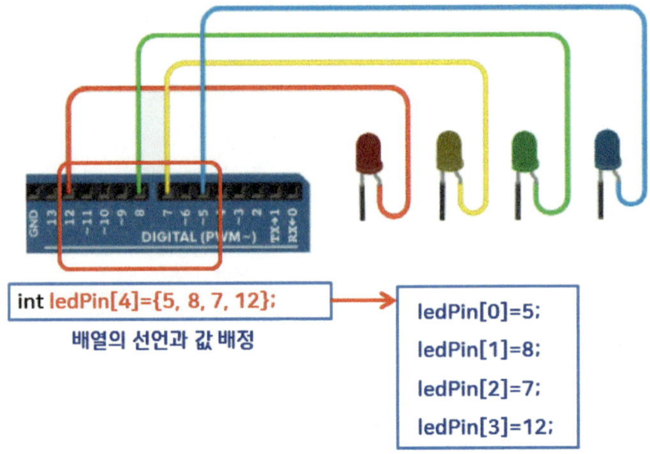


**[그림 16.11]** 배열 ledPin[4]의 선언과 핀 배정

배열 ledPin[4]는 ledPin라는 이름으로 ledPin[0]~ledPin[3]까지 4개의 공간을 만들며, 각 공간에 아두이노 UNO의 핀이 {5, 8, 7,12}의 순서로 값이 배정된다. 변수 p를 사용하여 배열 ledPin[p]에 적용하면, 그림 16.12와 같이 for( )문을 사용할 수 있게 된다.

틴커캐드 블록 명령들은 각 명령에서 아두이노 UNO 핀의 선택을 쉽게 할 수 있지만 변수로 지정하거나 배열을 활용하는 블록을 제공하지 않아 반복 구조를 효과적으로 만들기 어렵다. 배열을 적용하면, 코드가 복잡해 보이지만 적절히 사용하면 반복구조를 만들기 편리해진다.

```
// C++ code
void setup( ){
  pinMode(5, OUTPUT);
  pinMode(8, OUTPUT);
  pinMode(7, OUTPUT);
  pinMode(12, OUTPUT);
}

void LEDonoff(int  k){
   digitalWrite(k, HIGH);
   delay(1000);
   digitalWrite(k, LOW);
   delay(1000);
}

void loop( ){
  LEDonoff(5);
  LEDonoff(8);
  LEDonoff(7);
  LEDonoff(12);
}
```

```
// C++ code
int ledPin[4]={5, 8, 7, 12};

void setup( ){
 for (int p=0; p<=3; p++){
  pinMode(ledPin[p], OUTPUT);
 }
}

void LEDonoff(int k){
 digitalWrite(k, HIGH);
 delay(1000);
 digitalWrite(k, LOW);
 delay(1000);
}

void loop( ){
 for (int p=3; p>=0; p--){
  LEDonoff(ledPin[p]);
 }
}
```

**[그림 16.12]** 배열 ledPin[4]

## 16.4 아두이노 C++언어의 switch-case문 활용

6.3절에서 틴커캐드 회로로 그림 16.13(그림 6.15)과 같이 UNO 보드의 디지털 핀 #2, #3, #4에 버튼 스위치를 양극 제어 방법으로 각각 연결하고, RGB LED의 R, G, B에 디지털 핀 #11, #10, #9를 각각 연결하여 스위치로 LED를 제어하는 예제 3가지를 다루었다.

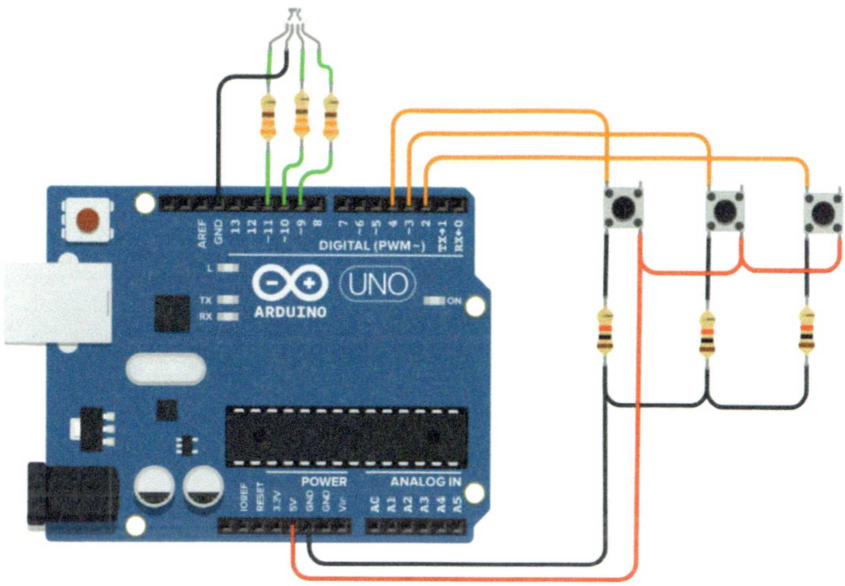


**[그림 16.13]** (그림 6.15) 3개 스위치와 RGB LED 회로

첫 번째 예제의 UNO의 #2, #3, #4에 연결된 스위치로 #11, #10, #9에 연결된 R, G, B LED를 각각 제어하는 틴커캐드 블록 코드와 아두이노 C++언어 코드 프로그램은 그림 16.14와 같았다.

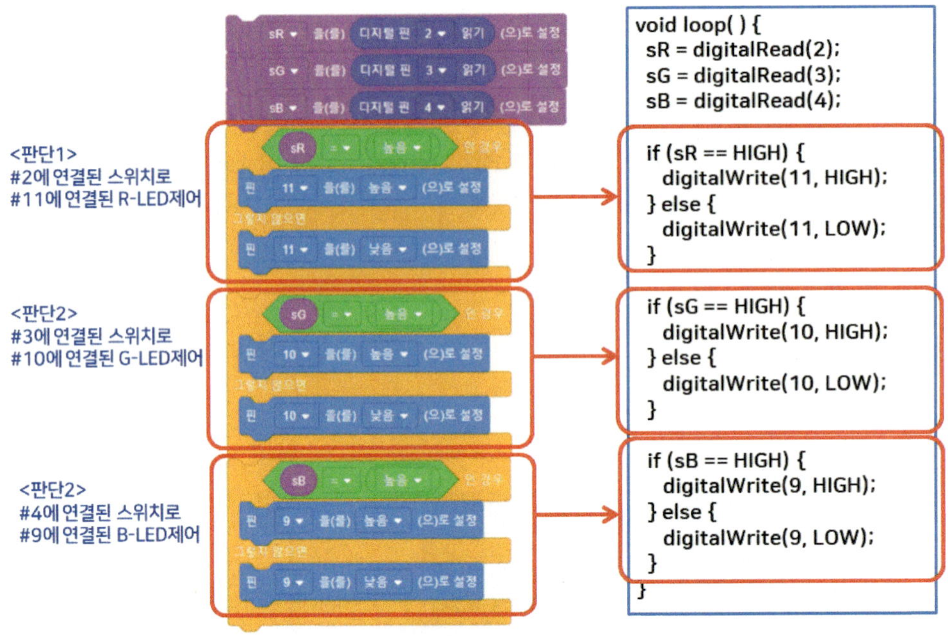


**[그림 16.14]** 3개 스위치와 RGB LED 제어

그림 16.14와 같이 판단문 구성에 따라 다른 형태의 제어도 가능함을 설명하였다.

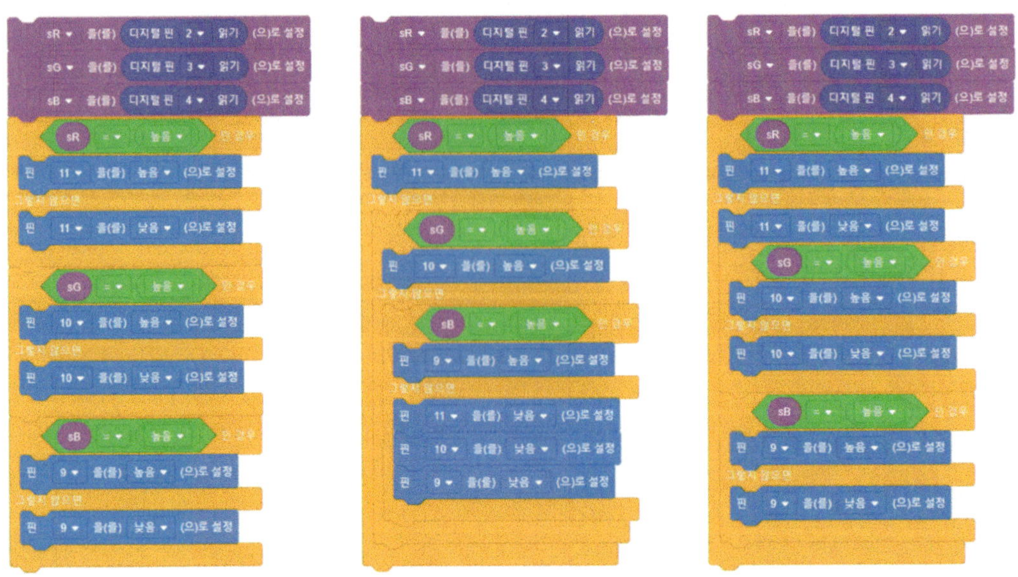

**[그림 16.14]** 3개 스위치와 RGB LED 제어

이것은 판단의 구조가 명확하지 않으면 전혀 다른 결과로 나타날 수 있는 것을 의미한다. 아두이노 C++언어 명령에는 명확하게 조건에 따라 제어할 수 있는 그림 16.15와 같은 switch-case문 구조를 많이 사용한다.

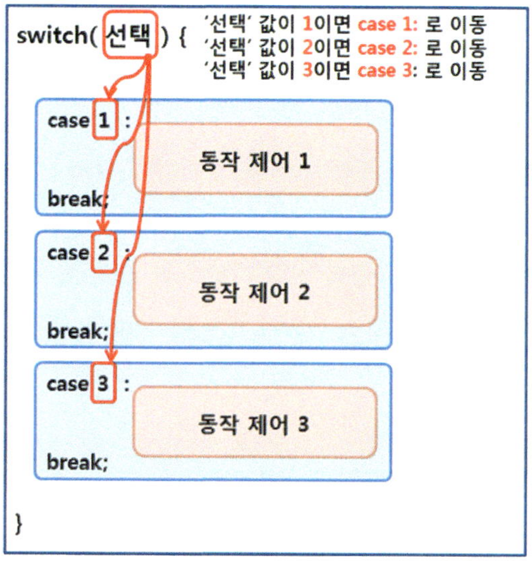


[그림 16.15] switch-case문 구조

그림 16.13의 회로에 대하여 switch-case 구조를 적용하여 설명하기 위하여, 3개의 버튼 스위치 상태를 판단하고 제어하기 위하여 3개의 버튼 스위치를 하나의 8비트bit의 바이트byte 값으로 변환하는 그림 16.17의 bitWrite( )함수를 사용한다.

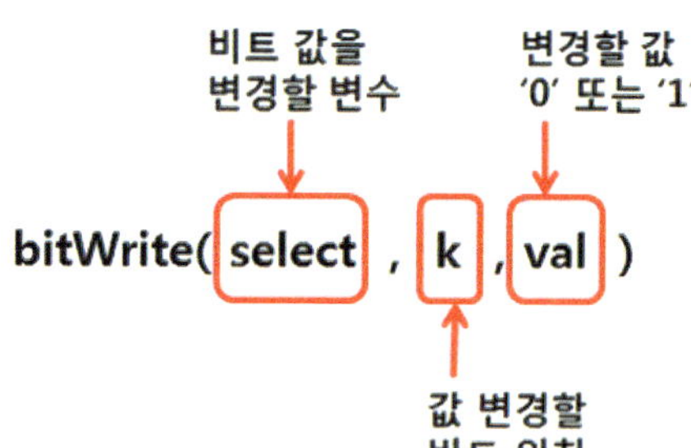


[그림 16.17] bitWrite( ) 함수

bitWrite( )함수는 각 버튼 스위치를 그림 16.17과 같이 select라는 8비트의 변수의 하위 비트부터 하나씩 대응시키면, 버튼 스위치 SW1~SW3가 눌려지는 것에 따라 변수 select의 값이 1, 2, 4의 값을 가지게 된다.

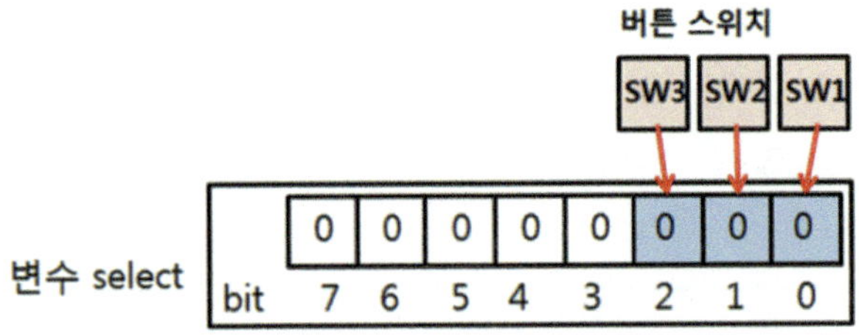


[그림 16.17] bitWrite( ) 함수에 의한 비트값 설정

앞에서 설명한 배열과 for( )문을 사용하여 버튼 스위치와 칼라 LED의 R, G, B를 설정한다.

각 버튼 스위치의 상태를 bitWrite( )함수를 사용하여 switch-case 문에서 사용할 select 값을 생성하여, 각 스위치 상태에 따라 칼라 LED를 제어하는 프로그램을 작성하면 그림 16.18과 같다.

```
// C++ code
int p, sRGB, select;
int swPin[3]={2, 3, 4};
int ledPin[3]={11, 10, 9};

void setup( ){
  for(p=0; p<3; p++){
    pinMode(swPin[p], INPUT);
    pinMode(ledPin[p], OUTPUT);
  }
}
```

```
void loop( ){
  for(p=0; p<3; p++){
   sRGB=digitalRead(swPin[p]);
   bitWrite(select, p, sRGB);
  }
  switch(select) {
  case 1:
     digitalWrite(ledPin[0], HIGH);
  break;

  case 2:
     digitalWrite(ledPin[1], HIGH);
  break;

  case 4:
     digitalWrite(ledPin[2], HIGH);
  break;

  default:
     for(p=0; p<3; p++) {
      digitalWrite(ledPin[p], LOW);
     }
  break;
  }
}
```

[그림 16.18] switch-case 문을 사용한 칼라 LED 제어

## 16.5 NeoPixel 활용

앞의 5.2절에서 RGB LED를 사용하여 다양한 컬러 색상을 제어하는 방법에 대해서 설명했다. RGB LED는 제어 구조가 일반 LED 3개를 제어하는 것과 동일하기 때문에 사용이 굉장히 편리하고 쉬웠다.

한편 RGB LED의 스트립은 기본적으로 RGB LED가 병렬로 연결된 형태이기 때문에 스트립 전체가 1개의 RGB LED와 동일하게 동작한다. 즉, 스트립 하나하나를 따로 제어할 수 없다.

이러한 단점을 보완하여 각 RGB LED 셀을 따로 따로 제어할 수 있는 형태인 NeoPixel의 사용법을 살펴보자. NeoPixel은 틴커캐드에서 사용할 수 있도록 부품이 제공되어 있으나 사용을 위한 블록 명령은 제공되지 않기 때문에 아두이노 C++언어 코드 프로그램으로 제어하여야 한다.

### (1) NeoPixel의 핀 구조

NeoPixel의 핀 구조는 그림 16.19와 같이 Vcc, GND 핀이 각각 양쪽에 있으며 DIN과 DO 핀으로 나눠져 있다. DIN은 하나의 NeoPixel 셀에 제어 신호가 입력되는 핀이고 DO는 해당 NeoPixel에 들어왔던 입력값 중 일부를 다음 NeoPixel로 보내는 출력핀이다.

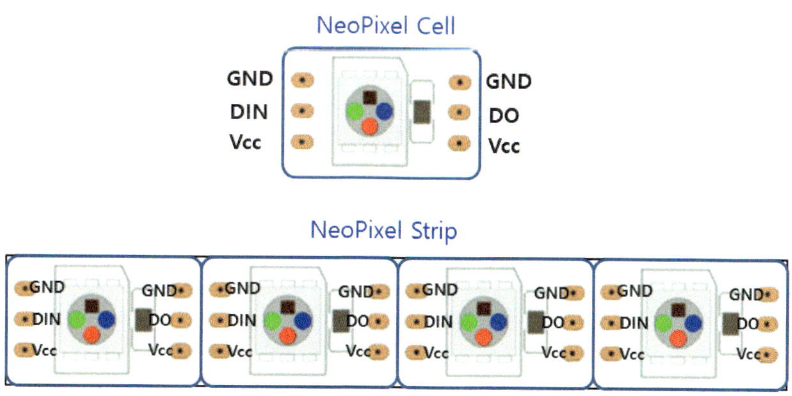


[그림 16.19] NeoPixel의 핀 구조

### (2) NeoPixel 라이브러리 설치

NeoPixel을 아두이노 보드에 연결하여 사용하기 위하여 NeoPixel 제어용 라이브러리를 설치하면 편리하게 활용할 수 있다. 아두이노 개발환경IDE에 라이브러리를 추가하는 과정은 다음과 같다.

먼저 그림 16.20과 같이 아두이노의 환경 창에서 '스케치'를 눌러보면 '라이브러리 포함하기' 부분이 있고, 이 부분을 클릭하면 '라이브러리 관리'와 'ZIP 라이브러리 추가'가 나타난다.

'라이브러리 관리'을 클릭하면, '라이브러리 매니저'라는 별도 창이 다시 열리게 된다. 그림 16.20과 같이 검색창에 'NeoPixel'이라고 입력하면 자동으로 관련된 라이브러리들이 검색되어 나타난다. Adafruit에서 만든 Adafruit NeoPixel을 선택하고 설치를 클릭하면 자동으로 라이브러리가 추가된다.

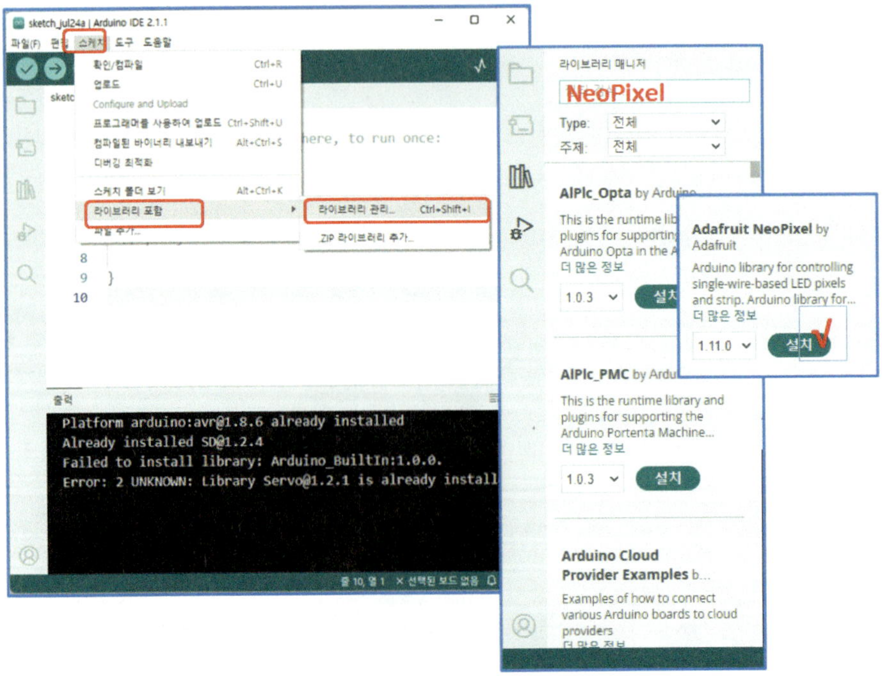


[그림 16.20] NeoPixel 라이브러리 설치

틴커캐드 디자인에서 회로구성을 위해 제공되는 I2C LCD나 NeoPixel 등과 부품들은 별도의 라이브러리를 설치하지 않아도 되도록 라이브러리가 내장되어 있으나, 실제 아두이노 개발환경에서는 라이브러리를 추가로 설치해야 사용할 수 있다.

### (3) NeoPixel 예제

틴커캐드 디자인에서 제공되는 NeoPixel 예제를 활용하여 사용법을 설명해 보자. 틴커캐드 디자인에서 구성요소를 클릭하여 그림 16.21과 같이 스타터의 Arduino에서 NeoPixel 예제를 선택하여 디자인 창에 배치하면, 그림 16.22와 같은 회로나 나타난다.

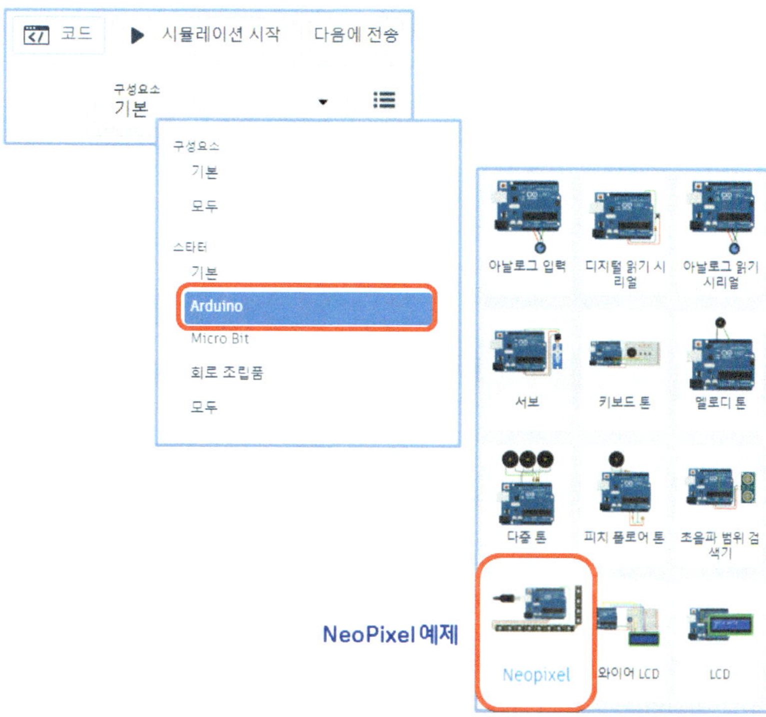


[그림 16.21] 틴커캐드 NeoPixel 예제 실행

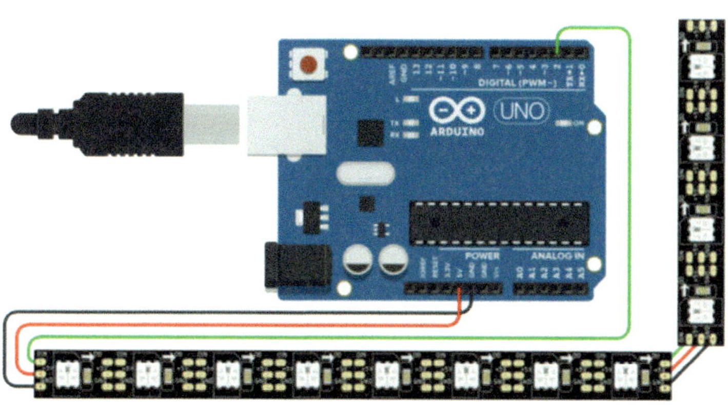


[그림 16.22] 틴커캐드 NeoPixel 예제

틴커캐드 디자인에서 제공되는 NeoPixel 예제를 활용하여 사용법을 설명해 보자. 틴커캐드 디자인에서 구성요소를 클릭하여 그림 16.21과 같이 스타터의 Arduino에서 NeoPixel 예제를 선택하여 디자인 창에 배치하면, 그림 16.22와 같은 회로나 나타난다.

틴커캐드 디자인 창에서 그림 16.23과 같이 코드 를 클릭하면, 편집모드가 문자로 자동 선택되며 그림 16.24와 같은 틴커캐드 NeoPixel 예제의 아두이노 C++언어 프로그램이 나타난다.

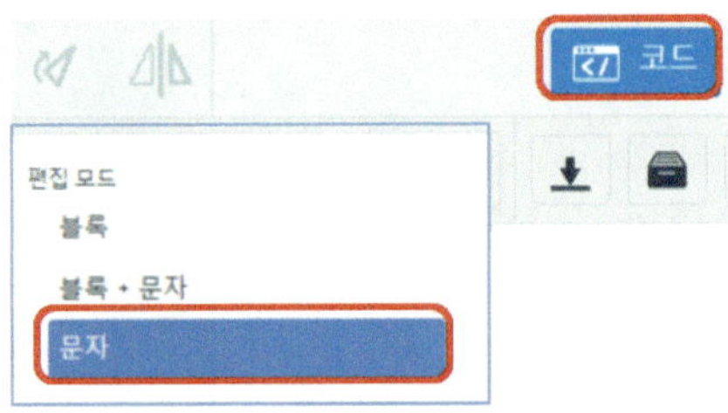


[그림 16.23]

```
#include <Adafruit_NeoPixel.h>
#define PIN   2              // input pin Neopixel is attached to
#define NUMPIXELS      12 // number of neopixels in strip

Adafruit_NeoPixel pixels = Adafruit_NeoPixel(NUMPIXELS, PIN, NEO_GRB + NEO_KHZ800);

int delayval = 100;
int redColor = 0;
int greenColor = 0;
int blueColor = 0;

void setup() {
  pixels.begin();
}

void loop() {
 setColor();
 for (int k=0; k < NUMPIXELS; k++) {
   pixels.setPixelColor(k, pixels.Color(redColor, greenColor, blueColor));
   pixels.show();
   delay(delayval);
 }
}

void setColor( ) {
  redColor = random(0, 255);
  greenColor = random(0,255);
  blueColor = random(0, 255);
}
```

[그림 16.24] 틴커캐드 NeoPixel 예제의 아두이노 C++언어 프로그램

### (4) NeoPixel의 프로그램 설정

그림 16.25는 그림 16.22에서 아두이노 UNO에서 NeoPixel을 제어하기 위하여 라이브러리를 이용하여 설정하는 부분이다.

'pixles'는 그림 16.22에서 사용된 NeoPixel의 명칭을 선언한 것이고, 그림 16.24에 나타난 것처럼 라이브러리에서 가져오는 제어 명령 앞에 'pixles.'이 붙여지게 된다.

또한 'pixles'에 대하여 사용하는 NeoPixel이 12개 셀로 구성되었으며, NeoPixel의 제어핀이 UNO 디지털 핀 #2에 연결되어 있음을 설정한다.

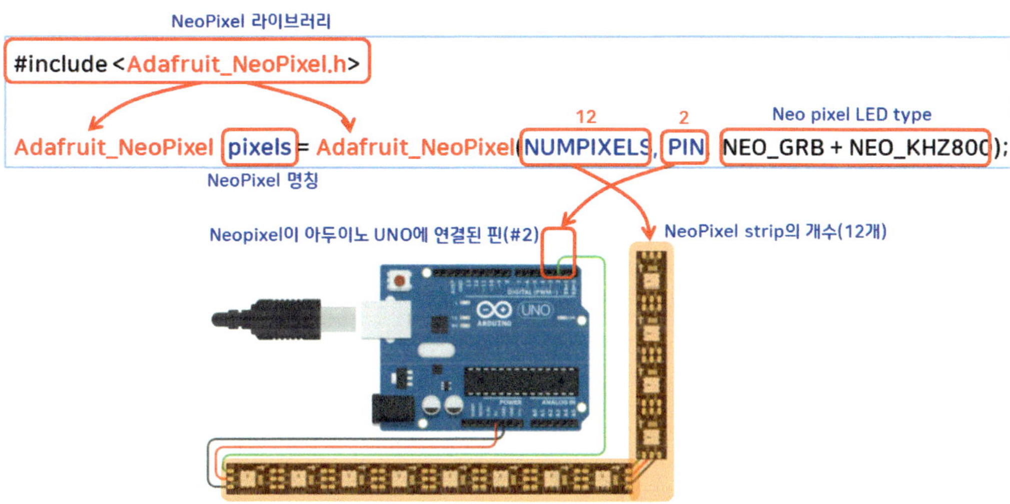


[그림 16.25] NeoPixel의 설정

그림 16.24의 틴커캐드 NeoPixel 예제의 아두이노 C++언어 프로그램에서 사용된 주요 명령은 다음과 같다.

- Adafruit_NeoPixel(NeoPixel수, NeoPixelPin, NEO_GRB + NEO_KHZ800)
  - 생성자함수로 NeoPixel 클래스 객체를 만들 때 사용
  - 몇개의 NeoPixel를 사용하고 어느 핀을 사용하는지와 Neopixel 타입을 설정을 하는 함수
- pixels.begin( )
  - 라이브러리 사용하기 위하여, 객체의 시작을 알리는 함수
- pixels.setPixelColor(위치, red, green, blue)
  - 실행될 NeoPixel 위치의 R,G,B 색상값 설정
- pixels.show( )
  - 설정된 색상 값을 출력 함수
- pixels.clear( )
  - 지금까지 켜진 NeoPixel를 초기화하는 함수(켜진 NeoPixel 모두 off)
  - 내부적으로 세팅한 setPixelColor( )함수의 값만 초기화
  - 내부적으로 초기화 된 값에서 show( )함수를 실행 시켜야 초기화된 상태로 NeoPixel이 off

```
for(int k = 0; k < NeoPixel수; k++){
  pixels.setPixelColor(k, red, green, blue);
}
pixels.show( );
```

아두이노 UNO에서 NeoPixel을 제어하는 방법을 자세하게 이해하지 못해도 앞의 예제의 아두이노 C++언어 프로그램을 참고하고, 기본적인 명령의 사용 방법을 이해하면 쉽게 NeoPixel을 사용할 수 있다.

## 저자소개


**조 도 현** 인하공업전문대학 전자공학과 교수

**손 충 범** 인하공업전문대학 정보통신공학과 교수


저자와의 협의에 의해 인지 생략


틴커캐드로 배우는

# 아 두 이 노

2판 2쇄 2025년 2월 20일

| | |
|---|---|
| 저 자 | 조도현 / 손충범 |
| 발행인 | 송광헌 |
| 발행처 | 도서출판 복두(더) |
| 주 소 | 서울특별시 영등포구 경인로82길 3-4 센터플러스 807호 (우) 07371 |
| 전 화 | 02-2164-2580 |
| FAX | 02-2164-2584 |
| 등 록 | 1993. 11. 22. 제 10-902 호 |

정가 : 25,000원

ISBN : 979-11-6675-459-3 93560

한국과학기술출판협회 회원사